聖經研究叢書

Devotion
to
Lord
Jesus

你們說我是誰？

深度認識耶穌的36堂課

張永信 著

基道出版社

▼

聖經研究叢書

你們說我是誰？

深度認識耶穌的 36 堂課

Devotion to Lord Jesus

作者

張永信 Vincent Cheung

責任編輯

張碧嘉

裝幀設計

奇文雲海 · 設計顧問

■

出版 / 發行

基道出版社

香港沙田火炭坳背灣街 26 號富騰工業中心 10 樓 1011 室

LOGOS PUBLISHERS

Unit 1011, 10/F, Fo Tan Ind. Centre, 26 Au Pui Wan St., Shatin, Hong Kong

電話：(852) 2687-0331　傳真：(852) 2687-0281

網址：https://www.logos.com.hk

承印

陽光(彩美)印刷有限公司

●

7/2021 初版

Cat. No. LP1107

ISBN: 978-962-457-618-4

Printed in Hong Kong

刷次	10	9	8	7	6	5	4	3	2	1
年份	2030	2029	2028	2027	2026	2025	2024	2023	2022	2021

目錄

第二部 耶穌基督：天國的王，布衣君王

第三部 耶穌基督：神的兒子，人子

第四部 耶穌基督：先知的極致

| 第五部 | 耶穌基督：絕世的拉比 |

| 第六部 | 耶穌基督：升上高天的大祭司 |

末了的話 | 目錄

靈思小品 ｜ 目錄

簡寫表

一、一般作品

ABD | David Noel Freedman ed., *The Anchor Bible Dictionary* (6 vols; New York: Doubleday, 1992)

EDNT | Horst Balz and Gerhard Schneider eds., *Exegetical Dictionary of the New Testament* (3 vols; Grand Rapids: Eerdmans, 1990 ~ 1993)

GAGNT | Maximilian Zerwick, *A Grammatical Analysis of the Greek New Testament*, trans. Mary Grosvenor (Rome: Biblical Institute Press, 1996)

ISBE | Geoffrey W. Bromiley et al. eds., *The International Standard Bible Encyclopedia* (fully revised, 4 vols; Grand Rapids: Eerdmans, 1979 ~ 1988)

LKGNT | Fritz Rienecker and Cleon L. Rogers eds., *Linguistic Key to the Greek New Testament* (Grand Rapids: Zondervan, 1980)

NIDNTT | Colin Brown ed., *New International Dictionary of New*

Testament Theology (4 vols; Grand Rapids: Zondervan, 1986)

NITDB | Katharine Doob Sakenfeld ed., *The New Interpreter's Dictionary of the Bible* (5 vols; Nashville: Abingdon, 2009)

TDNT | *Theological Dictionary of the New Testament*, ed. Geoffrey W. Bromiley (9 vols; Grand Rapids: Eerdmans, 1964 ~ 1874)

TLNT | Ceslas Spicq, *Theological Lexicon of the New Testament*, trans. James D. Ernest (3 vols; Peabody: Hendrickson, 1994)

二、學術期刊

ABR | *Australian Biblical Review*

BAR | *Biblical Archaeology Review*

CBQ | *Catholic Biblical Quarterly*

ET | *The Expository Times*

HTR | *Harvard Theological Review*

JBL | *Journal of Biblical Literature*

JSNT | *Journal for the Study of the New Testament*

JSOT | *Journal for the Study of the Old Testament*

JTS | *Journal of Theological Studies*

NTS | *New Testament Studies*

RB | *Revue Biblique*

SBET | *Scottish Bulletin of Evangelical Theology*

VT | *Vetus Testamentum*

WTJ | *Westminster Theological Journal*

三、聖經版本

《呂譯》 | 呂振中譯本（1970）

《新譯》 | 聖經新譯本（2001）

自序

這是一本讓你「讀書」、「讀人」和「讀自己」的書。「讀書」是指細讀神的啟示——聖經，尤以是福音書；「讀人」是指深入認識福音書中的耶穌基督，祂是世上惟一的一位完全人。「讀自己」是指透過閱讀這本書，多一點了解我們人類到底出現了甚麼問題，以致落在今天如此不堪的困境中。在此，我們先從「讀自己」開始。

一九九五年，法國記者尚．多明尼克．鮑比（Jean-Dominique Bauby）突然中風，陷入昏迷。三星期後他醒了過來，被確診患上閉鎖症候羣(locked-in syndrome)，全身癱瘓，只剩下左眼可以活動，但他意識非常清醒。那時，他才四十二歲。

在語言研究師的協助下，他藉著眨眼的方式與外界溝通，更藉此寫了一本書，名叫《潛水鐘與蝴蝶》（*The Diving Bell and the Butterfly*）。此書出版後他便與世長辭。

書中描寫他被困於身體內，心思卻在活動。例如兒子來探望他，距離他只有五十二厘米。他多想觸摸兒子，卻是不能，心中極感痛苦。書的結尾有此言：「在這宇宙中，是否有一鑰匙，可以打開我這個泡泡？是否有足夠的錢，可以買我自由？如今，我要去別處尋找。」不久後，他便離世。二〇〇七年此書更拍成電影，好評如潮。

事實上，我們都為罪所困，好像不能停下來的陀螺，迷困於活在當下的小格局內，變得痴愚。這便是我們的泡泡，突破無望，情況極不樂觀。

然而，主耶穌基督來了。

祂幫助我們，與我們犯罪的過去，來一個「斷捨離」。

祂為我們「解鎖」一個極高層次、美好亮麗的屬靈世界，好叫我們活得深層，活得精緻。

每一天，我們可以與復活主聯上，經歷祂的同在同行。祂和我們的生命交融，解開我們心靈的籠牢，使我們的胸懷變得寬大，海納百川，生命如猛鷹海東青，[1] 展翅高飛，翱翔天際，極目而視那天際線，掙脱困著我們的小格局。

在此，筆者誠邀你細續本書，走上這奇幻卻真實的生命之旅。

本書的設計是這樣的：全書共分八部（另附前言），目的是盡述耶穌的不同角色，盡顯祂乃跨界別高手。八部的內容共分三十六篇，盼望讀者們能在知識上長進，深度認識主耶穌，進而更敬佩愛慕主。文中加插「末了的話」作為總結及反省，也有「靈思小品」以助默想靈修，其目的是要讓讀者們藉著默想、反省和禱告，感悟復活主同在的美妙。如是者的三者聯袂，並藉著聖靈的感化，誠盼讀者們能深度認識奇妙的主耶穌——這便實現了本書的寫作目的。

畢竟，我們必須窮一生之力，孜孜以求與復活主親近，好叫我們能每一天多一點認識恩主那深邃莫測的神性。這是一使人振奮的生命之旅，是父神為祂子民特設的，不容我們錯過。還有的是，祂在等候著你。

張永信

序於香港恩福神學院

二〇二一年，新冠疫情狂襲下的香港

前言

這本書主要是關於那位記載於福音書中的歷史耶穌，而祂也是復活主。祂今天仍然活著，只是形式不同——從取了人類的身體活在世上，變成以榮耀的屬靈身體活在天上，也活在我們心裏。與此同時，這本書也為你提供一些靈修材料，盼望能成為你與復活主聯上的中介。

基督從成了肉身，到以榮耀的屬靈身體活著

本書指出，當主耶穌在世上活著的時候，是取了人的肉身，常自稱是人子。祂以先知、君王、拉比、末後的亞當、新的摩西等身分為世人所認識。如今，祂已復活升天，盡顯祂是全權在握、榮耀的主，是那萬眾期待的基督，是普世人類的救主，並且回歸神愛子——即聖子的榮耀裏。祂以一榮耀的屬靈

身體活著。

基督以此形態活著，進一步實現了祂那永為中保的角色。因為「以屬靈身體活著」此模式，使祂能與歷世歷代普世神的子民於每一個瞬間同在同行。

榮耀屬靈身體的復活主，與我們同在同行

憑著信，我們習練與復活主同行。在這過程中，祂的靈——也即是聖靈（即另一位保惠師，見約十四 16），這一位早已居住在我們生命中的聖潔的靈——同步地觸動我們，使我們能以感應祂的同在，感悟祂的心意。此感知之所以可能，是因為我們的心靈與祂的靈對接著。此對接機制大有可能是因為我們都有著神的形像（創一 26～27），此神的形像之特徵，便是能夠與主的靈相交。

我們發現，在習練與主同行的某些瞬間，聖靈會大大觸動我們的心靈，讓我們深深感應到祂那莫大深邃的神性（見羅五 5）。

與主同在同行，內在生命的更新變化

經歷與主同行的我們，那份困在當下的感覺銳減。心中的糾結變得雲淡風輕。祂滿足了我們的心，使我們的愁心變舒

心。祂大大提振我們的靈命，使我們更樂意服事祂，我們的內心也因此感受到祂的溫柔和溫暖。對一些本來已很熟悉的經文和真理，我們有了更深入的頓悟，例如：

（1）原來我們的外體雖朽壞，但內在生命卻可以不斷地成長，一如保羅所言：外體（原文是外在的人）雖然毀壞，內心（原文是內在的人）卻一天新似一天。他更表示，這便是他不喪膽的原因（林後四16）。所以，學海是無涯的；學無止境是真實的，屬靈的境界更是如此。

（2）保羅力陳：我們有這寶貝放在瓦器裏，要顯明這莫大的能力是出於神，不是出於我們，我們四面受敵，卻不被困住；心裏作難，卻不致失望；遭逼迫，卻不被丟棄；打倒了，卻不致死亡。（林後四7～9）這到底是甚麼意思？保羅所言，是指在任何惡劣的氛圍下，他亦有此打不死的勇氣、日不落的鬥心。答案是明顯的，這寶貝便是復活主，祂進駐保羅的生命，成為保羅心中的大人物。祂使保羅打不死，儘管保羅的外體受困，但心靈從來不受困，他那強大的內在生命，是從內住的基督而來的。

（3）這便是保羅神學的中心主題：信徒與基督聯合（union with Christ）的重要及果效之所在（見羅六1～8）。

但願以上所言，能幫助活在惡劣世情下的你我，提供突破重重圍層的出路。

總的來說，這本書要幫助我們，進深認識聖經中所描述的人子耶穌。這份深度的認識，將幫助我們在進入禱告、默想基督時，大大拉近與主的距離，常言道：「祂離我們只是一個禱告」（He is just a prayer away），說白了，祂是無所不在的神，祂本已存在於我們的大宇宙、小世界，甚至是我們如微塵般的生命裏。因著祂對其子民的恩情，及我們對祂的信靠（弗二8），我們可以與祂「零距離接觸」。

在此，馬丁路德（Martin Luther）說得好，構成屬靈偉人的三大要素是：祈禱、默想、試煉。願我們通過默想基督，藉著祈禱與復活主聯上。如此，基督在我們裏面活著，使我們可以「在地若天」地活在當下。

蘇格拉底小史，人生的終極問題

公元前四二七年出生的希臘哲學家蘇格拉底（Socrates）是西方偉大的賢哲，他更被譽為西方首位道德哲學家（moral philosopher）。

他的其中一句名句是：「學問的開始，便是自我認識。」而另一名句是：「人類最需要知道的基本知識，便是知道自己其實是不知道的（即無知）。」

他主要的理論，是認為活著為人，必須要問此問題：「到底如何活才有意義？」又或者是「我要成為一個怎樣的人，生命才能活得美好？」

他表示，一個沒有反省的人生是不值得活的。

蘇格拉底沒有任何著作，但他的教導，影響了後來的柏拉圖（Plato）及亞里士多德（Aristotle），二人更把其學說發揚光大，成為西方文明及科學精神的基礎。

因著蘇格拉底的堅持和擇善固執，使當時希臘雅典的政決意要把他處死。

他本可逃命，甚至在被囚時也可以伺機逃走。然而，他選擇慷慨就義，更以其死作為教導其門徒的教材；他表明：「逃命是否構成一個有意義的人生？顯然不是。」

他堅持自己的信念，結果喝下毒藥而死。然而，蘇格拉底這赫赫之名，卻英名遠播，名垂千古。

他成了芸芸眾生的吹哨者，被他喚醒的人將不斷地追問：「到底一個值得活的人生是怎樣的？」

在此，我們的答案是：活在世上的完美的主耶穌，為我們解鎖了一個完美人生的藍圖。效法祂，讓復活主活在我們的生命裏。這樣，必然是一個值得活下去的人生。因為這是父神在創世以先，在祂愛子裏為人類早已設定的美意。

造物主計劃周全，更算無遺策。按祂旨意而活的人（即一個活在基督裏的人），必然不枉此生。

一個心禱

基督耶穌說：……我是大衛的根，又是他的後裔。我是明亮的晨星。（啟二十二16）

坦白告訴你，我在追星，已追了好一段日子。所追的，是一顆活在我心裏的、明亮的晨星。

在寫畢這本書後，我有此心靈的禱告：「主耶穌，祢永活在我心裏，是我心中永亮的晨星。我是祢永遠的粉絲，我的心甚愛慕祢，好像向日葵迎向太陽。我對祢敬佩至極，讚美祢之情，像是有千言萬語；祢撼動了我內心的雲漢，好像激流在踴動。如今，我甚願藉著這書，細寫祢的美善，宣揚祢的美德，願讀者們因而蒙福，更願祢悅納。」

在此，筆者以一顆溫暖的心，寫下這本既學術，亦有溫度的書。誠盼讀者們能因認識我主耶穌基督，心中溫暖和堅韌起來，亦深願這溫暖能長久踴動著。

願我們能在這涼薄的世界，把溫暖傳送給世人。

末了，讓我告訴你，這本書也是寫給我自己看的，因為我也需要鼓勵和提醒。

| 第 一 部 |

由福音書、
福音，
到福音書中的耶穌

1 福音書的書寫：撼動心靈的文字

我們所相信的主耶穌基督，其名字「耶穌」(*Iēsous*)的意思是「拯救」(見太一21)，而「耶穌」的希伯來文乃「約書亞」一字的縮寫。[1] 約書亞繼承了摩西的職事，攻取迦南。他果敢勇毅，攻堅克難，實乃民族的英雄，故在新約時代，殷切期待復國的以色列人不少都以「耶穌」命名。可見此名字帶有民族復興的政治意味，[2] 甚得族民喜愛。[3]

按福音書的記載，耶穌曾在巴勒斯坦的加利利省生活，來自一名不經傳的小城——加利利的拿撒勒(此鎮人口不上一千)，[4] 乍看下只算是鄉野之輩，活在世上也只有約三十多年。祂充其量只算是一位猶太人的老師，後被判以羅馬帝國的極刑——被釘十字架而死。如此看來，祂何以能夠突圍而出，成為後世所傳頌的人物，更被各地教會所敬奉為萬王之王，萬主之主呢？

1.1 | 耶穌基督的出現

我們大部分關於主耶穌的資料，都是從新約書卷，尤以是四福音而得。

當我們細察四卷福音書時，便不難有此發現：耶穌基督此人物對當時社會產生了巨大的影響，其可說是激盪天地，震撼人心。[5] 這亦解釋了何以跟隨祂的門徒，如彼得、約翰和馬太等人，都紛紛以極長的篇幅，寫下祂的事迹，樂此不倦。[6] 再者，當我們進一步考究福音書如何成書時，便會發現耶穌的故事，早已廣泛地以口述的方式傳流於初期教會。祂的生平事迹，早已為人所津津樂道。[7] 人們都在談論祂的死（祂被枉屈至死），祂的死而復活（莫大的神蹟），祂多番的顯現（祂復活的鐵證），祂升天而去的威榮（榮登天界，實乃榮耀的神），在生活上更經驗祂的同在（永活及守護著神子民的復活主）。

1.2 | 福音書的出現

正典中的四福音面世不久，便被各地教會認受為有絕對的屬靈權威。意即是其內容所言及的，耶穌的其人其事，都是真實可靠的。學者鮑威爾（Mark Allan Powell）指出，在研究歷史文獻上，按次數和深度來看，沒有任何其他著作能及得上正典中的四福音。[8] 尤有甚者，四福音的寫作，按其作品的權威層次而言，是與猶太人的舊約聖經等量齊觀的。[9]

在此，值得留意的有二：

首先，猶太的信仰文獻已有舊約聖經凡三十九卷，當中自然包括猶太人推崇備至的摩西五經，其稱為妥拉（Torah）。[10] 猶太人所信奉的猶太教，是建基於這些已寫下的、流傳久遠的、有無上信仰權威的作品上。信奉耶穌的第一代信眾都是猶太人（以祂的十二門徒為首）。寫下福音書及其他新約書卷的，除了路加之外，[11] 其他的都是猶太人。如果耶穌的事迹，不是極為震撼的話，他們並不會貿然寫下祂的事迹，妄想別人在細讀後，接受和相信其內容，有如接受舊約正典的各書卷那樣（明顯的例子是約翰福音二十章31節作者表明：但記這些事要叫你們信耶穌是基督，是神的兒子，並且叫你們信了他，就可以因他的名得生命）。

其次，在上古，書寫是極不容易的，更何況所寫的篇幅極長（例如馬太福音，洋洋灑灑共二十八章，真可說是蔚為大觀）。[12] 當時書寫所用的筆，是用蘆葦（約八至十吋長），或是鵝毛等做成，其沾滿墨汁後，便可塗寫在紙上。墨汁來自黑色的顏料，這些顏料大概是取自煙囪中的煙灰，或是以被燒焦木頭留下來的灰燼調弄而成。[13] 要把這些墨汁塗寫在紙張上，使之上色，並且要讓人能清楚辨認該字的話，紙張便需要用特別的材料製造。

當時所使用的紙張，是有著源遠流長歷史的蒲草紙

（papyrus）。[14] 其是用生長在埃及尼羅河畔及三角洲一帶的蘆葦草所製成，此植物高度達三至四米。[15] 在當代可作多種用途，如做草船、船帆，甚至衣服和繩索等。

在此，學者艾文思（Craig A. Evans）及侯斯頓（George W. Houston）對於蒲草紙的壽命有深入的研究，其共識便是這些抄本（manuscripts），一般可存留一百至一百二十五年。[16] 如果配合有利的氣候及人為保存因素的話，更可長達三百多年。造紙的過程並不簡單：先要把割下的蘆葦，去其底部而留下莖，然後去表皮，把軸心切成長條；經打磨、施壓及編織後，才成為紙張。高質素的蒲草紙表面較光滑白亮，上色也較容易，所費自然不菲。[17]

大約在公元三世紀前，人們大都把蒲草紙一張一張地黏連起來，連起約二十張，構成一長長的書卷面世；[18] 也有以單獨一小張作書寫用途（例如寫信、寫契約等）。[19] 大概在公元一至二世紀之間，人們開始把一張一張的蒲草紙疊在一起，把其邊緣黏連，其形狀便有如今天的書籍（將二至五張疊在一起是最普遍的）。[20] 這形式在公元四世紀後被教會大幅度採用，以取代書卷；原因包括：（1）可容納更多的字（多26%）；（2）易於攜帶；（3）方便翻閱；（4）與猶太文獻的書卷分別出來。

由於蒲草紙是來自北非埃及的尼羅河畔一帶，再加上後天的製作，高質素的紙張所費定然不菲。在此，學者李察斯（E. Randolph Richards）估計，保羅所寫的羅馬書，大概折合約二千三百美元，即近二萬港元。[21] 尤有進者，把文字寫在蒲草紙上，成文後要作大幅度的後期修改是極其困難的，作者事前必先把全文的思路構思清楚，各類修辭法和措辭也必預先部署，才著墨撰寫。再加上在晚上書寫時，照明不足等等，亦添加了書寫的難度。[22] 值得留意的是，在當代，作者請來代筆人代為書寫是很普通的事（見加六 11；羅十六 22）。其原因有：

（1）作者本人不懂書寫；當代文盲處處，只有小部分人識字。再者，能讀也不一定能寫。
（2）作者本人能寫，但為了方便，或因著某種原因（如生病），請來專業的代筆人代寫，這自然方便得多。

如果要代筆人執筆，則要花錢聘請。如果寫的是書信的話，還要找人作信差，把信送出。[23] 一般而言，除了寄出的那一封信外，作者還會存留複製品作後備。[24] 考慮到以上種種因素，新約眾作者心中必然要有重要的寫作目的，龐大的寫作動力，才會下定決心，寫下其作品：他們的目的是要把這位非比尋常的耶穌傳揚開去。

總的來說，福音書的作者寫下如此長篇的耶穌故事，他們心中必然踴動著澎湃的動力，皆因耶穌基督的其人其事，震駭了當代的人，也撼動了作者們的心靈，更改寫了他們的一生，他們極願把這位恩主，以文字方式介紹給其所指定的讀者。[25] 這樣，耶穌的事迹，便不致失傳及誤傳。[26]

2 福音的起頭（一）：羅馬盛勢下真正的好消息

2.1 福音書的啟迪

當耶穌死而復活，向門徒顯現有四十天之久（徒一3），然後才升天而去。當時的門徒都滿懷熱誠地傳揚耶穌，並且在這信仰羣體中經常分享耶穌的事迹（見約壹一1～4）。當時，一切的信息，包括名人的故事，大都保存在人的記憶裏。由於文盲處處，能讀能寫者寥寥無幾，除非是遇上非常特殊的情況，人才會以文字的方式將信息記存下來。

以文字方式記錄耶穌的生平事迹者，一如上文所述，首推新約正典的四福音（即馬太福音、馬可福音、路加福音和約翰福音），再加上正典以外的耶穌基督傳記（如《多馬福音》〔*The Gospel of Thomas*〕、《彼得福音》〔*The Gospel of Peter*〕和《雅各原始福音》〔*The Protoevangelium of Jesus*〕等），在在顯出耶穌基督的一生，是極度震撼當代。據研究，在上古，從來沒有出現有這麼多的著作，這麼長的篇幅，內容卻只是寫一個人的平生。由此可見，耶穌的事件（the Christ event），實在是驚天動地，使人震駭不已。

留意四福音中最早出現的馬可福音，其開始的一句：神的兒子，耶穌基督福音的起頭（可一1），對於明白全書極其關鍵。在此，我們有必要深度明白福音（*euangelion*）一辭的意涵，因其在新約出現凡六十六次之多，單在馬可福音已出現了九次（見一1、14、15，八35，十29，十三10，十四9，十六15、20）。

2.2 |「福音」一字的意涵

「福音」*euangelion* 一辭及其動詞 *euangelizomai*，其字根本身是有「使人喜樂的，好消息」的意思；[1] 此字的拉丁文是 *evangelium*，其英文是 gospel，此字源自另一個字 godspel，意即「好故事」（good tale）。按此了解，耶穌基督的福音便是耶穌基督的故事，實乃好消息，一個妙不可言的好消息。

2.3 | 希羅背景下的「福音」

在新約時代，「福音」一辭已常被用作指軍事上的勝利、婚姻，甚至指兒女的出生，為人間帶來歡笑，或慶祝的意思。

其中如羅馬哲人及作家普魯塔克（Plutarch，公元 46～120 年）多次採用此辭形容希臘的戰事，例如斯巴達人（Spartans）戰勝對手，或羅馬大將龐培（Pompey）在與敵人對戰時接獲軍事上有利於自己的情報等；這些消息都被稱為「福音」。在約瑟夫（Josephus）及斐羅（Philo）的著作中，散居各地的猶太人在政治及宗教方面都會用到此辭，其不單是指羅馬帝國君王的誕生，他的登基及治績也稱為「福音」。[2] 最明顯的是在一刻文中，[3]「福音」用作指羅馬第一任國君奧古斯都（Caesar Augustus）的出生、登基為王及其政績所帶來的太平盛世。

由於在上古，人們相信國度的興衰，君王的交替，戰事的勝敗都是天上神明所命定的，因此，君王的登基、戰事上的勝利，其背後有神明的護祐，[4] 神明要藉著君王帶給百姓好消息。所以，在運用此辭於君王的出生、登基和管治時，也意味著神明的祝福。觀此，此辭的運用是政治性和宗教性的。

事實上，耶穌基督的福音是出現於羅馬帝國被譽稱為「羅馬治世」（*pax romana*）的黃金時代。此難得的紀元始自羅馬第一任君王奧古斯都。[5] 他登基為王之前稱為屋大維（Octavius，公元前 63～公元 14 年）。此人堪稱雄才偉略，管治得體。他於公元前三十一年瓦解了安東尼（Mark Antony）的部隊。如是者，三十二歲的屋大維結束了內戰，榮登寶座，帶來國家相對平靖的好一段日子。[6]

奧古斯都為人精明，勵精圖治，也雄心勃勃，推行君主專制政策，集全國權力於一身，成為真正的作王者，他把本以共和政制為主軸的羅馬共和國，變成羅馬帝國（即是君主獨裁）。他治內軍隊訓練有素，軍力強大，把經常帶來威脅、所謂的野蠻人（barbarians；又作化外人）駕馭妥善（國家佈以三十萬軍隊於前方以防範之）。如是者，國家內部穩定，國力充沛，經歷空前的繁榮。[7]

身為一國之君，擁有赫赫威名，奧古斯都卻不接受百姓奉他為神。不過，在他七十六歲時卻寫下回憶錄，意氣風發，頤指氣使，表揚自己的功績。[8]他死後，便被國家及百姓奉為神明，建廟供人膜拜。[9]羅馬帝國的盛世從他開始，維持了凡二百年，史家稱這一段從公元前三十一年開始，到公元一百八十年的時段為「羅馬治世」。

端此，無怪乎國內有人表揚他的威榮，稱他為救主（savior），他帶來了帝國的救恩（salvation），他的赫赫政績委實是福音（good news）。便是在這種氛圍下，耶穌基督的其人其事，被稱為福音，為初期教會所傳揚。到底這「福音」與帝國所表揚的「福音」，分別在哪裏呢？

誠然，對比起先前羅馬帝國的歷史——盡是鬥爭，征戰年年，內戰不斷，內耗也不斷——「羅馬治世」確能帶來一段百姓可以鬆一口氣的時機。然而，當我們仔細考量帝國內的國情時，便不難發現其社會狀況仍然潛存著不少問題。有些問題更是結構性的，並不是戰爭稍為停息便可以解決。

問題的癥結,是在於帝國奉行君主專制,社會上階級觀念極其濃厚。階級的最頂層自然是君王,繼而是皇親國戚,跟著便是朝廷命官(如元老院中的參議員),接下來是地方官吏(如省長、巡撫及附庸國君),繼而是一些富有家族、大地主及大商家。餘下的便是一些家奴、自由人及小本作業者,這一階層可稱為勞苦大眾,其大概佔了帝國九成以上的人口。最低階層要算是那些每天發薪的勞工(day-wage worker,見太二十1～10),還有的是討飯的及流浪漢(都是男性,見路十六20～22;不少更是傷殘人士,見路十八35;太二十30),或是妓女。不用多說,最低階層者都過著極度困厄、朝不保夕的苦澀日子。然而,比他們好一點的勞苦大眾也好不了多少。他們每天都掙扎著,勉強在貧窮線上活下去,過著僅能餬口的酸楚日子。對於這些人來說,帝國並沒有改善他們的生活,君王所帶來的所謂好消息是毫無意義的。

對比之下,耶穌基督的「福音」倒是大不相同。祂強調男女平等,博愛互動的精神,尤其是領導者要奉行僕人領袖的領導範式,留意祂如此教導祂的跟隨者:

> ⋯⋯你們知道,外邦人有尊為君王的,治理他們,有大臣操權管束他們。只是在你們中間,不是這樣。你們中間,誰願為大,就必作你們的用人;在你們中間,誰願為首,就必作眾人的僕人。(可十42～44)

以上所言明顯指出了當時羅馬社會的根本問題——王權過大，官吏濫權，這種殘民自肥的操控式領導是要不得的。但跟隨耶穌的門徒羣體，倒是截然不同，他們奉行僕人領袖的範式。尤有甚者，耶穌更以未來快要發生在祂身上的事作例子，表明：因為人子來，並不是要受人的服事，乃是要服事人，並且要捨命作多人的贖價。（可十45）祂作為門徒羣體的創始人，又是他們的老師，竟也如此行，跟隨祂的門徒就更不用說了。

說到底，跟隨耶穌的信眾所組成的羣體，是一個座落在羅馬帝國這大社會中的小社會——即教會。教會是一個沒有階級制度的屬靈大家庭，而這觀念其實源於耶穌的教導。有一次耶穌的母親帶同祂的兄弟來找耶穌，耶穌卻以門徒為例，指著他們如此說：凡遵行神旨意的人就是我的弟兄姊妹和母親了（可三35）。由此可見，教會內一切的信眾，都以弟兄姊妹相稱，這一個情況，促成了保羅於加拉太書三章27至28節所力陳的：你們受洗歸入基督的都是披戴基督了。並不分猶太人、希臘人、自主的、為奴的，或男或女，因為你們在基督耶穌裏都成為一了。可見教會內所有的成員都不再有階級之分，如此便構成了一平等合一、互愛互助的羣體，與羅馬社會那階級鮮明、支離破碎的氛圍實有雲泥之別。

綜觀上論，耶穌基督的福音是真正的「福音」，因為祂擔當了世人的罪，死在十字架上，成為贖金。換來的，是罪人生命的更新。當人相信祂時，罪得赦免，心靈經歷赦罪的平安。

繼而，耶穌基督在世醫病、趕鬼和濟世，為活在困苦中的勞苦大眾帶來盼望。祂更應許祂必再來，建立一太平盛世，美好如伊甸樂園的新天新地；死亡的威脅盡除，再沒有苦澀悲傷，活在其中的人都得著父神的守護和看顧，享受永福，是為永生。耶穌的這番末世言論，已為當時的信徒提供了心靈的家園。如此，耶穌基督的「福音」是：

(1) 可知的：認識耶穌的生平事迹，即學習教理。
(2) 可感的：內在生命得著喜樂和平安，尤其是赦罪之恩。
(3) 可體驗的：活在耶穌羣體中(即教會)，經驗平等、尊重、互助和相愛。

3 福音的起頭(二):猶太背景下的全備救恩

在研究福音書中所出現的「福音」時,我們亦不能忽略其猶太的背景。事實上,除了路加以外,其他新約書卷的作者都是猶太人,他們採用「福音」一字,絕對帶有猶太背景意涵。流行於當代的《七十士譯本》(*Septuagint*,簡稱 *LXX*,是一個把舊約聖經由希伯來文翻譯成希臘文的版本,流行於巴勒斯坦以外的羅馬世界),其內也不時出現「福音」一辭。[1] 這些經文包括撒母耳記下四章10節,十八章19至20節;列王紀上一章42節等。在其用法中,大都是與軍事出現有利情況有關。最重要的,是其多次出現於以賽亞書中,其中以四十至六十六章的經段為焦點所在。且看以下的援引:

報好信息的錫安哪,要登高山;報好信息的耶路撒冷啊,要極力揚聲。揚聲不要懼怕,對猶大的城鎮說:

「看哪，你們的神！」（賽四十 9，《和合本 2010》）

在山上報佳音，傳平安，報好信息，傳揚救恩，那人的腳蹤何等佳美啊！他對錫安說：「你的神作王了！」（賽五十二 7，《和合本 2010》）

主耶和華的靈在我身上，因為耶和華用膏膏我，叫我報好信息給貧窮的人，差遣我醫好傷心的人，報告被擄的得釋放，被捆綁的得自由；宣告耶和華的恩年，和我們的神報仇的日子；安慰所有悲哀的人……。（賽六十一 1～3，《和合本 2010》）

值得留意的是，按路加福音四章 16 至 19 節的記錄，當耶穌回到自己家鄉拿撒勒傳道時，在讀完以上以賽亞書六十一章 1 至 3 節的經段後，祂直言：你們聽見的這段經文，今天已經應驗了。（路四 21，《和合本 2010》）此言明顯是指祂本人便是其應驗。由此可見，福音書所採用的「福音」（即好消息）一辭，是與以賽亞書中所採用的「好消息」一字的意涵息息相關。

綜觀上論，對於神的子民以色列人來說，「福音」，即「好消息」一辭的運用，其焦點便是亡國已久的以色列人能從亡國的苦境中，變成舉國得著拯救和振興——這委實是一好消息。其強調了神作王，祂的管治將遍及全地，因祂的救恩已臨到其子民。[2]

按以上的分析,「福音」一辭含有濃厚的政治色彩。而當新約作者採用此辭時,他們為其注入了屬靈的元素。意即是說,當耶穌基督出現時,從祂而來的「福音」,不單是指祂要在政治上作王,即成為以色列人的王;[3]祂還要在屬靈上帶來信仰的振興,給予人一個有能的、強大的內在生命。再者,復興是「有諸內而形諸外」的。換言之,神的管治始自人的內心;拯救的焦點是人能從罪的捆綁中得著釋放,藉著基督的死和復活,人的罪得著妥善的處理。如是者,耶穌基督的國度將是一完全不受罪的污染,全然聖潔、公義、仁愛及和平的國度。

至於生活上,耶穌的醫病、趕鬼和濟世等(如使四千人和五千人吃飽;見可八1~8;太十四13~21),即時帶來了貧窮人的溫飽,幫助是具體的。耶穌更表明貧窮的人有福了,因為神的國是屬於他們的(路六20)。[4]繼而,耶穌的救恩,是即時生效的;且看以下出於路加福音的經文:

因今天在大衛的城裏,為你們生了救主。(路二11)

耶穌對他們說:「今天這經應驗在你們耳中了。」(路四21)

我們今日看見非常的事了。(路五26)

今天我必住在你家裏。（路十九 5）

今天救恩到了這家。（路十九 9）

今日你要同我在樂園裏了。（路二十三 43）

總的來說，一如學者韋克絲（Carla Swafford Works）所言，福音所關乎的，是簡單直接地表明，神不放棄祂所創造的、墮落了的人類。祂自己成了肉身，關懷和拯救人類，並且從死裏復活，全然得勝。[5] 按此了解，神子耶穌降世為人，成為人子，活了一個精彩的人生，祂的福音絕對不是一種宣傳技倆，而是具體和全方位的。耶穌所成就的救恩，在政治上、心靈上和生活上都是好消息，堪稱全備的「福音」。祂寫下了愛的故事，一個永不磨滅的、偉大的愛的故事。

｜末了的話｜

事奉的人生是套餐，不能單點

情人節到了，這是一個愛的季節，各商戶都推出特殊的禮品和優惠，務求爭取顧客青睞，刺激消費。有一些餐廳食肆，更推出情人節餐單。

有一對恩愛甚篤的老夫老妻，在一所餐廳訂了座位，相約在情人節當晚過節。

正是人約黃昏後，在情人節的夕陽初上時，他們倆手牽著手，溫馨地肩並肩步進餐廳。

這餐廳的佈置不錯，悠揚的音樂，柔和的燈光，桃色的桌布，連餐牌也換上火紅色的外衣，氣氛浪漫。

兩人悠然坐下，穿著應節制服的服務員先為二人端上紅酒，表示這是餐廳對他們的祝願。

夫婦二人自然開懷，更感窩心，在稍為品嘗杯中酒後，便翻開餐單。

這時，二人才發現餐單內只有三款情人節的套餐，選擇亦不太多。二人從前菜的沙律、餐湯；到主菜的三款：香煎三文魚，紐西蘭牛排，香烤豬肋骨排；以及壓軸的餐飲及甜品中作出了選點。

為夫的本不慣吃沙律，因曾聽有食物中毒的事件跟沙律有關。但因應這良辰美景，他便在端上的凱撒沙律上，澆上大量的醋，希望藉此殺菌，然後徐徐進食。

妻子叫了煎三文魚，這並不是她最想要吃的，因她聽説食用的三文魚都是飼養的，而飼養的魚場大都環境惡劣。然而，她更不想吃牛排等。畢竟，她也將就地吃了近乎一半。

他們用了近兩小時完成晚餐，結帳時付了可觀的小費，連聲多謝，一臉笑容，心滿意足地離開。

反省

我們期望事奉的人生是天色常藍，幸福滿滿，實際卻是時晴時雨，有時更風雨交加，情況甚不理想，跟我們的期望落差很大。這情況，一如保羅所言：因為你們蒙恩，不但得以信服基督，並要為他受苦。（腓一29）蒙恩是一樣，受苦是另一樣，二者並存在我們的信仰生命裏。

換言之，事奉人生是套餐，沒有單點。我們不能只求蒙福，不要受苦；但事奉中也不會只是危難和苦澀，沒有祝福和感恩。

可幸的是有愛我們的恩主相隨，與我們共走人生路。復活主的伴隨，甜在心間，那怕是千難萬難，也可風雨兼程，滿懷盼望地向前直闖。一如情人節中進食的男女，食物不是焦點，對方才是。

說到底，主大愛的彰顯，不單是藉著那古舊十架，而是顯在每一天、每一個瞬間之中，並且是從今生直到永恆的，無盡無了。

4 我的主，我的神（一）：神的使者和神的智慧

耶穌基督被敬奉為神，在新約有多處經文支持，且看以下福音書中三段明顯的記載：

他們見了耶穌就拜他……。（太二十八 17）

他們就拜他，大大地歡喜……。（路二十四 52）

多馬說：「我的主！我的神！」（約二十 28）

在此，保羅於哥林多前書八章6節表示，我們只有一位神，就是父——萬物都本於他；我們也歸於他——並有一位主，就是耶穌基督——萬物都是藉著他有的；我們也是藉著他有的。

保羅此言明顯是要表明，當時教會的共識是：除了父神之外，耶穌基督也是神，祂也是創造主。但問題來了；猶太教是相信一神論的。而第一代的基督跟隨者，他們都是猶太人，他們如何能接受除了父神之外，耶穌也是神，並且對祂敬而拜之？且看以下的臚列及其闡釋。

4.1 | 耶和華的使者

神雖然是獨一的，但祂在與人接觸時，常以一些中介與人接觸。其中最明顯的，要算是舊約常在神顯（theophany）時出現的「耶和華的使者」。[1]

舉例說，在士師記六章 11 至 24 節描述以色列人受到米甸人的逼害，基甸被選上成為拯救族民的救星。首先，12 節出現了「耶和華的使者」，他向基甸顯現。14 節作者卻改用了「耶和華」，16 節亦然；然而，19 及 20 節卻又回復到「耶和華的使者」，22 節亦然。但到了結束的 23 節時，作者又再用耶和華。

為了記念此神顯，基甸築了一壇，起名叫「耶和華沙龍」，作者表明此壇是為記念耶和華而起的。觀此，耶和華與其使者二者似乎可以混為一談，也許我們可以說，當耶和華神向人顯現時，祂是以一如人的使者的形狀顯現，好叫人能接觸祂。

當然，這使者可能是指天使，但學者溥偉恩（Vern S. Poythress）卻力陳，其大有可能是神本身的顯現，即是神短暫時間化身為人；儘管其是指天使，但也同樣預示著後來耶穌基督成了肉身。[2] 留意希伯來書三章1節如此表述：同蒙天召的聖潔弟兄啊，你們應當思想我們所認為使者、為大祭司的耶穌。作者表示耶穌是從神而來的使者，此措辭支持溥偉恩的說法：舊約中被稱為「耶和華的使者」的，如果不是神暫時的化身為人（如果屬實，其便是聖子耶穌），便是如耶穌基督一樣，被神差遣，藉著神顯與人接觸。

由此可見，在舊約中，耶和華是獨一的神，但耶和華使者的出現，留下了一些空間——耶穌基督（作為神的使者）是神，並受神的子民敬拜。因為敬拜祂，便是敬拜父神。

4.2 | 神的智慧

以色列人作為耶和華神的子民，原知道耶和華神是無所不在的。祂同在的實證，便是會幕和聖殿中至聖所內的施恩座。昔日耶和華的榮耀降在至聖所內，在在顯明耶和華與其子民的同在。然而，以色列亦發覺耶和華是一自隱的神（a hidden God）。祂常以一隱藏的方式與其子民同在。最常見的，便是神所創造的自然界（即自然啟示），神藉此昭告世人祂的智能藉著自然界的奧妙映現，一如詩篇十九篇1節：諸天述說神的榮耀；穹蒼傳揚他的手段。後來保羅於羅馬書一章20節亦呼應此理念：自從造天地以來，神的永能和神性是明明可知的，雖是眼不能見，但藉著所造之物就可以曉得，叫人無可推諉。

按此了解，智慧神學很快便出現在以色列人的作品中。其用意是，耶和華神藉著智慧，表明祂對其子民的護蔭，尤其是在其活著的、奇妙的世界中。[3] 再者，只要神的子民能心存敬畏，並且按著神的指示行事，便是一追求真智慧者，定能享受美好的人生。[4]

在以色列人的文獻中，有不少是屬於智慧文獻的，其對智慧的本質有多番的描述。其中如亞歷山大的斐羅的作品、《便西拉智訓》（*The Book of Sirach*）和《所羅門智訓》（*The Wisdom of Solomon*）等。其中的《所羅門智訓》最為經典，其從六至九章把智慧人格化（personified wisdom），[5] 力證智慧並非被造之物，而是發自獨一的神。智慧被描繪為神美善之形像、反映著神永恆之光輝，是神的作為之一面完美鏡子。再者，智慧更是與神一起創造萬物及營管創造界。繼而，智慧更進入人間，有如中保，是神與人相通的橋梁。智慧在人的心中，為要教導人如何能討神的喜悅，可見智慧是人生命的導師，使人得悉真理。[6] 在此，布魯格曼（Walter Brueggemann）力言，箴言八章22至31節此經段指出了智慧是神與其創造界的中介。[7] 藉著智慧，耶和華神與人建立了溝通的渠道，一如箴言八章31節所描述的智慧，其特點是踴躍在他為人預備可住之地，也喜悅住在世人之間。

所以，猶太人是以神的智慧，作為一寓意性表達，旨在表明智慧，是無限無量的神，是與創造界及人類（即物質界）接觸時的代稱，[8] 一如箴言二章6節所言：因為，耶和華賜人智慧；知識和聰明都由他口而出。再者，在正典內的猶太人智慧文學中，箴言八章1至36節對智慧的描述實屬極致；其措辭與後來保羅在歌羅西書一章15至20節所寫的有很多呼應的地方。例如：神的形像，在一切被造之物以先已存在（箴八22～31對照西一15、17）；君王和掌權者都是靠之而立（箴八15～16對照西一16）。接下來，一如君王要靠著智慧管治國家（箴八15～16），基督也是有如智慧一般，使一切執政的、掌權的都服在祂的權柄之下（參西二15）。[9] 繼而，歌羅西書二章3節有言：所積蓄的一切智慧知識，都在他〔基督〕裏面藏著。[10] 由是觀之，基督不單作成了智慧所作的，保羅更於哥林多前書一章24節表明，基督總為神的能力，神的智慧。簡言之，基督是神智慧一個有位格的體現。

留意當耶穌痛斥文士和法利賽人時，祂於馬太福音二十三章34節有曰：所以我差遣先知和智慧人並文士到你們這裏來……；而當此言於路加福音十一章49節出現時，作者卻寫成：所以，神的智慧說：「我要差遣……」。（《新譯》，又參《呂譯》）端此，路加福音的作者明顯把耶穌看為「從神而來的智慧」。

綜觀上論，因著舊約經常形容神的智慧充滿人間，把在世的耶穌基督看成從神而來的智慧，甚至是智慧的體現，實在是不足為奇的。

| **靈思小品** |

知所進退，智者之所為

耶穌在加利利的事奉，一路走來都不錯，祂廣受歡迎，工作順當。然而，施洗約翰的死，卻成為祂事奉的轉捩點（太十四 1～13）。祂變得低調，說話倍加小心，工作地點也轉移至加利利的鄉野，甚至退至外邦之地。

換言之，萬人迷的祂，竟然拂袖而去，離開猶太羣眾，不留下半片雲彩。

孔子被譽為「萬世師表」，相傳他有弟子凡三千之眾。有一次，有人問孔子，他弟子中誰最出色。

孔子說：「顏回最為仁義，這方面他比我出色。」

「子貢最善辯，這一點我不如他。」

「子路最勇敢，我不及他勇敢。」

這人便追問：「他們都比你強，為何還要作你的學生？」

孔子回答：「這是因為我也仁義，但我懂得在有必要時要硬心。我也善辯，但在有必要時，我會說話緩慢，甚至緘默不語；我也勇敢，但卻是進退有據。」

孔子所言表明了擁有才華和恩賜固然重要，但懂得適當地運用卻更為重要。

這樣的人才智雙全，堪稱人中之傑。

反省

留意馬太福音十四章12至13節所言：約翰的門徒來，把屍首〔指施洗約翰〕領去埋葬了，就去告訴耶穌。耶穌聽見了，就上船從那裏獨自退到野地裏去……。因著施洗約翰被希律王所殺，耶穌見世途凶險，便轉身離開人羣，退到荒野，沒有半點猶疑。

在面對猶太領袖文士和法利賽人的追擊時，祂便轉而以比喻教導，把天國真理隱藏起來，私底下卻向門徒詮釋其意義（太十三10～11）。可見在世的耶穌深諳進退之道，滿有智慧。無怪乎祂教導門徒要機靈像蛇，馴良如鴿（太十16），便是這個道理。

只有前進，不思避退，落得焦頭爛額。因害怕而事事將就退避，人生便一無所成。進退有據，張弛有道，才能在人生的賽道上，完成這場人生馬拉松，堪稱智者。

禱告

求主賜我屬天的智慧，能在世道凶險時知所進退，好叫我成為屬靈的智者。靠著祢，活一個才智雙全的人生。

5 我的主，我的神（二）：神的靈和神的話

5.1 神的靈

「耶和華的靈」（或「神的靈」）一辭常出現於舊約經文中，指當耶和華神工作時，祂的靈便扮演了執行其計劃的角色。其中如在神創造天地時（創一1）；在神賦能給一些神子民的領袖時（士三10之於俄陀聶；士十四6、19之於參孫；撒上十10，十一6之於掃羅王；賽十一2之於彌賽亞；賽四十一1之於受苦的義僕等）。同樣，當耶和華神要與人接觸，便是藉著祂的靈，與人同在，賦予其能力，完成神所託付的任務。

5.2 神的話

創世記一章3節及以下經文表明神是藉著祂的話創造天

地，甚至人的出現，亦是出於祂的話（創一26）。再者，詩篇三十三篇6節有曰：諸天藉著永恆主的話語而被造，其萬象藉著他口中的氣而造成。（《呂譯》）在此，神的話映現神的心意及祂那神性的莫大能力。[1] 留意以賽亞書五十五章11節有曰：我口所出的話也必如此，決不徒然返回，卻要成就我所喜悅的，在我發他去成就的事上必然亨通。此句看來是把神的話人格化了，[2] 好像是神差派的使者大有能力，必能達成神的意願。事實上，這裏作者將雨水與神的話相提並論，旨在表明其給予萬物生機和生命的能力。到了新約約翰福音的序言時，作者便以「道」（*logos*），即「神的話」作為福音書的序言。[3] 當然，作者寫作的對象是外邦人，故「道」一辭的用法包含希羅文化的背景。[4] 然而，按上文所指示的，「道」作為神的說話，亦有著其舊約的背景。端此，約翰福音的作者旨在表明，這「道」在創造界出現前早已存在，並且滿有神性，日後祂更降世為人，與人接觸，是為神的兒子耶穌基督；人們可以藉著這成了肉身的「道」，與天上人所不能看見的父神聯上（約一1～18）。[5]

歸結而論，舊約中所出現的「神的智慧」及「神的話」等，[6] 作為舊約獨一神觀中神的延展，[7] 不論其出現是一種修辭技巧，[8] 還是一實存的形格，這份意識形態在信主的猶太人羣體裏，使他們在所信奉的獨一神觀中，可以容納耶穌基督被敬奉為滿有神性的神，並且是與聖父同等、同尊、同榮的。[9]

5.3 耶穌基督滿有神性

一如上文所指出，促使新約眾作者寫下耶穌故事及祂生平事迹的主因，便是耶穌基督的其人其事，盡顯祂的神性（見徒二22～24），以致跟隨祂的人都不禁異口同聲地宣認祂是主是神，都毫無保留地敬拜祂（太十四33；約二十28；又腓二9～11），並且奉祂的名聚會和受洗（太十八20；徒二38，八16），相信祂無時無刻的同在，殷切地期盼等候祂的再來（啟二十二20）。基於此故，新約的基督論，並不是由低層的基督論，隨著時間的推移，漸漸演變成高層的基督論，[10] 而是如學者包衡（Richard Bauckham）所堅稱的，在一開始時，初期教會已有共識：耶穌基督是全然的神，是至高者。祂絕對配受神子民的敬拜。[11]

福音書中，路加福音是與別不同的，一如上文所言，路加是惟一的一位外邦人作者，更不是耶穌事件的目擊者，於是，他大規模的蒐證，然後經過審慎的研判考量才寫下他的福音書。留意作者在路加福音一章1節表示當時坊間已流傳著豐富的、關於耶穌其人其事之資料。可見關於耶穌的故事，人們都津津樂道，早已成為城中熱話。端此，耶穌基督的赫赫聲譽，絕對是祂應得的，因為對於當代人來説，耶穌基督雖然以人的形態活著，但其實祂是神的兒子，只不過是暫時取了人的肉身而已。儘管如此，福音書的作者已多次表明，耶穌基督是有著神兒子的底氣，其中尤以祂從死裏復活及顯現為最，且看以下的節錄：

（1）當耶穌被釘十字架時，馬太福音二十七章45節表示那時天地都昏暗起來（又可十五33；路二十三44）；而51至54節更表明地大震動，可說是天地為之動容。接下來，聖殿的幔子從上到下裂開，磐石崩碎，甚至埋葬死人的墳墓也裂開。作者藉此表明，耶穌的死撼動了陰間。[12] 此情況使在場作為外邦人的羅馬百夫長，也不禁宣認：這真的是神的兒子。

（2）空墳墓及天使的宣告（神顯）：婦女們最先到達墳墓前，突然地大震動，天使出現並且把掩蓋墓穴的石頭滾開。看到此情景，守墓的士兵害怕得要死（太二十八1～4）。繼而，天使宣告耶穌已從死裏復活，埋葬祂的墳墓已是空的。婦女們入內求證，果然不見耶穌的屍體。於是，便前往告知門徒她們所遇見的事。

（3）耶穌從死裏復活後，多次向門徒顯現；後更升天並得榮：空的墳墓及天使的顯現促使婦女們從速向門徒報告她們所遇見的奇事。[13] 但在路途中，復活主卻向她們顯現（太二十八8～10）。接下來，復活主停留在地上凡四十天，多次向門徒顯現，為要開門徒心竅，使他們明白神國的道理（路二十四44～45；徒一3）；並且差遣門徒，到普世為祂作見證（徒一8），踐行向普世傳揚福音的使命，其內容包括：往普天下去，使萬民作主的門徒，並且為他們施洗及教導他們神國的道理等等（太二十八19～20）。

保羅也力證耶穌多次的顯現：……基督為我們的罪死了，而且埋葬了；又照聖經所說，第三天復活了，還顯給磯法看，又顯給十二使徒看，後來一次顯給五百多弟兄看，其中一大半到現在還在，卻也有已經睡了的。以後他顯給雅各看，再顯給眾使徒看，最後也顯給我看……。（林前十五3～8，《和合本2010》）保羅這裏可能正在援引初期教會的一段信經，主旨是基督從死裏復活，其在不同時間，向不同的人顯現，足見祂的復活是不容置喙的事實，成為各地教會的認信，而保羅本人更親身經歷之。

畢竟，惟一能解釋耶穌從死裏復活的，便是這是一項神蹟，而施行神蹟者是父神無疑。猶太人更相信，義人若受了冤屈，儘管死了，神也必使他復活過來，此舉是要為他伸冤（見但十二1～3）。按此了解，猶太人不信耶穌是神的兒子及彌賽亞，把祂判死後釘死，無疑是一錯判，構成了一莫大冤案。如今，父神為被判死罪的耶穌伸冤：祂果真是神的兒子，是那要來的彌賽亞（參徒二23～24）。

後來，復活主在眾使徒面前駕著雲彩升天而去（路二十四51～52；徒一9），此榮耀的回天，更表明祂是神的兒子，是絕對配得神子民的敬拜：耶穌基督是主（腓二9～11）。

綜上所論，其都指向一個事實：耶穌基督的其人其事，大大影響著門徒，也撼動了當代（包括了耶穌時代及後耶穌時期）。一切所發生的事，都力證一個事實：耶穌基督是非比尋常的。祂是主，是神，祂配得神子民的敬拜，祂的名配得宣揚。

6 耶穌基督：神和人之間中保的極致

從神主動與人設立恩約的角度來看，在神子民的歷史中，一如上文所指出，其出現了一些在神和祂子民中間的中介（被神揀選的人藉之可以與神聯上），其可統稱為「中保」（mediators）。這一類中介的人物，在第二聖殿猶太教的著作中頻繁出現。這些「中保」人物都是極高層次，與神有特殊而極度親密的關係，並且比起其他被造之物都優越。[1] 在此，學者戴維斯（P. G. Davis）以時間的三向度模式（the triple pattern；即過去的向度、現在的向度和將來的向度）來分析及深度了解這一類「中保」的人物。

過去的向度指的是如亞伯拉罕、摩西和大衛等人。作為歷史人物，這些先賢古聖都已死去，其對後世神子民羣體的影響，充其量只能以一傳奇人物事迹（legacy）的方式發揮作用。

現在的向度指的是如天使加百列（但九 21 ～ 22；路一 26）

那樣；整體而言，天使的顯現大都使在場者感到極度震撼（但十9、17）。

將來的向度指的是如以利亞那樣，他被視作在末世才會出現的人物，是彌賽亞的先行者（見太十七10～11）；而另一例子是但以理書七章13至14節異象中的一位像人子，駕著天雲駕臨地上的人物。

還看神子耶穌，祂作為新約的「中保」，卻同時兑現了以上的三個向度。

過去的向度：耶穌基督降世為人，成為人類歷史中劃時代的人物。祂成就救恩，並且從死裏復活，升天得榮。**現在的向度**：藉著聖靈——即另一位保惠師，復活主與神的子民——即教會同在（約十四16，又十六12～14）。祂更在父神的右邊為一切屬祂的人代求，持續祂那「中保」的工作（羅八34）。**將來的向度**：祂必再來，拯救祂的子民及審判萬國萬民（太二十四30～31；可十三26～27）。

換言之，耶穌基督是神與人之間「中保」的極致，無怪乎在世的耶穌曾有此表白：我就是道路、真理、生命；若不藉著我，沒有人能到父那裏去（約十四6）；繼而，提摩太前書二章5節也力陳：因為只有一位神，在神和人中間，只有一位中保，乃是降世為人的基督耶穌。綜上所論，基督成為敬拜的對象，其中一個重要原因，便是除祂以外，神的子民再沒有任何渠道，能夠與天上的神建立深長久遠的親密關係。[2]

說到底，耶穌基督被奉為神，並不單是因為祂與猶太教中那常有出現的，神與人中間的中介人物一脈相承，更是因為祂的眾門徒在和祂相處後，對祂有深度的認識，得出共識：耶穌基督是配受他們敬拜的神。

在此，也許我們可以說，耶穌基督是人類救贖歷史的樞紐，一如學者斯達瑪克（Peter Stuhlmacher）所形容，這現象構成了「基督鉗夾論」（Christological clamp），意即基督把舊約和新約聖經的教導夾緊在一起，[3] 也如學者巴瑞特（Matthew Barrett）所言，這是整本正典聖經所要映現的，也是聖經存在的理由和目的。[4]

總而言之，耶穌所帶動的信仰復興運動，在受著猶太教的逼迫和羅馬帝國權力的威脅下，仍然如火如荼地於羅馬帝國全國各地遍地開花。能造成此強大的格局，惟一最有力的解釋，便是基督教的創始人耶穌基督，祂確實是非同凡響。

我們相信，耶穌基督是真神降世（約一14；腓二5～11），為要成為一完全的人，活一完美的人生，展現一完美生命的範式。祂更被釘在十字架上，以無罪之身，代替有罪的世人而死，從而拯救眾生（羅三22～24；林後五14）。祂的平生，彰顯著神性強大的生命力，神的大愛也盡然映現（羅五6～8）。如此一位絕世的救主，使跟隨祂的人，都一一竭盡所能地傳揚祂（徒二十六19；林前十五10～11），甚至以死相酬，是為初期教會所傳揚的福音。他們更把耶穌基督的事迹，以文字的方式記存下來（如正典中的四福音；見約二十31，二十一24～25；路一1～4；徒一1），使萬世得益。[5]

｜末了的話｜

與復活主聯上

在此，值得留意的是新約中的書信，可說是作者（大都是使徒）的「分身」。信的作者因著種種因由（如被囚）不能親訪受書人，便寄語書簡。受書人見信如見作者，信中所言，有絕對屬靈權威（見林前五3～5；彼後三15～16）。

按此了解，又正如上文所言，福音書的作者們花費了大量的金錢、時間和心思，寫下福音書，其目的便是以他們的作品為其「分身」。讀者們在細讀其作品時，等同於作者本人親自在場，為福音書中的主角耶穌作證。端此，我們有必要存著這樣的心態，細讀他們的見證，這就得以深度認識他們所要見證的救世主，並且藉著聖靈，與這位今天仍活著的復活主聯上，習練祂的同在同行，與祂的生命交融，為祂生命所影響，讓我們的生命從而得著振興。[1]

與主同行代表著一份密不可分的關係（可說是我們

與主彼此內住）。和全能全知全愛的主建立緊密的關係，我們都必然被祂深深地吸引著，更是樂此不倦。

讓我向各位細訴在二〇二〇年疫情狂襲香港時，發生在筆者身上的奇妙經歷。

為了抽離喧囂的生活，給自己開闢一個心靈小天地，我經常到家附近的海濱長廊漫步，好放空一下，調節身心，尋求能量；我會一直走到路的盡頭，直到無路可走。

在這過程中，我回想過去，不少往事在腦海中浮現，猶如照片定格在一些重要的事件上，歷歷在目。我在一九八〇年按立牧職，然後被派往南美洲宣教，自此在事奉的路上馬不停蹄，風雨兼程，沒有稍停片刻。我感受到自己臉上和心中盡是滄桑，亦看到恩主如何守護著我和家人，渡過千難萬難。

回過神來，我遙望海之遠處的水平線，藍天白雲的天際線。再想，晴空之上，還有一層保護著地球的大氣層，然後回望身旁經過的男和女。我陷入沉思，這地球真奇妙，有如此壯麗豐饒的大地，人類有男有女，此兩性使人類能延續生命，互補不足，相親相愛。思想流轉到這裏，深感造物主的偉大和大愛，在激動中有以下的參悟：

（1）神從來沒有這般偉大過，自己從來沒有如此渺小過，更是渺小得極為可憐。

（2）神的偉大和大愛，大大觸動我的心靈，心中像是有千言萬語要讚美感謝父神。

（3）淚水繃不住了，像決堤般奪眶而出。

（4）世上一切困擾著我的人及事，突然變得雲淡風輕。

這時候，心中盡是感激之情，並且有此感知：自己被偉大的神選上，實在不配，全在乎祂的恩典。自此，我和自己和解了，開始接受自己的不完美；我是個不折不扣的罪人，然而，父神在基督裏仍然選上了我，成為祂的兒女，為祂所珍愛，與父神的獨生愛子耶穌基督同蒙後嗣（微小的我，竟然有分於祂的榮耀；羅八16；弗一11、14）。也因著祂（三位一體的神）的照管和守護，得以在主再來時蒙祂悅納，有分於這榮耀的一刻（見羅八29～39）。

自此，我深深明白，與主相交何以是如此美妙；我是與主相遇了。我更開始明白，有一天，當我們進入永恆裏，與主永遠同在時那份美好的境界：好得無比（腓一23），到底是怎樣的；我如今是淺嘗之。

活在當下的我，那份被困於當下的感覺銳減。祂滿足了我的心，使我愁心變舒心。祂疊加了我的心力，使我心內充滿澎湃如潮的活力。

讓我告訴各位，筆者本是心靈遊子，臉上常是一片茫然，心靈糾結，人生方向迷失。因著深度認識復活主，更與祂相遇，自此變得勤快，成為屬靈的學子（更想成為學霸）。每一天，每一個瞬間，心靈的感應是：復活主就在我身旁。

過往靠自己而活使我身心俱疲，正是倦鳥知還，如今，身旁的主，成了我心靈的家園；我的心靈也舒坦多了，常常閒庭信步，悠然自得，這不是因為我擁有的比別人多，而是因為心中有主，樂在心中。

記緊這句話：「只要背脊骨挺直了，身體便不會傾斜；只要心靈站直了，人才活得不走樣。」心中有主，常有感悟，活得踏實，一切都不再一樣。

誠盼本書能觸動身為讀者的你，讓你在細想福音書作者筆下關於救主的回憶錄時，能與復活主聯上，與祂神性的生命交融。每一天感悟祂的同在同行，內在生命被祂浸染而強大起來，心靈踏實了，視野開廣了，胸懷闊大如海納百川。如此，才能在這紛亂的末世中安身立命，建構屬靈的大格局，思維融通，俯瞰世界，透析世情，體諒眾生，滿懷盼望，活得精彩。

讓我提醒各位，屬靈操練的過程是不容易的，從開始明白真理，然後經過歲月的磨礪，才是真理的融通，繼而是實踐真理的初階，疊加重複的評估、反省和修訂，然後再實踐，才能靠近完美，目標在望。所以，請不要灰心；更不要輕易言棄。

　　最後，若然我們能以天國子民那強大的屬靈生命力，活出一個地上國民的美好人生，我們必然不會虛渡年華，庸碌一生，空留遺憾。

| 靈思小品 |

真愛是成全對方

愛是耶穌基督福音的主題，也是不少故事，包括電視劇的題材。《深夜食堂》這套電視劇集源自日本的漫畫故事，曾在電視中熱播。其中一些故事實在感人，更好評如潮。在此，容讓筆者簡述以下一個極其感人的故事。

主角是一位食堂常客，這位外貌出眾的年青人馬克，先天失聰，是一既聾亦啞的文盲。

他活得孤苦，在貨船碼頭工作。一個晚上，他在碼頭的暗處發現一個棄嬰，是個小女孩。女嬰的趣致吸引了馬克，於是馬克便把她抱回家撫養，給她起名樂樂。自此馬克成了父親，和小樂樂二人相依為命。

時間不斷向前推移，女嬰漸漸長大，變身成為一聰明伶俐的小女孩。馬克經常帶小樂樂到食堂，她與食堂中的常客都建立起友好的關係。小女孩成了眾人的開心果，更成為馬克生活的焦點，甚至是生存的意義。

有一天，小樂樂在家不幸跌倒受傷，馬克立刻送她到醫院。在治療期間，醫生發現她的血型與父親的完全不脗合，可見馬克並非生父，又因馬克是殘障人士，情況不尋常，有關當局便把女孩留下來，更為女孩尋找生母。

結果，生母亮相了。她因多年前女嬰被偷去，再加上丈夫因而與她離婚，過著備受煎熬的生活，如今竟然能重尋愛女，自然是歡天喜地與女兒重聚。她竭盡所能地爭取女兒的撫養權，更不讓馬克再見女兒。馬克眼巴巴看著小樂樂被別人拿走，哭得死去活來，好像快要把靈魂也哭出來似的。

他心痛欲絕。

故事的結束，便是食堂的主持力勸馬克，一切事皆是上天的安排，女嬰的出現及她生母的出現亦然。如今，還是讓小樂樂回到她生母處，才是更好的。馬克在與小女孩告別後，心中亦釋然。後來，這位母親亦容讓馬克來探訪女孩。

反省

馬克的故事，是《深夜食堂》眾故事中最為感動人心的。這故事展示了一種昇華的愛。此愛的特點便是：愛一個人，與其要擁有對方，倒不如成全對方。換言之，真愛是只求對方的好處，真愛是無私的。

在此，基督那全為了我們的得救，而犧牲自己生命，不求我們回報的大愛是更高層次，更為昇華的，更為無私的。無怪乎祂那愛的故事被傳誦千古，觸動千萬生靈，甚至有人以死相酬，原因便是在此。在這高舉人權，常要為自己爭取權益，「鬥個你死我活」的世代中，願我們的愛心不至冷淡。因為我們的信仰，是以愛為核心價值的。

不論未來日子如何，心中有愛，有主的愛，我們不單能立身安命，更能建立別人。我們把焦點放在有需要的人身上，自然能夠稍為忘我，變得無私，放開懷抱，活出內有基督、外有同路人的羣體力量，迎向一個充滿生機的未來。

臉書上的一句：「生活很簡單，心靈卻複雜」寫盡了人生的苦澀艱辛。這些年來，身心俱疲，需要我們幫助的人又何其多。問題是，我們應付得來嗎？

禱告

求主除去我的冷漠心，更求主的愛溫暖我的心，好叫我也能溫暖別人的心。

第二部

耶穌基督：天國的王，布衣君王

7 天國的君王，從亞當說起

細讀福音書，我們不難發現，眾作者把耶穌形容為世間上惟一的一位完全人。[1] 祂以多重的身分和角色活在世上（天國的君王、先知、拉比、神子和人子、新的摩西、末後的亞當等），映現著祂要承擔多重的使命，更表示祂所成就的救恩是整全的，祂是全能的救主。作為全人類的救主和完全的人，在世的耶穌跨越了多個界別，更成為箇中高手。[2] 因為惟有這樣，祂才能成就拯救世人及成全父神旨意的使命。在此，我們先從祂作為天國君王的角色說起。

7.1 耶穌是猶太人的王

新約學者基納（Craig S. Keener）主張，在耶穌的多重角色中，最重要的是被描寫為那真正的猶太人的王。[3] 留意約在第二世紀中葉出現了一封以敍利亞文寫成的信，此信是一位下在監裏的父親對其兒子的寄語，信中提及猶太人殺害了他們的王（耶穌），但王並不因而死去，因為「他的教導使他活下去」。[4] 由此可見，耶穌被看作為猶太人的王，是極為特別，亦因而廣為人知的。

事實上，福音書中以馬太福音最受早期信徒歡迎，[5] 其一開始在一章 1 至 17 節記載了耶穌的家譜。作者藉之展現耶穌來自大衛的家族，是帶有王族血統的，是大衛的後人。作者旨在力證，耶穌便是大衛之約中，那永坐在寶座上治理百姓的大衛子孫（撒下七 12～17）。[6] 再者，當耶穌受了施洗約翰的洗禮後，聖靈便從天上降在祂身上，此舉可被看為耶穌被神膏立為彌賽亞，為神國的王。繼而，天父發聲：你是我的愛子，我喜悅你（可一 11），此言是要公開地肯定耶穌的身分：祂是神的兒子，是彌賽亞，是神國的王。[7]

留意在面對巡撫彼拉多的盤問時，耶穌坦白承認祂是猶太人的王（太二十七 11；可十五 2）。當耶穌死而復活，向門徒顯現時，祂表明自己已得著宇宙間的全權：耶穌進前來，對他們說：「天上地下所有的權柄都賜給我了」（太二十八 18）；[8] 這裏的情況有如王者的登基和加冕。稍後祂升天得榮，坐在父神寶座的右邊，是向靈界中有權勢者宣示其威榮（見弗一 20～21）；祂是統管萬有的王者。

留意「俯伏敬拜」（*proskuneō*）一辭在馬太福音中出現凡

十三次，其都指耶穌基督是神，是配得敬拜的，又或指祂是王者，人民都要向祂行屈膝叩跪之禮。[9] 最明顯的是馬太福音二章2節記錄了東方來的智者，向大希律表明，他們的來意和盛意，是要找著猶太人的王，好向祂敬拜。當時，大希律亦虛情假意地回應，他也要找著耶穌這新生王，目的是如他所說的：我也好去拜他。（太二8）稍後，智者們找到了孩子耶穌，就俯伏拜那小孩子，揭開寶盒，拿黃金、乳香、沒藥為禮物獻給他。（太二11）黃金、乳香、沒藥是當代寶物的極致，可見智者把最好的，都敬獻給這新生的王者。

另一個案，便是馬太福音二十章20節記錄了西庇太兒子的母親認為耶穌往耶路撒冷去，目的是要作猶太人的王，便趕快來到祂跟前，以臣民覲見王者之禮向祂叩頭（《和合本2010》）。她向耶穌需索，當耶穌榮登寶座時，希望祂不要忘記她的兩個兒子，也就是耶穌的得力門徒——雅各和約翰，把他們躍升為羣臣中的最高級別：一個坐在你右邊，一個坐在你左邊（太二十21），即成為耶穌的左膀右臂。這個案反映出當時的人，將耶穌上耶路撒冷之舉，詮釋為祂要登基作王了。

說白了，耶穌是作王者，門徒等人便是造王者。

其實，耶穌基督不單是大衛之約中那應許要來的、永坐在御座上的王者，祂更實現了神造亞當時，亞當本應承擔之管治世界的角色。

7.2 | 亞當有君王的身分

要追索人類那王者的身分，我們必須從人類的始祖亞當說起。

在創造之物中，亞當的獨特之處，便是他被賦予了神的形像（創一 26～27）。至於神的形像是甚麼意思，學者們也有很多討論，[10] 原因是經文本身並沒有將之定格。在詮釋上可分兩大方向：

（1）指本質上（ontological aspect）的意思；如改革宗神學所主張的，是指有如神一般的智能、知識、崇高的道德（如聖潔和公義），並能與神感通，即敬拜服事神。

（2）指功能上（functional aspect）的意思；指其有能於管治世界（當時是指樂園），即所謂創造使命（creation mandate）。

當然，以上二者其實是關係緊扣的，因為人要能實踐管治世界的功能，就必須有著高度的智能。[11] 換言之，他本質上必須要有高的等次，才能擔此重任。不過，由於經文本身清楚表明，人被交付以治理全地的使命（見創一 26～28），可見功能性的看法應居先。

按以上的分析，一如上文所指出，神造人，給予其有能於管治被造之物，其作用便是要人代表神——這宇宙的大君王——管治大地。[12] 人成為神實現其管治全地權柄的代行者。[13] 如是者，他被賦權，成為管治大地的王者。換言之，人類有幸成為世上的王者，全在乎神，祂是造王者。端此，人要管治妥善，他必須要：

（1）信靠神：他必須知道神是誰——祂是創造主，更是他的造物主。祂是全能全知全在的，遠超乎一切被造之物。要妥善管治大地，單靠人本身所擁有的能力是不足的。
（2）順服神：聽從神的命令，管治全地；不能吃禁果。

若然成功，人便能如神一樣，得享安息，一如創世記二章 8 及 15 節中所出現的經文：

> 耶和華神在東方的伊甸立了一個園子，把所造的人安置在那裏。（創二 8）

> 耶和華神將那人安置在伊甸園……。（創二 15）

留意安置一字，其實是有安息的意涵。[14] 意即是說，如果人能按著神的心意，順命而行，妥善管理大地，[15] 終必能在神所設置的樂園裏安息，如神一樣，在六日創造後，第七日便安息（創二 1～3）。

在此，留意近代華人女作家蘇雪林對樂園精緻的描繪：「⋯⋯林之深處，瀑布如月光般靜靜瀉下，小溪帶著沿途野花野草⋯⋯流泉之畔，隱約有一男一女在那裏閒步，那就是人類的始祖，上帝用黃土摶成的人，地上樂園的管領者。」[16]

可惜，人在管治上失敗，被蛇煽惑，陷在罪裏（創三1～6）。換言之，他理應管治蛇，卻反被蛇蠱惑（創三11～13）。[17] 人在順服神上失敗，吃了神早前說明不容許他吃的禁果（創二16～17），如是者，他失去了王者的地位，被趕出伊甸樂園（創三23～24）。[18]

失去了樂園的亞當，不單難享安息，更要一生勞苦，汗流浹背才能存活（創三19）。他擁有的神的形像，雖不致完全失去，卻受了極大的破損，甚至扭曲。敬拜神變成敬拜偶像，倚靠神變成獨靠自己，管治大地變成破壞自然界以利己等等。端此，一個能夠挽救墮落人類，離開苦境的人物，必須要全然信靠順服神，儼然是一完全人（參來五8～9），才能從神那裏重新得著全權，有能於管治大地。這便是後來猶太人所憧憬的，那要來的彌賽亞——祂要重建樂園，甚至建立一新天新地，儼然是一新的創造。這情況有如昔日摩西引領以色列人離開埃及——即一個新的摩西，啟動了新的出埃及之舉，帶來神子民的復興，也帶來萬物的振興。[19]

8 大衛的王朝及恩約

自亞當犯罪墮落後，神即時啟動了祂的救世大計。祂並沒有忘記創造和祝福人類的初心，於是揀選祂所預定的人，成為實現代祂管理大地的創造使命。祂也與這些人立約，以建立關係：耶和華是他們的神；他們要服事耶和華神，信靠順服祂。這些人是為挪亞、亞伯拉罕、摩西等，耶和華神都與他們一一立下恩約，旨在祝福他們；耶和華藉著他們揀選了一民族：以色列人，作為祂的選民。

還看以色列人——即神子民的歷史，其最閃耀亮麗的日子，便是大衛和所羅門的王朝。其中尤以是大衛，他的出身，形像，屬靈光境，他的作品及大衛之約，都大大影響著人類的救恩史。

8.1 大衛的出身及冒起

大衛本是伯利恆的牧童，曾祖母是摩押人路得（見得四17～22；代上二5～15），故有摩押血統。[1] 在父親耶西的家中排行第八（見撒上十六10，十七12），[2] 也是最年輕的一個。當耶和華神向撒母耳表示祂厭棄第一任國王掃羅之時，撒母耳被派往耶西的家，找著了正在放牧的大衛膏立他。此膏立預示著他將取代掃羅的王位，而耶和華的靈也常與他同在，他便被賦能，[3] 後被賦權，走在作王者的大道上去（撒上十六1～13）。

相反地，因著耶和華的靈離開了掃羅，他便常被邪靈攪擾。為了除魔，大衛便被推薦入宮作樂師，為掃羅撫琴安神（撒上十六14～23）。[4]

繼而，在一場與非利士人的爭戰中，大衛憑著對耶和華的信靠，自動請纓，上陣殺敵，把巨人歌利亞擊殺，此舉使他一夜成名（見撒上十七1～58），自此，掃羅留他在宮中成為護衛，受王差遣。因著耶和華與大衛同在，他處事精明，處人得體，才情出眾，實乃人中之傑，為臣民所愛戴（撒上十八5、14），就是連掃羅的兒子約拿單也與他結盟（十八3）。[5]

然而，好景不常，大衛那萬人迷之風采，引來了掃羅的妒忌（撒上十八6～9）。掃羅也曾多次試圖刺殺大衛不遂，在詭計暴露後，大衛走上逃亡之路（撒上十九10～18）。他在猶大曠野流徙，漸漸地招集了當時社會上的一羣困苦人，凝聚實力（撒上二十二1～2）。大衛更把家人先安置在摩押地（撒上二十二3～4），後再回到曠野，卻遭掃羅的追殺。在過程中，大衛曾有兩次機會輕易地取掃羅的命，但因著他對耶和華的敬畏，尊重掃羅為王的職分，便厚道地放過掃羅（撒上二十四3～7，二十六6～12）。

最後，大衛流浪的終點站是非利士人之地（撒上二十七1～2），服事非利士地迦特城的亞吉王，此舉起碼使掃羅放棄了追殺大衛的念頭（撒上二十七3～4）。而在一場掃羅及其兒子與非利士人的惡戰中，他們都一一陣亡（撒上三十一1～6）。大衛便離開非利士地，居住在希伯崙，作了猶大支派的王。未幾，其他支派的長老也來到希伯崙城奉他為王（撒下五1～3）。如是者，大衛在希伯崙作王七年半後，攻取了耶路撒冷，建都於此，管治全以色列民凡三十三年（撒下五5）。

8.2 | 大衛的政績

與第一位君王掃羅比較，大衛是遠遠優勝的。[6] 大衛作王期間，大大打敗非利士人（見撒下八1～4），並且征服四方強敵（如摩押人、亞蘭人、亞捫人、亞瑪力人及以東人等）。[7] 他更攻取耶路撒冷作為首都，此舉實在明智，因為耶路撒冷可說是位居以色列十二支派的中心地帶，[8] 並且位於錫安山上，有極大的防禦優勢。他更把約櫃從基列·耶林搬到耶路撒冷（撒下六

1～5；代上十三5）。此舉表示約櫃所代表的——耶和華神的同在——是大衛所尊崇極致的，他雖為國君，但耶和華神才是大君王。[9] 這時大衛的國勢大好，國力也強盛。

在此，留意第一任君王掃羅並沒有真正統一十二支派的以色列人，他充其量只統管著他本來的支派便雅憫，及以法蓮支派的部分領土（撒上九4）。嚴格來說，他不算真的是全以色列人的王。然而，大衛卻真的能統領十二支派。他更組成內閣，分封羣將，守禦國土，井然有序地統領著全國（見撒下八16～18，二十23～26）。如果說人類始祖亞當在代表神管治大地一事上是失敗的，那麼，大衛卻帶來了憧憬；藉著他有能的統領，人類行將走上實現創造使命，即統治大地的路徑。

繼而，大衛建都於耶路撒冷，更立下心志，要在此城內建築聖殿。當然，他在位時並沒有動工建殿，但他卻準備好了建材，並立下遺命，指示其兒子所羅門必須完成他建殿的宏願，足見他心中對耶和華神的尊崇和感恩的極致。留意人們在古代近東（Ancient Near East）的理念是，地上神廟的存在，代表了廟內所供奉的神是管理著那地的。由此可見，大衛心知雖然自己是王者，但真正統管其國土的，是耶和華神。這無疑是他建殿的重要理由，他要向國民昭示，真正的王者是耶和華神。

按當時古代近東人的想法，地上聖殿的雄偉，反映了殿內神明的神力及其對敬拜者的祝福。按此了解，大衛便殫精竭慮地從各地搜集建殿的材料。他更向兒子所羅門如此說明：要為耶和華建造的殿宇必須高大輝煌，使名譽榮耀傳遍萬國。（代上二十二5）因為聖殿必須要宏偉壯麗，才能映現出耶和華神的偉大，其對大衛王朝及其子民的莫大祝福。也許我們可以說，以色列人的信仰焦點——聖殿，雖不是大衛建成，但建殿的構思、殿的藍圖都來自大衛。

8.3 | 大衛的恩約

從屬靈的角度看，大衛被譽稱為神所喜悅的王（撒上十三14；又徒七46）。他的政績，實可作為以色列理想君王的範式。耶和華神還藉著先知拿單，與他立下恩約，表明他的兒子將永坐在寶座上，並且其國度將永不覆亡（撒下七12～17）。此情此景，不單讓亡國後的以色列能滿懷希望地期盼有朝一日，神必興起這大衛之後，統領族人復國，更促使新約的作者們，常把耶穌基督與大衛及其恩約扯上關係。且看以下的一些實例：

馬太福音一章1至17節及路加福音三章23至31節都以家譜的方式追本溯源，力證耶穌基督乃大衛之後。

當耶穌廣行神蹟時，人們的反應是：祂是大衛的兒子（太二十29～34；可十46～52；路十八35～43）。

接下來，當耶穌榮耀地進入耶路撒冷時，隨行的人都高呼祂是大衛的子孫（太二十一9，15；可十一10），並且祝賀祂如今進入聖城，是要登基作王，成就大衛之約的應許，建立一永不覆亡的彌賽亞國度。

8.4 | 大衛的作品

由於大衛本是牧童，以他命名的作品中常出現放牧的主題，其中如詩篇二十三篇等。他堪稱牧人君王（shepherd-king），此稱號的意涵有二：

（1）強調了他那本來卑微的出身，卻蒙神提攜，成為王者，正如撒母耳記下七章8節耶和華神藉著先知拿單，提醒大衛的一句：……我從羊圈中將你召來，叫你不再跟從羊羣，立你作我民以色列的君。這一點，呼應著耶穌基督作為布衣君王的服事方式。祂自甘卑微，成為人的樣子，更被釘在十字架上，後被升高，成為宇宙的主，萬膝跪拜的王者（腓二6～11）。

（2）表明了作為王者，其不單是以王權統管百姓，還要以牧養和守護羊羣為己任。這一點，與在世的耶穌如何對待當時的黎民百姓攸關。祂雖為天國的君王，卻憐憫百姓，視他們如羊沒有牧人一樣，於是便俯就他們，滿足他們的需要，一如馬可福音六章34節所言：耶穌出來，見有許多的人，就憐憫他們，因為他們如同羊沒有牧人一般，於是開口教訓他們許多道理。

綜觀上論，牧人君王映現了一理想君王應有的領導範式。[10] 而新約出現的耶穌基督，誠然體現了此範式。因此，新約的眾作者常認為大衛的詩章，有預言的功能。當中預告了未來將出現的、以色列的王者。此預言中的人物，便是耶穌基督。再者，大衛是一滿有信心的賢哲，與撒母耳和眾先知並列（見來十一 32）。留意路加福音二十四章 44 節更表示，復活主向門徒顯現時，強調了舊約中指著祂的預言，是包括摩西的律法、先知的書，和詩篇上所記的，凡指著我的話都必須應驗。[11] 這些常被新約作品援引，被指為出於大衛的詩章，有以下一些例子：

（1）我的神，我的神！為甚麼離棄我？（詩二十二 1；見太二十七 46；可十五 34）此言出自被釘十架的耶穌，我們有理由相信，被釘十字架的耶穌是在默想詩篇的經文。
（2）他們分我的外衣，為我的裏衣拈鬮。（詩二十二 18；見約十九 24）
（3）因為你必不將我的靈魂撇在陰間，也不叫你的聖者見朽壞。（詩十六 10；見徒十三 27、35）
（4）耶和華對我主說：你坐在我的右邊，等我使仇敵作你的腳凳（詩一一〇 1）；其多次被徵引指向基督（見太二十二 44；可十二 36；路二十 42；來一 3、13，八 1，十 12，十二 2）。

在此，留意當耶穌從死裏復活，升天而去後，彼得於五旬節聖靈降臨之時向眾朝聖者的講道，其內容談及大衛：

> 大衛既是先知，又曉得神曾向他起誓，要從他的後裔中立一位坐在他寶座上，就預先看明這事，講論基督復活說：他的靈魂不撇在陰間；他的肉身也不見朽壞。這耶穌，神已經叫他復活了……。（徒二 30～32）

在此，彼得在提及神與大衛所立的約後，更援引大衛的詩，[12] 即以大衛為先知，以詩篇十六篇 10 節為預言，而耶穌基督的死而復活便是這預言的應驗。

除了援引詩篇外，在世的主也曾兩次引用大衛的事迹。第一次是當耶穌的門徒被法利賽人投訴在安息日掐麥穗來吃（太十二 1～4）。另一次是當耶穌在耶路撒冷與眾猶太領袖論戰及被圍攻時，祂以一大衛之言作為問題，要求在場那些攻擊他的眾領袖們回答，他們卻啞口無言，惟有知難而退。在這場言語的較量中，耶穌是勝出者（太二十二 42～45）。

末了的話

離地和貼地

大衛的詩篇極富靈感，成為不少人默想和靈修的材料，例如：耶和華啊，求你仰起臉來，光照我們。你使我心裏快樂，勝過那豐收五穀新酒的人。（詩四6～7）此言反映了他心中渴慕神，極願活在祂的臨格中。

「離地」（意即不切實際）與「貼地」（即具體和實際）是香港人的流行語。

在教會裏，屬靈的教導常被指為「離地」，意即未能對應當下的社會問題。反而，教會中人要活得「貼地」，積極回應和參與衝擊著社會的各事件，才算是活得踏實。教會的領袖們更應對此作出指示和回應才是。

當然，教會活在社會中，儼然是社會的良心，對於觸及道德底線之事（例如埋沒天良，毫無道義可言的），教會必須成為敢於發聲的吹哨者（whistle-blower），更有必要對神子民的羣體作出方向性的指示，以回應各項衝擊著社會和教會的問題。説實話，信徒都不能抽離社會而活。他們同時是天國的子民和地上的國民，恰如其分的回應是有必要的。

不過，與此同時，值得留意的倒是，不少先賢古聖看來都活得很離地。且看以下兩個例子：摩西和大衛，他們看來活得離地，在猶太民族眼中卻是真英雄。

摩西與神的關係密切，他的終極期望是要進一步認識神。他表示：求你顯出你的榮耀給我看。神也答應他，但卻表示：你不能看見我的面，因為人見我的面不能存活。最終神的安排是：……你就得見我的背，卻不能見我的面。（出三十三 18～23）

另一位被神所愛的大衛，他渴慕神的詩章俯拾皆是。例如詩篇二十七篇8節，他代表著神向其子民呼籲：……你們當尋求我的面。作為一國之君的他更自言：……耶和華啊，你的面我正在尋求。在心靈底處，他向神發出呼求：耶和華啊，求你仰起臉來，光照我們。（詩四6）又言：求你使你的臉光照僕人，憑你的慈愛拯救我。（詩三十一 16）當他在心靈極度糾結時，他勉勵自己，說：我的心哪，你為何憂悶？為何在我裏面煩躁？應當仰望神，因他笑臉幫助我；我還要稱讚他。（詩四十二 5）

二人有一共通點，便是他們認為追求渴慕神，能夠近距離地、面對面的認識神是最好不過的。有此化境者必能在地若天地活著，心靈踏實滿足。

摩西和大衛都任重道遠，前者要帶領逾百萬的以色列人離開埃及，於曠野漂流四十年；後者更是一國之君，在位也四十年。他們活得「貼地」，在面對生命種種考驗時，仍能勇敢和從容對待，活得繽紛精彩，這是因為他們經常有「離地」的經歷。

歸結而言，專注於神，倚靠祂才能成事。此言被不少人認為是「離地」而不「貼地」。問題倒是，沒有「離地」的經歷，所謂「貼地」的言論（不少人更自以為是時代先知，大有替天行道之勢），大都是出於原始性的反應（reactive），流於通俗，所説的話早已被人重複説過，難有高瞻遠矚的智慧。箇中原因很簡單，人的言語反映其內在思維。人的思維常被個人的執念及社會潮流所左右，思維不融通，視野狹隘，言論則只能流於片面之辭。

然而，有了上主的心懷意念，人便傳承了從上面而來的屬靈眼界，能冷靜地對事件作出深度考量；經過綜合的研判後，所發出的言論，才能去偽存真，分析獨到，立論到位，才能「貼地」。

簡言之，有了「離地」，才能活得更「貼地」。

| 靈思小品 |

愛神，最大的誡命

耶穌表明，最大的誡命是竭盡所能地愛神(太二十二37～38；可十二29～30；參路十26～28)，舊約申命記六章5節亦有此教導，[1]可見這是一條貫徹舊約和新約、神子民都必須持守的誡命。

然而，愛是一種關係的建立，人要愛神便必須花時間與神建立關係，認識祂、敬畏祂、向祂禱告和讚美敬拜祂。活在繁忙大都會中的我們，大都忽略了要刻意地留下時間，安靜心靈，進入安息，與父神建立愛的關係。

有些旅行團被稱為「鴨仔團」，是因為行程極其緊密，導遊會不斷催促團友前行。目的是要趕上目標，在有限時間內，到達一個或是多個目的地，情況好像農夫在趕鴨羣，因而得名。

大部分的導遊，都會在到達景點時，給團友一些時間逛逛，拍照「打卡」，然後必定按時離開，趕往下一站。參加這類鴨仔團者，大都感到疲累，在回想整個行程時，大都只靠看看照片，才能稍作回味。

這是一個以目標定輸贏、達標定勝負的年代。也因此故，城市人大都是工作六天，第七天並沒有休息。儘管教會仍有主日，但主日是事奉人員極忙，傳道人更忙得不可開交的日子。

筆者現今在教神學。在教學過程中，同學們都很重視成績，我惟有不斷地提醒他們：求學期間，同學們自然是重視成績；然而，在完成了某一課程後，不妨評估一下，到底自己有何感知和領悟——知識和見識是否廣博了？認識神是否深入了？生命是否因而進步了？

我們都忘了，誡命中最重要的，是與父神建立愛的關係——一個親密至極的關係，並且一生努力地經營這愛的園地。

且看在獄中的保羅如何表達他人生的願景：

> ……使我認識基督，曉得他復活的大能，並且曉得和他一同受苦，效法他的死，或者我也得以從死裏復活。這不是說我已經得著了，已經完全了……我不是以為自己已經得著了；我只有一件事，就是忘記背後，努力面前的，向著標竿直跑，要得神在基督耶穌裏從上面召我來得的獎賞。（腓三 10～14）

我們都以為，保羅向著標竿直跑，是指他務必完成福音使命，成就天國的豐功偉業。然而，如果按上文所提示的，這並不是他所指的標竿。

標竿其實是指在認識耶穌基督一事上，尤其是祂那復活的大能，能有更深層的感悟。他更以不肯定自己能否從死裏復活的言辭來表達他還有很多學習的空間，成長是必要的。

也因此故，儘管保羅被囚在監裏，所能作的事很有限，然而，他的身體被困，心靈卻自由，他仍然可以不斷地追求親近大能的主、愛他的神。

人生路遠，忽夷忽險，荊棘滿途，盡是考驗。在考驗中能經歷主的大智、大愛和大能，這才是我們屬靈的標竿。在這生命之旅中，我們飽經滄桑，心靈有所領悟，視野開闊了，思維融通了，生命因而強大了。這樣，我們反而能蛻變出一個更好的自己。

按此了解，我們在生命中為主作了些甚麼固然重要，但在其中經歷主的大愛和大能也同樣重要。

對於保羅來說，基督是他生命的全部，如今他雖然被囚於羅馬，仍然不阻他那認識基督的鬥心。他視被囚於羅馬為一項排練，好叫他藉此經驗基督的大能大力。

在勞碌營役的人生中，我們有必要在心裏留下一片淨土，培育一顆認識基督的心魂。我們要努力守護著它，不論外間如何翻天覆地，也不容任何俗世煙火薰染它。

願你我心中的這片淨土，變成屬靈的山河，永遠壯闊，從而結出生命的果子榮耀神。

這是一個有諸內而形諸外的成長心路，是構成生命影響生命的命門。

| 禱告 |

主啊，我願竭力為祢培植心中的園地，求祢永居在我裏面，成為我心中的主，主宰著我的人生，引導我走永生的道路。

9 天國的王是耶穌基督(一):國度的發展

福音書所記載的耶穌,以王者的姿態出現,祂更是理想的王——亞當在管理大地一事上失敗之後,祂是那位神子民所憧憬能夠管理大地的大衛後人。留意耶穌的一句:我若靠著神的能力趕鬼,這就是神的國臨到你們了。(路十一20)由此可見,耶穌那有能的事奉,在在證明是祂——作為天國的王——把天國引進人間。

留意馬太福音以「天國」取代「神的國」,[1] 主要是因為被擄後的猶太人把神形容為「天上的神」,藉此與信奉多神的外邦人之眾神明分別出來(拉一2,六9~10;拿一9;但二18,四34、37)。「天上的神」顯出神是超越及獨一的。「天國」對比世上的列國同樣顯出了這份獨特性。意即是說,神的國與世上的列國是不同的,因為神的國是屬天的,是永不敗壞,也無須替換,[2] 就如但以理為尼布甲尼撒王解夢時所堅稱的:當那列王在位的時候，天上的神必另立一國……這國必存到永遠。（但二44）按此分析，馬太福音中的「天國」，是要指出那末世出現的，以耶穌基督為王的國度，是與人間的國度不同，[3] 至終其也必然取代世上的列強。[4]

簡言之，耶穌所建立的天國，其發展如下：

按耶穌所舉的芥菜種和麵酵的比喻為例（太十三31～33），神國的開始是微小的，其發展也是隱性的，但結局卻是驚人的，此情況看來奇幻卻真實。且看以下的闡釋：

（1）神的國始自人的內心，即人必先悔改轉向神，從而藉著水和聖靈，經歷重生，服膺於神，願意跟隨耶穌，作祂的門徒，實現神的管治。一個始於內心服從神的管治，是難以憑肉眼察看的，也不會在地上出現領土，故神的國是隱性的。

（2）由於神的國始自一小羣人，即最先是耶穌的門徒，後才是各地屬神國子民所組成的羣體：教會。平情而論，跟隨主的人是少的，選擇走上永生的路，進入永生的門的人為數也少（太七13～14）。端此，神的國之始初發展看似黯淡，然而，其卻潛存著莫大的爆炸力。

（3）神國的君王還得先受苦，甚至被枉屈而死，這樣的一個創啟神國的方式，實在難以為人理解。神國的王者死去，其國本應隨之灰飛煙滅。誰又會想到這王者竟能從死裏復活，還升天得榮？

畢竟，以上描繪神的國之發展，與當時猶太人所期盼的，以武力推翻羅馬政權，建立一以耶路撒冷為中心，有如大衛王朝的彌賽亞國，絕對是大相徑庭。然而，神的國至終必能得勝，一如芥菜種比喻中的一句：……且成了樹，天上的飛鳥來宿在它的枝上（太十三 32）；又如耶穌所預言的，這天國的福音要傳遍天下，對萬民作見證，然後末期才來到。（太二十四 14）由此可見，雖然耶穌是猶太人，第一代的耶穌跟隨者也是猶太人，甚至基督教的始創——耶路撒冷教會，也全是猶太人，然而，神的國不只是一猶太人的國度，乃是一覆蓋全世界的國度。

雖然作為猶太人，事奉日子只有三年多，但這天國的君王耶穌仍然顧念猶太人以外的族羣的需要。且看以下祂服事外邦人的記錄：

第一個事例，是耶穌醫好迦百農百夫長的僕人。這個案記錄在馬太福音八章 5 至 13 節及路加福音七章 2 至 10 節；留意約翰福音四章 46 至 54 節亦有一類似的神蹟，其同樣發生在迦百農，雖然其主角是一大臣，病重的是他的兒子，但其可能同屬一個案。[5] 由此可見，這個案的確有其重要性，且廣泛流傳於耶穌事件的傳統中。

再者，路加福音七章 2 至 10 節是排於耶穌的教導之後，前面沒有如馬太福音八章 1 至 4 節醫治大痲瘋病人的個案，可見路加是有意凸顯外邦人也蒙耶穌醫治這題旨。

留意馬太福音十一章 23 節耶穌對迦百農的責備：迦百農

啊，你已經升到天上，將來必墜落陰間……。對比起這裏同樣居住在迦百農的百夫長的信心，後者有如黑暗中的明燈，支持了馬太福音八章10節耶穌的說話：……我實在告訴你們，這麼大的信心，就是在以色列中，我也沒有遇見過。耶穌盛讚百夫長的莫大信心，是因為：

（1）他是百夫長，明顯是羅馬的一官員，即外邦人無疑，他竟然願意向作為猶太人的拉比尋求幫助。[6] 留意馬太福音八章7節耶穌的一句：我去醫治他，譯成一質問句子會更佳：難道要我去醫治他嗎？[7] 耶穌的意思是，百夫長是外邦人，如今要求作為一猶太拉比的祂到其家中醫治其僕人，此要求未免過分。耶穌此問題的目的，大概是要百夫長正視這民族和文化上的阻隔，藉此考驗他的信心。[8]

（2）百夫長竟然相信，耶穌可以不用到他家中醫病，而用遙距醫治的方式，百夫長的回應是：主啊，你到我舍下，我不敢當；只要你說一句話，我的僕人就必好了。（太八8）留意一句話原文是「一言」（a word）；在此，百夫長的意思是，耶穌是不用到他家的，只要祂即時發令，就只是簡單的一言，便能使遠在家中的僕人痊愈，足見他對耶穌的信靠是大的。

觀此，百夫長兩次稱呼耶穌為主啊（太八6、8），明顯不只是一客套的尊稱，乃是一以耶穌為滿有神性的王者的稱呼。也許，馬太有意把這一個案，放在五至七章的登山寶訓之後，並且緊接著七章22至23節耶穌的一句警告：當那日必有許多人對我說：「主啊，主啊……」，我就明明地告訴他們說：「我從來不認識你們，你們這些作惡的人，離開我去吧！」作者言下之意，這百夫長稱呼耶穌為主啊，才是真正為耶穌所認識的人，因為這人對耶穌有全然的信心。

而另一個與百夫長個案交相輝映的，便是馬太福音十五章21至28節記載一迦南婦人要求耶穌醫治她那被鬼附的女兒的個案（又參可七24～30）。

案發的地點是泰爾和西頓一帶（太十五21）。在舊約，這一帶地方的人都被形容為神子民的敵人（見耶四十七4；珥三4）。這裏出現了一迦南婦人。同樣，迦南人也是與神子民為敵的異教族羣。[9]然而一如上文的百夫長，她主動尋找耶穌，並且稱呼祂為主啊，更以大衛的子孫來尊崇祂。[10]她的需要是其女兒被鬼附所害，情況極度苦痛（太十五22）。作為母親的她也活在苦澀中。

起先，耶穌並沒有理會她。但她鍥而不捨地緊隨耶穌，不斷地哀求，甚至門徒也按捺不住，要求耶穌不如索性打發她走（太十五23）。到了這裏，耶穌終於出言（太十五24），要測試這婦人的信心：我奉差遣不過是到以色列家迷失的羊那裏去。這裏也開始了耶穌和婦人的交談；一如上文的百夫長，這婦人再度尊稱耶穌：主啊，幫助我，與此同時，她配合以身體的語言：那婦人來拜他。（太十五25）耶穌再出言：不好拿兒女的餅丟給狗吃。（太十五26）由於這一句話的動詞都是現在時態，故有可能其是一格言，表明猶太人是神的兒女，狗代表了外邦人，餅代表了神的恩典。耶穌在此測試婦人的信心和毅力到底有多大，祂要婦人知道她作為外邦人，如今要向一猶太拉比尋求幫助，可說是荊棘滿途的，她有信心能突破這重重的圍層嗎？

婦人的回答是：主啊，不錯；但是狗也吃牠主人桌子上掉下來的碎渣兒。（太十五27）這是家庭中常會發生的事。換言之，對於婦人的請求，上文耶穌以一格言回覆。在這裏，婦人也以一常識回接，足見這婦人的智慧和信心。耶穌的答覆是：婦人，你的信心是大的！照你所要的，給你成全了吧。這一句原文直譯是：「婦人啊，大是你的信心……」意思是耶穌特意讚許這婦人，因為她有著一份對耶穌全然的信靠。而當耶穌說完了這一句，一如上文百夫長的個案，從那時候，她女兒就好了。（太十五28）換言之，耶穌再度遠距離治病。

在此，值得留意的是，這個案涉及三方面的交談：耶穌、門徒及婦人。這事件成了耶穌訓練門徒的教案，讓他們明白外邦人也有信心強大者，這些對尋求耶穌幫助和拯救的有心人，自然也必然成為耶穌服事和拯救的對象。總的來說，以上兩個個案表明了在天國裏的成員，並不是以其屬於某族羣為考慮的秤杆，而是以其對耶穌的信靠為準繩。猶太人和外邦人都是一樣的（見羅三 22、30）。

除了以上一男（百夫長）一女（迦南婦人）的醫治外邦人個案外，在耶穌的事奉中，祂也曾刻意地遠走至外邦之地，服事外邦人，且看以下兩個個案：

第一個個案，是耶穌在格拉森趕鬼（可五 1 ～ 20；太八 28 ～ 34；路八 26 ～ 39）。

這一個案同時出現於符類福音中，可見其廣泛流傳於初期教會。格拉森此地的具體地點難以篤定，[11] 但因為這裏出現了有一養豬的牧場（可五 11 ～ 13），而由於猶太人以豬為不潔，可見這是一外邦之地。按經文所記，當耶穌一下船，便有一被鬼附的人，迎著耶穌而來。鬼更藉著此人質問耶穌：至高神的兒子耶穌，我與你有甚麼相干？（可五 7）又說：……時候還沒有到，你就上來這裏來叫我們受苦嗎？（太八 29）以上所言暗示了耶穌是刻意來到此地，目的便是對付這鬼，以致鬼向祂表示，何以這麼快便要來對付它們？事情不是應該發生在那終極審判的一刻嗎？（見太二十五 41）[12] 留意馬可福音五章 18 至 20 節更記述了這得著醫治的人希望跟隨耶穌，作祂的門徒。耶穌竟然破例地拒絕他的要求，原因是要他留在家鄉，好向其族人作見證。於是，經文指出：那人就走了，在低加坡里傳揚耶穌為他做了何等大的事……。（可五 20）然後，耶穌便坐船回到加利利去（見太九 1）。

綜上所論，耶穌是特意到這外邦人之地，目的是要釋放這裏一被鬼附的人，同時要他留下來，為祂作見證，傳揚祂的救恩。

第二個個案，是耶穌餵飽約四千人（太十五 32～39）。

這個神蹟緊隨著上文醫治迦南婦人女兒的個案（見太十五 21～28）。乍看下，其與先前餵飽五千人的神蹟有相似的地方（見太十四 13～21），此現象使有些學者認為這是作者所常用的寫作手法，重複寫一事項，以強調其中心思想，帶出其神學主題。[13] 然而在細看下，其不同之處極多，例如：

（1）這裏的數目，男丁有四千人（太十五 38），前時的一個是五千人（太十四 21）。

（2）這裏的環境是在山上（見太十五 29），前時是在曠野（太十四 13）。

（3）這裏是耶穌動了憐憫心，作出主動要求給羣眾吃食（太十五 32）；前時是門徒提出了吃食的問題（太十四 15）。

（4）這裏的人羣是三天沒有吃食（太十五 32），前時卻沒有這註明（太十四 15）。

（5）這裏是七個餅及幾尾小魚（太十五 36），前時是五餅二魚（太十四 17）。

（6）這裏裝滿零碎的食物用了七個筐子（太十五 37），前時是十二籃子滿（太十四 20）。[14]

（7）最重要的分別，這裏是發生在外邦之地（參可七 31），前時是在加利利的境內。[15]

留意在這神蹟個案之前，作者已作出一概述，表示就在這片外邦之地，耶穌也廣行神蹟，醫病和趕鬼（太十五 29～31），一如祂在猶太人中的濟世善行（太四 23～25，九 35）。由此可見，不論是猶太人還是外邦人，在世的耶穌都服事他們。當然，按著神的救贖計劃，福音是先傳給猶太人，後才轉折至外邦各地（見羅一 16）。而到了主再來之前夕，福音必先傳遍萬民（太二十四 14）。稍後，當耶穌從死裏復活後，祂更表明祂已得著宇宙的全權（太二十八 18），啟動了普世宣教的福音使命。終有一天，再來的主必能全然實現神的國於地上：祂必被尊為萬王之王，萬主之主（啟十九 16）。

10 天國的王是耶穌基督（二）：國度的管治和終極實現

10.1 國度的管治

當門徒爭論誰為大時，耶穌的教導，便是以一外邦君王，即羅馬政權的強權政治為反面的教材：你們知道，外邦人有尊為君王的，治理他們，有大臣操權管束他們。只是在你們中間，不是這樣。（可十 42～43）因為在神的國裏，是以僕人領袖為管治的方式。這種模式，是先要有謙卑的態度，願意為了服事百姓而放下身段，作出犧牲，那怕是捨生取義，也在所不計（可十 45）。這樣的一個以愛為核心價值的管治方式，才能使別人心服口服地順從領導者。不單天國的王是以這種僕人領袖的方式領導，連跟隨祂的人，即神國的大臣和領導，也要奉行這範式（可十 43～44）。

再者，當耶穌離世升天後，祂差下聖靈，代表祂居衷於教會及個別信徒的生命中，以實現祂持續在人心中的管治。按此了解，神的國始自人內在屬靈的復興。這聖靈管治的心靈振興，能使人掙脫罪惡的捆綁，不再作罪的奴僕（羅八 2～15）。這份從心中出發的動力，令人從而活出一個屬神子民的生活模式，實現了舊約耶利米書三十一章 33 節所預言的——那末世將要出現、一個更美好的新約模式，即從心裏遵從神的旨意（又耶三十二 40）。[1]

簡言之，世上的列國其管治都是流於表層，缺乏了一使國民心悅誠服，真心服膺跟隨國家元首領導的態勢，但耶穌基督所建立的彌賽亞國，乃是一有能於妥善處理人內心糾結的管治力量。由此可見，內在生命的更新，是為神國的立國之本，也是耶穌基督治國施政，實現其王權的主調。

10.2 ｜ 國度的終極實現

神的國雖然是隱性地發展，但其終必能完全實現在地上，神國的君王必揚威普世。此榮耀的大日便是祂再臨地上的日子。在這大日，再來的王耶穌基督會用以下兩大身分出現：

10.2.1 ｜ 祂是審判者

在當代，作為王者，其主要工作有二：治理及審判。按此了解，如今耶穌基督是教會的元首，藉著聖靈，祂治理著教會。接下來,當祂再來之時,更會以王者的態勢對普世施行審判(太十六 27,十九 28,二十四 50~51,二十五 31~32、46)。

留意啟示錄十九章 11 至 16 節是新約中,最仔細描述主再來時的經段——祂以一戰士王者(warrior-king)的雄姿駕臨。因為祂必把所有強敵打敗,甚至宇宙間存在著的邪惡力量及其領袖也必伏法,為祂所擊殺和征服,他們再無法與神為敵,煽惑神的子民(啟十九 19~21;即永遠沉淪)。由此可見,再來的主不單是判罰惡人的審裁官,祂更是刑罰的執行者。換言之,祂徹底地執行其作為王者的職權:管治和審判。

在耶穌的比喻中,祂也多次提及祂的再來是要施行審判,甚至神的子民也要嚴正地看待這事實。首先,在屬神子民中實有害羣之馬,這些人看來是跟隨主的人,但耶穌在登山寶訓中,卻指著假教師來表明:當那日必有許多人對我說:「主啊,主啊,我們不是奉你的名傳道,奉你的名趕鬼,奉你的名行許多異能嗎?」我就明明的告訴他們說:「我從來不認識你們,你們這些作惡的人,離開我去吧!」(太七 22~23)假教師混在神子民的羣體中,是不易被人察覺的,留意彼得後書二章 12 至 22 節在描繪假教師似真實假的表現時有此言:倘若他們因認識主——救主耶穌基督,得以脫離世上的污穢,後來又在其中被纏住、制伏,他們末後的景況就比先前更不好了。(彼後二 20)由此可見,假教師也曾認識主,行為也有所改變,然而,他們卻陶醉於罪中之樂,終必自食其果,逃不過主的審照,遭主嚴懲，這便是他們末後的景況就比先前更不好了的意思。

總之，再來的主是審判的主，沒有人能魚目混珠地逃過祂公正的判決，一如耶穌比喻中的山羊和綿羊，在當代牧羊的情況中，牧羊人常把山羊和綿羊放在一起，同時放牧，但到了晚上，由於山羊沒有厚厚的羊毛，不能禦寒，故要把牠們安置在較溫暖的羊欄內。牧羊者便要把牠們二者分開。端此，當主再來時，同樣祂能把惡人和義人分別出來，綿羊被安置在右邊，山羊在左邊，按情審斷他們（太二十五31～33）。此比喻顯出了這再來的王是有絕對辨別真偽的能力，祂的審判是絕對公平公義的。

10.2.2｜祂是拯救者

在橄欖山論述中，耶穌表明當祂再來時，他要差遣使者，用號筒的大聲，將他的選民，從四方，從天這邊到天那邊，都招聚了來。（太二十四31；又可十三26）保羅於帖撒羅尼迦前書四章16至17節對此教導加以闡釋：因為主必親自從天降臨，有呼叫的聲音和天使長的聲音，又有神的號吹響；那在基督裏死了的人必先復活。以後我們這活著還存留的人必和他們一同被提到雲裏，在空中與主相遇。這樣，我們就要和主永遠同在。按此了解，主的再來是要拯救祂的子民，其拯救的方式，便是叫一切死了的信徒從死裏復活。至於那些到時還活著的信徒，他們會被主提去，身體發生改變，保羅形容這改變是由朽壞的身體，變成了一不朽壞的、屬天的、滿有榮耀的屬靈身體（林前十五 44、51～54），此情況可稱為身體得贖（羅八 23），從而進入永恆裏。

不單信徒個人得著拯救，這世界，即一切受造之物亦會同時全然更新（羅八 19～21），這煥然一新的未來世界，也即是永恆，常被稱為「新天新地」，其也是再來的主，宇宙的王者耶穌基督，以及父神所存在的地方。人活在此未來的、完美的境界，被保羅盛讚是好得無比（腓一 23）。

此外，耶穌更明言，信徒也必成為王者，與再來的祂一起作王，審判神的子民，正如耶穌於馬太福音十九章 28 節向放下一切跟隨祂的門徒作出的保證：……人子坐在他榮耀的寶座上，你們也要坐在十二個寶座上，審判以色列十二個支派。留意保羅於哥林多前書六章 2 至 3 節亦有言：豈不知聖徒要審判世界嗎……豈不知我們要審判天使嗎？換言之，信徒將有分於天上的法庭，與主共同審理世界。

說白了，我們都將重拾王者的身分，靠著主，我們將能妥善地管理及審判世界。

耶穌不單表明祂必再來，以宇宙君王的身分審判世界及拯救其子民，祂更教導其子民應該採取何種態度配合。祂於橄欖山論述中連續用了多個比喻，強調了人必須警惕，警醒謹守地活在當下，以作好充分的準備，這些比喻包括了家主防賊（太二十四 42～44；可十三 35～37），善僕和惡僕（太二十四 45～

51）和十童女等候新郎（太二十五1～12），其主旨都是要求門徒要隨時作好準備，迎接主的再來。

至於怎樣才算是作好準備，耶穌以一家主分銀給三僕的比喻作為説明（太二十五14～30）。簡言之，運用家主所賜的才幹和資源（分別是五千、二千及一千銀子），恰如其分，完成人生的使命，好成就一個更好的未來，便是家主回來的賞賜。稍後，保羅也表明，按著人在世的生命工程，其建材是金、銀及寶石，還是木、草及禾秸，在再來的主之審照下，人亦會得著相應的獎賞（林前三10～15）。

11 耶穌基督：王者的典範

11.1 本來富足，卻成為貧窮

耶穌儼然是一布衣君王，是謙卑的王者。從社會經濟角度看，在世的耶穌活得不像世上的君王，反而是活在貧窮之中，就如保羅於哥林多後書八章9節所力證的：……我們主耶穌基督的恩典：他本來富足，卻為你們成了貧窮……，其目的便是叫你們因他的貧窮，可以成為富足。保羅所言，不單是指聖子耶穌離開了本有榮耀的身分和地位，臨幸世間，成為凡人，更是指耶穌在世的日子真的是活在物質短缺的環境中，常與貧窮人為伍。換言之，貴為天國君王的耶穌，因著其愛百姓的善心，願意捨己以達至恩澤普世，祂那布衣君王的風範，是一切作僕人領袖者的極致榜樣。

事實上，耶穌在世的父親是約瑟，他是木匠。[1] 換言之，耶穌在一個木匠家庭裏長大。曾有猶太拉比表示：「人若不把謀生的技巧教導兒子，便是教他作盜賊」，[2] 可見約瑟也把木匠的手藝，傳給耶穌。換言之，耶穌也是木匠。[3] 在此，一如學者夏理遜（James R. Harrison）所指出的，在世的耶穌是生長在一貧窮的家庭中。[4] 祂父親約瑟並不是有錢人，因為按路加福音二章24節所記，在耶穌出生不久，約瑟便帶耶穌上耶路撒冷去奉獻給主（因耶穌是長子），所獻上的是一對斑鳩，或用兩隻雛鴿獻祭。按利未記十二章8節所指示的，此獻祭的祭品本應是一隻羊羔，但若果沒有能力，便由兩隻斑鳩或雛鴿代替之。可見約瑟絕對不是有錢人家。[5] 再加上他早年便離世，留下妻子馬利亞獨力養活耶穌及其兄弟姊妹。按此推論，耶穌來自一清貧的原生家庭。

尤有進者，當耶穌傳道的日子，其生活大都靠著別人的供應，且看路加福音八章3節記錄到有一羣婦女，她們都是用自己的財物供給耶穌和門徒。路加福音六章1至3節記錄了耶穌和門徒在安息日經過麥田的時候掐了麥穗充飢，這裏很可能反映了他們糧食的短缺。再者，路加福音二十章21至26節在討論是否應該納稅給凱撒時，耶穌就對他們說：「拿一個銀錢來給我看……」，此言可能反映耶穌及其門徒就是連一個銀錢也沒有。按此了解，耶穌在世的日子，都過著貧窮的生活。祂絕對是布衣君王，實現了成了肉身的神學，與世人認同。

然而，也因著宇宙君王耶穌基督成了肉身，經歷人世間的滄海桑田，嘗盡人生百味，希伯來書的作者因而力證祂比起利未的大祭司優勝，作者表明：因我們的大祭司並非不能體恤我們的軟弱。他也曾凡事受過試探，與我們一樣，只是他沒有犯罪。所以，我們只管坦然無懼地來到施恩的寶座前，為要得憐恤，蒙恩惠，作隨時的幫助。（來四 15～16）布衣君王大祭司耶穌，因著其與百姓認同，促使百姓們都相信祂全然明白他們的痛苦，絕對不會置他們於不理。這份認同，不單使百姓更為信靠祂，亦使百姓更相信祂必能作出切合時宜的幫助。這樣，這位永活的大祭司耶穌，才能真正的，成就神與人之間的中保角色（來七 22）。[6]

11.2 ｜ 祂是布衣君王：真命救世主

新約時代是羅馬帝國統治的時代。其奉行君主獨裁政制，君王有無上的權威，操生殺之權。羅馬君王有責任審理國事及管理百姓，但只有羅馬公民才有權向他申訴；他高高在上，錦衣玉食，活在那豪華瑰麗、象徵著全國權柄之最的羅馬宮廷裏。

相比之下，耶穌基督作為天國的王者，卻與世人同在（「以馬內利」的意思；見太一 23），並且常常動慈心，憐憫神子民的需要，醫病濟世，廣行善事（太九 35～36，十四 14；可六 34）。為了傳揚福音，服事眾生，耶穌更是居無定所（太八 20），四海為家。尤有甚者，祂更常與社會上被邊緣化、被看貶的人為伍，這些人被稱為「罪人」。此措辭所指的包括稅吏、妓女及外邦人（可二 16）。猶太文獻更有以「罪人」指離經背道者。[7] 然而，耶穌竟然以稅吏和罪人為友（太十一 19；路七 34）。祂更為自己作出解釋：康健的人用不著醫生，有病的人才用得著。（太九 12；又可二 17）接下來，在世的耶穌最被人尊崇的一刻，便是祂榮進耶路撒冷的時候。然而，祂的坐騎卻只是一頭驢駒子（太二十一 1～7），此態勢象徵著祂是謙卑的和平之君（見亞九 6）。總的來說，作為天國的王者，為了要服事世人，耶穌甘願放下身段，變成一醫治心靈及肉體的良醫，仁術仁心，濟世為懷，筐扶一切有需要的、軟弱的人。祂實在是「布衣君王」。

| 末了的話 |

布衣君王的榜樣

耶穌出生在卑微的馬槽裏，生於貧寒之家，成長於蕞爾小城拿撒勒，祂完全明白貧窮人的困難和需要，身為貧窮者，祂絕對有資格教導別人如何憑著信心，信靠神而活得舒坦（太六 24～34）。一如上文所言，祂帶著眾門徒走南闖北，居無定所。漂泊的事奉生涯使祂深入民間，深諳世情，從而能為當代把脈，踏實地服事當代的人，更能辨識那世代人的邪惡心，痛斥在上者的迂腐敗壞，一針見血（太十一 16～24，十二 39～45；路十一 29～32），祂更差遣門徒，教導他們如何過一個簡樸傳道者的生活（可六 8～11；太十 5～15；路九 2～5，十 2～12），這也成為門徒過天國子民生活的範式。祂的言教和身教，在在表明了如今一個新的紀元已經來到，神國的子民必須要有屬天的價值觀、屬靈的視野，從而融通地活出神子民的樣式。

舉例說，人所看為重要的錢財，其實是有著其限制的，因為人若賺得全世界，卻賠上自己的生命，這絕對是一項不划算的交易（太十六 26；路九 25）。在生活所需上，門徒只要向父神禱求：我們日用的飲食，今日賜給我們（太六 11）便可。再者，天國的價值是顛覆性的（更是逆潮流的），因為凡自高的，反降為卑。自卑的要升為高（路十八 14）；在前的變成在後的，在後的反而要在前（太十九 30，二十 16）。接下來，被人看貶的貧窮人，卻變成有福了。反而，有錢的人要進入神的國，卻比起駱駝穿越針的眼更難（太十九 24）。畢竟，主必以王者的威榮再臨地上，祂必按著神國的價值觀，公平公義地執行全人類的終審，嚴正地對待每一個人。這樣的一個「布衣君王」，才能賺取神子民的敬服，並且使人願意從心裏遵從祂的領導和教誨。

說白了，在世的耶穌跨越王者及平民的界別，堪稱「布衣君王」，是不折不扣的僕人王者（servant-king），同時也成為日後門徒等人學習作僕人領袖（servant-leader）的典範。按此了解，作為耶穌的跟隨者，如果我們要踏實地服事世人，一如上文所言，我們必須學習耶穌這成了肉身的事奉模式（incarnational ministry），深入民間，深諳民情，體諒眾生，與世人共渡危難，才能吸引世人，把他們引導到愛他們的父神面前，與我們一起同心倚靠祂。換言之，作為亞當之後，我們被委託管治這世界（創一 26～28），我們也是「布衣王者」，即僕人領袖。我們必須習練此角色，因為此角色能使我們妥善管治世界，領導眾人，成就王者的豐功偉業。

| 靈思小品 |

愛的傳承

以下是一個製造醬油的父親和其當時裝設計師的兒子的故事，出自《深夜食堂》的電視劇集。

因妻子早逝，老姜跟兒子二人相依為命。

老姜以釀製醬油為生。食堂多年採用他的醬油，食客都極度欣賞醬油特有的味道，老姜醬油也走紅；他與兒子過著穩定踏實的生活。

老姜的心願便是父業子承。如果兒子能繼承他的醬油事業，正是進可攻，退可守，前途可期。

不過，兒子卻很想成為時裝設計師。二人因而反目，加上溝通不足，如是者，少年的兒子便逕自離家出走，他國追夢傷離別。

兒子去了法國，學成後投入時裝設計業，更成為國際知名的時裝設計大師。

多年後，老父病危，兒子日夜兼程趕回家。來到醫院，見老父昏迷在床，奄奄一息，情況不妙；他大為傷感。

稍後，他走進食堂，對食堂老闆說：「但願父親能多點理解我，明白我的夢想，如今我不是名成利就了嗎？」

兒子續稱：「我不是不喜歡弄醬油，只是更喜歡時裝設計，希望別人能因著穿得好而活得更好。」食堂老闆回答他：「既然你希望父親能理解你，你也應多點理解父親。」

如是者，兒子回到老父的醬油廠；其已荒廢，百草叢生。正是觸景傷情，兒子回想往日與父親一起生活的片段，定格在一些溫馨的時刻上，心中極其戀念。

忽然，眼前光景啟動了他那具創意的思維；他重新包裝整所醬油廠，成為時裝表演場地；他更大肆宣傳。如是者，各地記者和時裝界人士都雲集在活化了的廠房前，參觀這時裝界盛事；這段錄影更網播全球，好評如潮。

父親醒過來，對前來探訪他的食堂老闆有此表示：「我很希望兒子能傳承我的醬油事業，他的離去使我很失望。其實，我心中很掛念他，很想知道他現在到底活得好不好。」老父邊説邊淌淚，説著説著更淚如泉湧。

最後，父、子和好了。父親回到活化了的醬油廠，在兒子的協助下，繼續他的醬油工作。

兒子回到食堂，對老闆如此説：「讓我告訴你我是誰：我是醬油匠的兒子，也是時裝設計師。」

反省

因著互相的理解和接納，父與子和好了。在這醬油匠的家庭中所傳承的，不是醬油事業，而是親情；一份能使父、子生命交融的愛。

在此，留意約翰壹書三章16節所言：*主為我們捨命，我們從此就知道何為愛；我們也當為弟兄捨命。*約翰所言的捨命的愛，是指因著救贖我們，救主耶穌捨命於十架上的大愛，我們也以愛相酬。我們的心被此愛所感動，溫暖和溫柔起來，我們也愛祂，更愛人如己。

換言之，在神家中所傳承的是愛；這愛代代傳承，無盡無了。

禱告

愛我的恩主，我明白傳承愛是我的使命。我願意持續這愛的傳承，好叫這涼薄的世界能溫暖起來。求祢幫助我，心先被祢大愛所溫暖，然後好溫暖別人。

第二部附錄一 ｜ 先知書中的理想王者

王朝沒落

大衛及所羅門的王朝，是以色列歷史中最閃耀輝煌的一段。大衛的治績出眾，神藉著先知拿單與大衛立下恩約，應許他的兒子必傳承他的王位，並且為耶和華建殿，蒙祂的祝福，建立一永世昌盛的國度（撒下七 12～17）。按此了解，那大衛的後裔——為耶和華神的名建造聖殿者，自然是大衛的兒子所羅門王。

起初，所羅門王治國以智慧見稱（王上三 7～13），國勢強盛，英名遠播，甚至外邦各國，都紛紛派員向所羅門王討教，形勢本來大好（王上四 30～31）。然而，除了建造聖殿外，他更為了自己建造宮殿（代下二 1），好安置上千的妃嬪。所羅門王也因為商貿的需要，與外族交往接觸頻繁，再加上各妃嬪把異族的偶像敬拜也同時引入，以致財富極度虛耗，國民生活困苦，王對耶和華神的敬拜亦見散渙。國力開始下滑，吏治不濟，民心散亂。[1] 於是，當所羅門王死後，國家旋即分崩離析，一分為二：北國有十個支派支持，是為以色列國；南國有兩個支派歸附，是為猶大國（見王上十一 12～13）。

遺憾的是，北國鮮有賢君，大部分君王都不專心敬畏耶和華神，結果於公元前七二二年亡於亞述國。南國因有數位賢君，如約阿施、約沙法及希西家等，獨存了一段日子，終於公元前五八六年也亡於巴比倫。

從神而來的理想君王

亡國後的國民漸漸明白到，靠著人為的力量，儘管有君王的統治和帶領，始終難逃國亡家破的厄運。如是者，不少作品陸續出現，指出復國的可能是基於耶和華神那揀選其民族之恩，也因為祂守約施慈愛，記念大衛之恩約，祂必派來特使，是從神而來的一位理想君王，復興國族，重拾大衛王朝的榮光。[2] 且看以下三個重要的例子：

第一個例子見於以賽亞書。先知以賽亞活在一個紛亂的世局裏；轉機見於以賽亞書六章 1 至 13 節，當中出現了一寶座式神顯的異象，雖然地上的君王烏利亞死去，天上還有宇宙的主，天使撒拉弗們都正在雀躍地敬拜祂。繼而，先知更相信，大衛之約必然實現，他的後人必能永坐在寶座上，以公平公義治理其國度。尤有甚者，他更是奇妙策士、全能的神、永在的父、和平的君（賽九6）。由此可見，這預言中的君王，是帶著神性的，並且代表著神，建立一永恆的國度；祂是彌賽亞。[3]

第二個例子見於詩篇。大衛的詩篇被認為有預言的作用，而按使徒行傳二章30節彼得所言，大衛被看作先知（又徒二25～31）。在此，留意詩篇一至二篇可說是全部詩篇的引言，映照著被擄後以色列國民對復國，以及對那將要出現的理想君王的憧憬。當然，基於大衛的恩約，族民都相信耶和華神的應許必不落空。按此了解，詩篇一及二篇可能是以大衛王的治績作為背景，映現出理想君王的模樣。抑有進者，這兩篇詩章大有可能是與申命記六章4至6節及十七章14至20節息息相關。[4]

首先，申命記六章5節表明以色列人要盡心盡性盡力愛神。而詩篇一篇1節，作者以三個否定句子，即不從惡人的計謀，不站罪人的道路，不坐褻慢人的座位，具體地詮釋了何謂盡心盡性盡意地愛神。[5]繼而，申命記六章6至8節強調了要重視神的教導，即律法書，而詩篇一篇2至3節便解釋了重視律法書，便是要晝夜思想耶和華的律法。在此，高舉律法書，遵行箇中的教誨，與申命記十七章18至19節所強調的——作為以色列的王，他也必須學習律法書的教導，並且心存敬畏，謹守遵行其教導——可說是不謀而合。

換言之，作為理想的王者，他必須尊敬耶和華神，殫精竭慮地學習律法書，切勿因擁有王權而頤指氣使，心高氣傲（申十七19～20）。這正好是詩篇第二篇所力陳的（第二篇可稱為君王詩〔royal psalm〕），在世上君王之上，還有那坐在天上的，即宇宙的大君王耶和華神；祂才是最高的掌權者。以色列的王者，其實是被祂膏立的。這被膏立的王者力證：耶和華曾對我說：你是我的兒子，我今日生你。（詩二7）值得留意的是，此句被新約眾作者詮釋為是指那要來的彌賽亞——耶穌基督（見徒十三33；來一5，五5）。

總的來說，以上兩首詩篇，作為全部詩篇的引言，其反映了被擄後的以色列人對未來出現的領袖的期望，是要全然滿足律法索求的國君；[6]祂是一全守律法的王者，是完美無瑕的理想君王。

第三個例子見於但以理書七章3至14節。作者以異象中出現的四獸，代表世上的列國。列國的終局便是一位像人子的出現。這位像人子的表現，尤以是其駕著天雲而來，表明了祂是一高升了位格的人子，可說是一能妥善管理大地的理想之人。[7]說白了，祂作了人類始祖亞當所不能的，勝過四獸，[8]從而得國，全權管治萬族萬民。祂的國度，無盡無了，祂的王權，無涯無涘。再者，這人物更代表了受苦的至高者的聖民，祂的得國，也是聖民得國之時（但七26～27）。[9]此異象無疑預言了當人類歷史走到盡頭，有一王者，祂看似是一普通人（像人子），卻是從神而來的，也帶有神性。祂的出現，將取代列國的霸權，並且將會帶領神的子民，承受一永恆不朽的國度。

總括而言，耶穌於馬太福音二十六章64節在受公會的審判時，清楚表明但以理書七章13至14節中的那位人子王者，便是祂本人。換言之，終有一天，情況將會逆轉。基督必如王者，從榮耀中駕臨，強勢回歸，在地上全然實現神的國度。

| 第三部 |

耶穌基督：神的兒子，人子

12 神的兒子是耶穌（一）：羅馬君王也是神的兒子？

與君王這角色有緊密關係的，便是「神的兒子」此稱號。因為在上古，甚至羅馬帝國，君王大都稱為神的兒子。福音書的作者用「神的兒子」來展現耶穌的神性，而活在世上的耶穌，則常以人子自稱，強調其人性的一面。如此佈局，是要表證耶穌基督是跨越神界和人界的，是獨一無二的「中保救主」（mediator-savior）。

在福音書中，耶穌經常被稱為神的兒子（太八29，十四33，十六16；可一1；路八28；約一49，十一27，二十31）。早在施洗約翰事奉的時期，施洗約翰已舉證耶穌是神的兒子（約一33～34）。而當他為耶穌施洗時，父神稱呼耶穌為我的愛子（太三17；可一11；路三22），藉此肯定祂是彌賽亞，乃父神所揀選的，與父神有著獨一無二的關係（見太十一25～27）。總的來說，「神的兒子」是初期教會尊崇耶穌基督頭銜的極致。

12.1 「神的兒子」之政治意涵

然而，「神的兒子」此辭在新約時代是富政治性的。一如上文所指出，當代羅馬的君王都表示自己是神的兒子，藉此鞏固自己的王位。事實上，古代近東一帶（包括埃及、敘利亞、巴勒斯坦及美索不達米亞，即今之伊拉克）的文化裏，有地上的君王自稱是神者，而耶和華神則在以西結書二十八章2及9節藉著先知，指斥泰爾王自奉為神的說法：……主耶和華如此說：因你心裏高傲，說：我是神；我在海中坐神之位……。然而，事實倒是：其實你在殺害你的人手中，不過是人，並不是神。意思是地上的君王是會死亡的（但神是不朽的，故君王不宜自稱為神），故此，君王被尊崇為「神的兒子」是較為合理的說法（例如泰爾眾王認為他們都是巴力之後）。[1]

留意撒母耳記下七章12至14節，耶和華神藉著先知拿單與大衛所立的約中，有此說法：你壽數滿足、與你列祖同睡的時候，我必使你的後裔接續你的位；我也必堅定他的國……我要作他的父，他要作我的子……。再者，詩篇八十九篇26至27節亦有言：他要稱呼我說：你是我的父，是我的神，是拯救我的磐石。我也要立他為長子，為世上最高的君王。按此了解，以色列的君王被耶和華神策封為長子，在世上享有最高的榮譽和權力。接下來，被稱為君王詩及彌賽亞詩的詩篇第二篇，7節有曰：耶和華曾對我說：你是我的兒子，我今日生你。

此句同樣表明，作為以色列的王者，其與神的關係是父與子，他一旦登基作王，便成為神的兒子了。[2] 端此，「神的兒子」之用法是極具政治性的。

簡言之，古代近東文化所理解的「君王被尊為神的兒子」，是指他半神半人，代表著天上神明，管治著地上百姓，是位超乎常人的大人物。[3] 正如在一埃及的刻文上，記錄了法老蘭塞二世（Ramesses II）被尊為神的兒子，並且蒙神明委任治理埃及全地。[4]

到了耶穌基督出現的新約時代，是羅馬帝國管治的時期。[5] 早於猶流凱撒（Julius Caesar，即凱撒大帝）為王時（公元前100～44年），因著他的雄才大志、能征慣戰和自我宣傳，他開始被人尊崇為神。當他被暗殺而死後，權力被三人瓜分，由屋大維、[6] 安東尼及雷必達（Marcus Aemilius Lepidus）三人聯合執政。執政不久，屋大維便聯同安東尼把雷必達除滅。接下來，屋大維也把安東尼打敗。於是，屋大維統一了全國，榮登王座（公元前27～公元14年），被譽為奧古斯都（見路二1），意即尊榮者，正式成為帝國首任帝王（原本猶流凱撒在晚年時自封為王，但並沒有得著全國公認），漸漸把全國權力集於一身。

與此同時，小亞細亞一帶的城市，都爭先表示要效忠於他，因為此舉能換來君王的寵幸，益處頗多。考古學實證的，如別迦摩城，其要求在城內為屋大維建造神廟以表揚其功績。[7] 事實上，自屋大維登基後，一如上文所述，他精明能幹，勵精圖治，可說是羅馬帝國最偉大的君王。[8] 帝國自此進入二百年的平靖時期，史稱「羅馬治世」，是羅馬帝國的黃金紀元，各地臣民都主動地大肆表揚屋大維。例如尼西亞及以弗所二城，其早已有神廟供奉羅馬女神及凱撒，而以弗所更已奉猶流凱撒為「神明的顯榮」（god manifest）。由於屋大維是猶流的姪兒，故他也被尊稱為「神明的兒子」（*divi filus*, son of the divine）。[9] 此做法的用意，便是指出屋大維乃被神明委派，是惟一一位為人類詮釋神明旨意的，因此，惟有他才能帶領帝國擁有繁榮安定，蒙神明賜福。換言之，從今以後，羅馬帝國的國運，將與內戰頻仍、民生困苦的過去截然不同。這是因為屋大維不單是帝國的王，更是全地的主；[10] 他是神的兒子。

然而，有研究顯示，由於君王是會朽壞的人，故在開始出現君王敬拜時，人民其實是在敬拜守護著君王的精靈（genius，又稱守護靈），並不是直接敬拜君王。[11] 再者，在位的屋大維並沒有表明自己是神，更拒絕被人敬奉為神；第二任國君提庇留（Tiberius Caesar，公元 14 ～ 37 年；見路三 1）亦然。[12] 直到第三任王座繼位者加里古拉（Caligula Gaius Caesar，公元 37 ～ 41 年），亦即是耶穌死後約十年間，他對君王敬拜卻極度嚮往，從而冒進地接受，甚至要求臣民敬拜君王。[13]

然而，以上的勢態，即全國人民都要君王敬拜，對於這新興的、只能敬拜獨一神及耶穌基督的信仰復興運動來說，構成了極大的威脅。如此一來，羅馬帝王被奉為神，被稱為神的兒子，而耶穌基督貴為天國的王，也被稱為神的兒子，到底二者分別何在?這一點成為了福音書作者們在介紹耶穌作為「神的兒子」時的一大挑戰。

12.2 | 符類福音中的「神的兒子」

福音書經常尊稱耶穌為神的兒子(太十六 16，二十七 54；可一 1，五 7，十五 39；路四 3；又參約一 49，五 25，九 35～36，二十 31)，其強調了人子耶穌的神性。留意福音書中所記(以下以馬太福音為骨幹)，父神有兩次出言表示耶穌是祂的兒子，先是在受施洗約翰洗禮時(太三 17)，後在祂山上變像之舉(太十七 5)。意思是耶穌作為神的兒子，並不是他自封的，也不是出於人的意思，乃是出於父神，在場者有施洗約翰及耶穌的三個門徒，他們都是見證人。[14]

耶穌基督所行的神蹟，有直接彰顯祂神性的，其中如登山變像(太十七 1～8；可九 2～8；路九 28～36)，及在水面上走(太十四 22～33；可六 45～52)，自然界的神蹟如平靜風浪(太八 23～27；可四 35～41)；兩度餵飽數千人(數千男丁；太十四 13～21；可六 34～44；路九 10～17；又參約六 1～14)；咒詛無花果樹(太二十一 18～19；可十一 12～20)及從魚口得錢交稅等(太十七 24～27)。

說到底，耶穌所行的神蹟之最，便是祂使死人復活(太九

23～26；路七 11～17；又參約十一 1～45）。尤有甚者，祂本人亦能從死復活（太二十八 1～10；可十六 1～8；路二十四 1～53；又參約二十 1～二十一 23）。所不同的，倒是祂的死而復活，是不會再經歷死亡的。這一點，與那些被祂醫治，從死裏活過來的人，還是會再死亡的情況迥然不同。耶穌的復活，使祂得了一榮耀的身體，能超越物質的限制（路二十四 31、36～37），過了四十天後更升天而得榮（徒一 2～11），在在舉證祂是神的兒子。

總結而言，耶穌是神的兒子，祂死而復活，永活在榮耀裏。這一點，祂跟自稱是神兒子的世上君王，實在是千差萬別。耶穌基督這神的兒子是不朽的，一如保羅徵用詩篇十六篇 10 節：你必⋯⋯不叫你的聖者見朽壞所力證的，那死而復活的耶穌，是絕對有別於任何地上必見朽壞的君王（徒十三 35）。[15]

13 神的兒子是耶穌(二)：新約經文怎樣說？

13.1 約翰福音中的「神的兒子」

約翰福音有別於符類福音，最大的不同，便是作者在約翰福音中清楚說明了他寫作的宗旨：但記這些事要叫你們信耶穌是基督，是神的兒子，並且叫你們信了他，就可以因他的名得生命。(約二十31)此外，作者於十七章3節寫下這一句：認識你——獨一的真神，並且認識你所差來的耶穌基督，這就是永生。留意此句把神與耶穌等同，其原因便是如作者在全書的序言一章18節所言：從來沒有人看見神，只有父懷裏的獨生子將他表明出來。因此，認識耶穌，便等同於認識父神，因耶穌是神的兒子。

在此，作者更表明耶穌是獨生子(約三16)，其作用明顯是要和當代「神的兒子」一辭——常用作指君王，或一些神人——

分別出來。作者表明，在對比之下，耶穌那神兒子的身分是不同的，祂是父神的獨生子（*monogenēs*；約一 14、18，三 16），意即祂是獨一無二的，在關係上與父神密不可分，在本質上祂與父神一樣，滿有神性。[1]

值得留意的是，約翰福音中記錄了七大神蹟。[2]「神蹟」此辭原文的意思是記號（*sēmeia*；即是 signs），意思是作者記下耶穌所行的神蹟，其標誌著那行神蹟的耶穌是神的兒子。[3] 例如作者所記錄的第一個神蹟，在迦拿的婚筵變水為酒。作者於二章 11 節表明：這是耶穌所行的頭一件神蹟（sign），是在加利利的迦拿行的，顯出他的榮耀來；他的門徒就信他了。由此可見，作者記下七大神蹟的目的，是要舉證耶穌是神的獨生兒子。

至於最後一項神蹟，是在耶穌快要釘十字架，並且從死裏復活之前發生的。在此，作者記述了一預表著耶穌從死裏復活的個案，[4] 便是耶穌使死了已有四天，並且被埋葬了的好友拉撒路從死裏活過來（約十一 17～45），祂的名句：復活在我，生命也在我。信我的人雖然死了，也必復活（約十一 25）說明祂是生命的主。祂更兩次表示，此復活之舉是要顯出神的榮耀，也顯出了神兒子的榮耀(約十一 4、40)。換言之，祂便是神的兒子，也是生命的主。

約翰福音十一章 4 至 11 節記錄了復活後的主，向正在捕魚的門徒顯現。在祂的指示下，整夜了無所獲的門徒，竟然一網便捕到極多的魚。目擊者還記下了共捕撈得一百五十三尾魚，而魚網也沒有破裂(約二十一11)。當然,這個案發生在主死而復活之後,祂那神性的一面早已顯露無遺。不過,作者在此卻要表明,復活後的主仍然廣行神蹟,祂的神顯更超越了人肉體的限制(儘管是關了門,祂也能出入自如;約二十19、26),再加上祂料事如神,幫助門徒等人神奇地捕魚,這在在證明:死前耶穌是神的兒子,死後復活的耶穌更是。

歸結而言,約翰福音的作者殫精竭慮地力證,這看來只是一位先知和猶太拉比的耶穌,實際上是遠超越這一切的:祂是神的獨生子,早於萬有的出現祂已存在,[5] 祂更是創造主,滿有神性(約一1～3)。[6] 祂在世的所作所為,所行的神蹟奇事,燃炸著現場,實在不可思議。只因著要成就拯救世人的救贖使命,祂才暫時虛己,降世為人而已。

13.2 | 希伯來書中的「神的兒子」

希伯來書作者為了要力勸受書人勿走回頭路——重投猶太教的懷抱,[7] 竭盡所能地遊說他們。他的策略是高舉耶穌基督的地位。

早在希伯來書一章2至3節,作者已表明耶穌作為神的兒子,其與父神有著獨一無二的關係:末世,藉著他兒子向我們說話,又立他為承受萬有的,也藉著他創造宇宙。他是神榮耀的光輝,是神本體的真像,常用他大能的命令托住萬有。他洗

淨了人的罪，就坐在高天至大者的右邊。(《和合本 2010》)

作者表示祂是神榮耀的光輝，光輝一辭在新約只出現於此，其被動意思是「反射、折射」；主動意思可解作「直接從源頭發射出來」。作者的意思是：神的兒子便是神的榮耀。

神本體的真像的真像（*hupostasis*）一辭，意思是標誌；此辭本是指用圖章印出來的像，其與圖章上的印是一模一樣的。[8] 端此，我們可以説，神本體的真像意即神的兒子是神的最完美烙印（perfect imprint）。[9] 作者如此形容神的兒子，是要解釋何以他於上文表明，神的兒子是神在這末世最終極的啟示：末世，藉著他兒子向我們説話（來一 2）。

在介紹子之所是（being）後，作者談及祂的所為（doing）；其可分二方面：

（1）他創造宇宙，及常用他大能的命令托住萬有是指神的兒子不單是創造主，更以其權能照管著宇宙的運作。

（2）他洗淨了人的罪：神兒子成就了沒有人能成就的工作——救贖罪人。祂的工作有成，故就坐在高天至大者的右邊，此句是呼應著詩篇一一○篇 1 節，希伯來書作者亦於一章 13 節直接援引之（希伯來書共引四次，另見八 1，十 12，十二 2）。事實上，這一節強調了基督高升的主題，其乃基督神學的重要主旨。端此，新約眾作者經常援引這節經文。[10] 其強調了基督升上了無可攀比、尊榮至極的地位。

在比較神的兒子耶穌,與猶太人所重視的天使時,作者有此結語:天使豈不都是服役的靈、奉差遣為那將要承受救恩的人效力嗎?(來一14)由此可見,天使雖為靈體,耶穌作為活著的人,乍看下比起天使微小(來二7),然而,這只是表層的觀感。在為耶穌定格時,作者引用詩篇二篇7節:你是我的兒子,我今日生你——一首流行於初期教會的彌賽亞詩章——以表明耶穌便是這詩章的應驗,祂是父神的兒子。祂的作王,便是我今日生你的意思。再者,天使作為神的使者都要敬拜祂(來一6),因為祂是王者,被父神膏立,把一切仇敵打敗,並且作王到永遠(來一8、13)。

歸結而言,惟有耶穌才是真正的父神的兒子。耶穌是神的兒子強調了祂的神性,祂與父神本為一(約十30)。祂更是創造主,即在萬有出現以先,祂已存在。再者,希伯來書一章2節亦表明了神兒子是創造主,映現出祂的先存性(pre-existence)。可見以神的兒子形容在世的耶穌,其實是要折射出祂是與父神一樣的——本質上是神,是先存的,是從永遠到永遠活著的造物主。

13.3 | 從保羅書信看神的兒子之先存性

在保羅書信中,基督是神這主題主要來自三處經文。且看以下的分析:

第一段經文來自哥林多前書八章6節：然而我們只有一位神，就是父——萬物都本於他；我們也歸於他——並有一位主，就是耶穌基督——萬物都是藉著他有的；我們也是藉著他有的。

在此，父神與主耶穌都是創造主，本於他的包括了萬物，即創造界（creation）及我們，即人類。端此，耶穌基督是先存的，即在祂降世為人之先早已存在；祂是創造主，參與了父神的創世。[11] 我們相信，保羅此言映現了當代教會對耶穌基督那神性一面的共識。[12]

第二段經文來自腓立比書二章6至11節：他本有神的形像，不以自己與神同等為強奪的；反倒虛己，取了奴僕的形像，成為人的樣式；既有人的樣子，就自己卑微，存心順服，以至於死，且死在十字架上……。

此節中的反倒虛己，一方面表明了那虛己為人的耶穌，以此形態活在世上，另一方面亦表示祂早已存在。

第三段經文來自歌羅西書一章15至20節：愛子是那不能看見之神的像，是首生的，在一切被造的以先。因為萬有都是靠他造的，無論是天上的，地上的；能看見的，不能看見的……一概都是藉著他造的，又是為他造的。他在萬有之先；萬有也靠他而立……。

這一段經文亦是一首有關耶穌基督神性之詩歌。[13] 保羅用之於此，旨在針對受書人備受一種強調以天使等靈體，作為敬拜及得救的中介之異端思想所影響。保羅力陳，只有基督是神的像，是創造主，惟有祂才是教會敬拜的對象。

至於約翰福音，一如上文所指出，其中心思想便是要舉證，這降世為人的拿撒勒人耶穌，其實是神的兒子。作者於約翰福音的序言已力陳這一點（見約一 1～18）。其指出耶穌的先存性；[14] 祂是道（*logos*；可音譯成「邏各斯」），即是神的話，[15] 留意在舊約耶和華神是以祂的話創造萬有（創一 3～26），[16] 而以賽亞書五十五章 11 節有曰：我口所出的話也必如此，決不徒然返回，卻要成就我所喜悦的……；以賽亞書四十五章 23 節這樣寫：我指著自己起誓，我口所出的話是憑公義，並不反回：萬膝必向我跪拜；萬口必憑我起誓；也見以賽亞書四十章 8 節：草必枯乾，花必凋殘，惟有我們神的話必永遠立定。由此可見神的道，即祂的話，可説是耶和華神的延展（extension）。

至於道，即「邏各斯」在希臘的傳統思想裏，是指存在於宇宙萬有間的永恆定律，管理著萬有的存在及運作，[17] 此定律充其量只是一股能力，並沒有位格。在此，約翰卻指出道除了確實是早於一切被造之物已存在之餘，祂更是滿有神性的，[18] 並且創造了萬物，祂儼然是造物主（約一 3）。更具顛覆性的，便是祂成了肉身，住在世間，使人能經驗祂是滿有恩典、真理和榮耀的（約一 14、17），[19] 而惟有祂才能全然展示人肉眼所不能看見的，父神的真相（約一 18）。[20]

總結而言，學者格尼爾卡（Joachim Gnilka）説得好，福音書的眾作者把神蹟奇事記下來，目的是要表明，一如昔日在世的耶穌廣行神蹟奇事，如今祂雖然是復活升天而去，但仍然照顧著祂的子民，祂必聽取禱告（見羅八34），介入人類的歷史，與祂的子民同在同行，因為祂是高升了的基督，是神的兒子。[21]

末了的話

智慧何求

猶太人是神的選民，耶和華神藉著聖幕及聖殿，應許與他們同在。

然而，神是無所不在的，祂不只是顯耀在聖幕和聖殿中，整個宇宙和自然界都有祂存在的足迹。猶太人相信，自然界中存在著神的智慧。這智慧無處不在，正正舉證著耶和華神的同在。

人面對著潛存在自然界中的智慧，其應有的反應，便是樂天安命——按著自然界的各種現象、生命中的種種際遇而活在當下，心中存著敬畏造物主的心。能參透此道理者，堪稱智者。

然而，猶太人的一本著作《以諾一書》（*1 Enoch*）卻表示，當智慧來到人間，卻找不到可居之所，結果要回到原處。其意思是人們都不懂智慧，錯過了認識智慧的良機。事實上，世間上真正的智者也確實寥寥可數。

在此，按使徒保羅的教導，在世活著的耶穌，便是神的智慧（見林前一24）。他指著耶穌，信誓旦旦地舉證：〔神〕所積蓄的一切智慧知識，都在他〔指耶穌〕裏面藏著。（西二3）[1]

歸結而言，我們若要得著真智慧，甚至要成為對世事有高度辨識能力、能去偽存真的智者，我們必須從福音書中認識基督，並且習練每一天與復活主聯上，與智慧同行。

14 耶穌是人子（一）：猶太文獻及福音書的巡禮

福音書中的耶穌經常自稱是人子（太九6；可二10、28；路五24，九22等），關注此措辭的出處及意涵的研究專文實在巨量，研究結果也言人人殊，莫衷一是。以下的見解，可說是一些重要的共識。

14.1 人子的字義

首先，我們從「人子」一辭的字義說起。此辭實乃一閃族人的表達，其希伯來文意即亞當之子（*ben-ʾāḏām*），此辭在希伯來文的舊約中出現凡一百五十二次之多，常用作指人的集體稱呼，如詩篇八篇4節之「人子」，《和合本》作世人，[1] 先知以西結更被神稱為「人子」（結二1、6、8，三1、4，四1，五1，八5、8、12、15、17，十二2、9、18、22、27等），[2] 旨在帶出先知作為人，在創造界中是軟弱和微小的（參詩一四六3）。[3] 但與此同時，作為「人子」的以西結卻被耶和華神選上，承擔安慰被擄者的重任，可見「人子」一字，亦含有「在平凡中不凡」的意涵。換言之，表面看來是平凡的，但因著被神選上和重用，其變得不再平凡。[4]

14.2 | 但以理書異象中的神顯

在研究「人子」這課題時，但以理書七章13至14節明顯是關鍵所在。其所描述的，有一位像人子的，由於經文本身是亞蘭文，「人子」一辭亦然，其亞蘭文便是 *ḇar ʾĕnāš*。此措辭在烏加里特文（Ugaritic）及腓尼基文（Phoenician）用作指人類。[5] 這段經文以啟示性文體寫成，此文體有三大特點：[6]

（1）傳統的先知信息以神的子民，即以色列人為重點；啟示性預言則以普世人類歷史為中心。
（2）啟示文體以象徵性寫作手法，表達其背後的屬靈真相。
（3）啟示文體把屬天與屬地串連，目的是要解釋在地上發生的事，是與天上發生的事關係緊扣的。

但以理書第七章是一異象，其可分為兩大段落。第一段是1至14節，第二段是15至27節。第一段落又可分為三小部分，先是四巨獸的出現(2～8節)，最後一獸代表末代帝國；以獸象徵列國映現出世上列國都與神為敵的本性。繼而是天上寶座的場景(9～11節)，這場景又可分兩小部分：先是天上寶座的威榮，坐在上面的，是一亙古常在者，其象徵神；祂將執行審判(9～10節)，然後是最後一獸被審判，並且受刑；其餘的獸也被奪去權柄(11節)。最後的部分，亦是這裏所要討論的焦點：一位像人子的出現，留意這裏的「人子」一辭並不是一頭銜，因作者是以之為明喻(simile)，即像人子的，來形容這位天外來客。這末世性的人物是駕著天雲而來，此言表示這人物是從神那裏派來，是一屬天的、帶有神性的人物；他從坐寶座的那一位領受了權柄，以建立一不朽的國度，其統治的範圍，是各方、各國、各族的人(13～14節)。

至於第二段落，主要是天使對第一段落中異象的解釋(15～27節)，[7] 在解釋中出現了至高者的聖民(眾數)，卻沒有提及上文的一位像人子的人物。在此，對於至高者的聖民與像人子的之關係，學者們的討論也有很多；[8] 至高者的聖民的身分大概是指地上受苦的神的子民，[9] 而先前那位像人子的人物，便是其代表。按此了解，地上神子民在備受迫害之際，最後是由代表著他們的、一位像人子的人物為他們平反，並且反敗為勝，這便是作者於26至27節所言的：然而，審判者必坐著行審判……國度、權柄和天下諸國的大權必賜給至高者的聖民……。審判者便是這一位像人子的人物。

綜觀上論，但以理書七章所要表明的，便是雖然世上列國的霸權看來龐大，更逼迫屬神的子民；然而，在人類歷史的終局來到時，將有一位末世性的，亦滿有神性的，像人子的人物出現。祂是從神而來，並且從神那裏得著全權審判列國，從而拯救地上受迫害的神的子民（即至高者的聖民）。祂將與他們一起掌管萬國萬民。

至於這位末世出現的審判官和拯救者，被描繪為像人子的，大概是要表示他是以人的方式出現，但這是表面看來而已（故曰像人子的），骨子裏祂是從神而來的使者，是滿有神性的王者。祂的出現，引進了神的國度，取代了世上的諸帝國。

14.3 ｜ 猶太文獻的用法

「人子」一辭亦出現在其他有啟示文體的猶太文獻中，其中最具代表性的，是《以諾一書》及《以斯拉四書》（*4 Ezra*）。[10]

《以諾一書》三十七至七十一章中，作者形容「人子」是義者，也是審判官，他更是神所揀選的。作者大概是參考了但以理書七章13至14節，以賽亞書四十二章、四十九章及詩篇二篇等，然後將之融合，映現出其彌賽亞的特徵；[11] 作者更表示這人物是先存的，先前不為人所知，但終必全然顯示出來。

《以斯拉四書》寫於公元一世紀末，乃一啟示文體作品，「人子」出現在書中的異象裏，其是從海而出（海代表隱藏），作者大概也參考了但以理書七章13至14節，表明人子是先存的，是神的兒子，是彌賽亞及審判世界者。[12]

以上兩卷猶太著作，都受著但以理書七章的影響，同時與其他關乎彌賽亞的特徵整合，塑造出一個「人子—義僕—彌賽亞」(son of man – servant – messiah)的畫像。

14.4 | 福音書的用法

福音書中「人子」一辭共出現了八十二次，[13] 都是來自耶穌的自稱，其都附以冠詞(*ho huios tou anthrōpou*)；[14] 可譯作「那人的那兒子」。「那人」大概是指亞當；[15]「那兒子」大有可能是指耶穌是一特殊的人物，[16] 意思是耶穌作為亞當的後人，本是很普通的一個人，但事實卻非如此，因為這「人子」耶穌後來竟能從死裏復活，並且升天得榮。

話雖如此，我們要留意的是，在世的耶穌以亞蘭文為日常的語言，祂大概是以上文所指出的亞蘭文的「人子」(*ḇar ʾĕnāš*)來自稱。而亞蘭文「人子」的意思，是指耶穌活著如普通人一般，表面上沒有任何獨特之處。如是者，耶穌那神兒子的身分便被隱藏起來。然而，福音書作者們知道耶穌後來從死裏復活，證明了祂是神的兒子，他們便明白耶穌這「人子」是與眾不同的；於是，他們以希臘文撰寫福音書之時，一一都在「人子」一辭之前附以冠詞，以表明耶穌看來只是人中之人，但事實上，祂是超凡的人，是神的兒子，是有如但以理書七章13至14節的一位像人子的神性人物。因為當祂再來時，祂必在榮耀中得國，審判世界。

福音書耶穌自稱「人子」，都是以第三身單數出現，[17] 用法大致上分三個類別：[18]

（1）在地上服事的「人子」：經文如馬太福音八章20節，十二章31至32節等，強調了耶穌活得卑微；但另一方面馬太福音九章6節及馬可福音二章10節卻表示耶穌如神一樣，有赦罪的權柄。

（2）將來受苦的「人子」：耶穌預告自己的未來時，常指出「人子」將要受苦，如馬可福音八章31節；甚至要捨生取義，救贖眾人，如馬可福音十章45節；及「人子」將被出賣，如馬可福音十四章21、41節等。

（3）將來得榮的「人子」：這些經文包括馬太福音十章23節，十九章28節，二十四章27節、30至31節；馬可福音十三章26節等。

值得留意的是，當耶穌在公會受審，祂面對大祭司的迫供，直言不諱地揚言：……你們要看見人子坐在那權能者的右邊，駕著天上的雲降臨（太二十六64；又可十四62）。首先，耶穌在這裏所形容的，「人子」的威榮態勢，是在呼應著但以理書七章13節所描寫的那一位。[19] 駕著天上的雲降臨此措辭是一最為明顯不過的指標。[20] 坐……的右邊顯出了一最尊貴、如皇族般的地位。事實上，多處新約的經文都同樣地表示耶穌基督坐在父神的右邊(見弗一20;彼前三22;來一3,十11~12)。[21] 以駕著天上的雲降臨形容「人子」,表示「人子」有屬天的特性,[22] 這裏無疑是指著一充滿屬靈威榮的神顯(見啟一7)。耶穌的言下之意，是儘管祂如今如同犯人受審，快要被重判受刑而死，但終有一天，物換星移，時移勢易，情況將會大大逆轉，祂將成為審判官，這裏的敵人，包括大祭司在內，將受祂的審判。按此了解，耶穌這一句志氣昂揚的公開話，可說是符類福音全書的高潮所在,[23] 因為耶穌公開地在猶太教眾領袖面前承認自己那彌賽亞的身分。[24]

抑有進者，正如上文所指出，但以理書七章13至14節那像人子的人物，將在人類歷史的盡頭駕著天雲而來，意即他是滿有神性的一位，並得了權柄,[25] 將取代世上的列國，建立一永遠長存的國度。由此可見,「人子」一辭本有著其神性的一面。按此了解，活在世上的耶穌自稱是「人子」,[26] 一方面可隱藏他彌賽亞的身分，另一方面卻暗地裏指向祂將要得國及得榮的未來。

由是觀之,「人子」作為一隱晦性的措辭，其功用是兩方面的：一方面隱藏耶穌的身分，另一方面揭示祂將成就救贖世人的職事。[27] 換言之，我們也可以說，耶穌以「人子」自居，表明昔日人類的始祖亞當未能完成神所託付的，管理大地的使命，如今藉著降世為人、以人的方式活在世上的耶穌，必能馬到功成。可見神要藉著創造人類，使人類成為祂管治大地的代行者，藉此展示祂的王權，彰顯其威榮，此計劃始終沒有落空。[28]

15 耶穌是人子(二)：福音書外的人子

除了福音書外，其他的新約書卷鮮有以「人子」形容耶穌，例外的地方有四處：使徒行傳七章 56 節，希伯來書二章 6 節，啟示錄一章 13 節及十四章 14 節。在此，我們先從使徒行傳七章 56 節開始研究。

15.1 使徒行傳七章 56 節

這裏的場景是司提反的殉道，作者形容猶太人動用私刑，將這位真理的鬥士用石頭活活地打死，其過程有如昔日耶穌基督被枉屈至死的情況。

在死前，司提反被聖靈充滿，得見異象，其是一神顯。作者如此描述：司提反被聖靈充滿，定睛望天，看見神的榮耀，又看見耶穌站在神的右邊，就說：「我看見天開了，人子站在神

的右邊。」（徒七 55～56）

說完後便慷慨就義，被猶太人以亂石砸死。按此了解，「人子」一辭是出自司提反的話，他用此辭稱呼神顯中的耶穌。此「人子」是高升了的，因為作者形容耶穌在天上，站在父神的右邊，滿有尊貴和威榮。異象中的「人子」是站著的，此姿勢大有可能是指祂是審判者。端此，司提反相信耶穌作為「人子」，必施行審判，為他本人平反，把那些無理攻擊他，甚至執行私刑者判刑。[1]

綜觀上論，司提反所言及的「人子」耶穌，是一高升了的，為枉屈者辯護，判處那些誣告者的終極審裁官。簡言之，從死裏復活，升天得榮，如今在父神右邊站著的「人子」耶穌，是他終極的盼望。

15.2 ｜ 希伯來書二章 6 節

希伯來書的作者寫作此信的目的，是要力勸其受眾，即信了主的猶太人，不要走回頭路，重投猶太教。為此，作者傾盡全力地舉證耶穌基督的優越。

首先，猶太人很重視天使及其活動，故作者先把耶穌對比天使。他於希伯來書一章 4 至 14 節清楚表明，天使只是如僕役一樣服事神，但耶穌基督卻是神的兒子，滿有尊貴威榮和權柄。到了二章 5 節起，他再言天使並沒有管治世界的權柄，但耶穌卻有。繼而，他援引詩篇八篇 4 節及詩篇一四四篇 3 節：

人算甚麼，你竟顧念他？世人算甚麼，你竟眷顧他？（來二 6）

在原文裏，世人一辭便是「人子」一辭。由於詩篇八篇 4 節的「世人」一辭是希伯來文，其沒有附以冠詞，故這裏的「人子」也沒有冠詞（*huios anthrōpou*），故《和合本》譯作世人。換言之，這裏「人子」一辭，是泛指著活在世上的人類。

不過，作者的思路是，雖然世人比天使微小，但活在世上有如世人一樣的耶穌卻是截然不同的。因為祂經歷人生百味，嘗盡人間疾苦（來二 10），甚至死亡，從而得了尊貴榮耀為冠冕（來二 9）；所產生的果效有四：

（1）祂歷練滄桑，生命因而閃亮，更成了完全人（來二 10）。

（2）祂敗壞了掌死權的魔鬼（來二 14）。

（3）祂是人類得以從死裏復活的前沿先行者。祂因而能領許多的兒子進榮耀裏去（來二 10）。

（4）祂體恤人類的軟弱，願意幫助一切軟弱但願意信靠祂的人（來二 18，又四 15～16）。

總之，作者在此力證，這活在世上有如世人（即人子）一般模樣的耶穌，祂以這模式活著有其多重的目的。作者提醒讀者們，千萬不要有所錯覺，認為祂既是「人子」便低估和看扁祂，以為祂不及天使。

15.3 | 啟示錄一章 13 節及十四章 14 節

至於啟示錄一章 13 節出現的「人子」，其語境是一異象。異象中出現的「人子」耶穌，是滿有神性和神能的（啟一12～16）。留意作者如此描繪這「人子」：

身穿長衣，直垂到腳：此乃尊貴人士的裝束。

胸間束著金帶：此乃君王的打扮；反映其是王者。

頭與髮皆白，如白羊毛，如雪：其反映了但以理書七章9節那亙古常在者的模樣；映照著其神性。

眼目如同火焰：火焰象徵審判；這裏表示其眼目有屬靈的透視力，能辨別善惡，作出嚴正不苟的判決。

腳好像在爐中鍛鍊光明的銅：顯出了其光芒萬丈的榮耀。

聲音如同眾水的聲音：見以西結書四十三章2節，意思是大有能力。

右手拿著七星：七星代表七教會的使者（啟一20）；故這裏意即統管著教會，是教會的元首。

口中出來一把兩刃的利劍：強調有能的審判。

面貌如同烈日放光：一如耶穌登山變像中那用作形容耶穌顯出其神性的措辭——臉面明亮如日頭（太十七2），這裏的人子亦然。

繼而，作者力陳這位像人子的全然了解七教會的屬靈實況，因而作出適切且極具屬靈穿透力的評語，教會務必要傾耳而聽，察納其忠言（啟二 7、11、17、29，三 6、13、22）。

至於啟示錄十四章 14 節出現好像人子的一位，亦是在異象中，祂被形容為：

雲上坐著：顯出其是從神而來，有屬天的特性。

戴著金冠冕：冠冕（*stephanos*）一辭用作指在運動場上勝出者所得的獎賞，又可作花冠；金冠冕意即終極的勝利；此人物是得勝主。

手裏拿著快鐮刀：種植的目的是要收取莊稼，故收割之日乃重要日子，在農業社會裏，這是全年焦點的所在，故這裏是指人類歷史盡頭那審判的大日，收割象徵了審判。

說到底，作者是要表明，這異象中出現的「像人子的」，是一位執行審判的王者，祂要對普世執行終極的審判。

總的來說，在世上自稱是「人子」的耶穌，祂那神性的身分是被隱藏的。但到了祂復活升天得榮後，祂那神性的身分已全然顯露，無須隱藏，故在談及「人子」時，都以但以理書七章 13 至 14 節為背景，形容人子是高升了的。這便是新約的作者們（尤其是啟示錄的作者），所要向其讀者們表明的。

15.4 |「人子」用法的發展與總結

總結以上所討論的，福音書中耶穌自言是「人子」，其意思及用法的發展簡述如下：

（1）在舊約，此辭的希伯來文意即「亞當之子」，其眾數辭的用法大都是指人類，其單數辭是指人中之某人，其含有人是被造之物，是軟弱和有限的意思。

（2）以西結書中出現了另一特性，其用法指雖然人是被造之物，是有限的，卻因著神的揀選，被託付以使命。

（3）但以理書七章13至14節出現了一位屬天的人物，他將得國，施行審判，被形容是一位像人子的，藉此對比被形容為獸的列國（但七3～12）。

（4）耶穌以亞蘭文自稱「人子」，一方面表示他看來只是人中之一人，並沒有過人之處，[2]然而按但以理書七章13至14節的用法，耶穌亦以「人子」一辭指祂便是那屬天的、將要審判世界的像人子的一位。端此，在耶穌的用法裏，「人子」一方面隱藏了祂神兒子的身分，但卻同時指著末世那要來的、審判世界的像人子的一位。此辭有隱藏和揭示的作用。

（5）福音書的作者們在寫福音書時，耶穌已從死裏復活，清楚證明祂是神的兒子。故他們以希臘文寫「人子」此辭時，都加上冠詞，表明他們是指一位特定的「人子」，由此可見，耶穌自言「人子」其實是祂的自謙之辭，骨子裏祂便是神的兒子，也即是但以理書七章13至14節神顯中的那位屬天的、像人子的人物。

（6）在新約的其他書卷，「人子」一辭已鮮有出現，而所出現的如使徒行傳七章56節及啟示錄一章13節及十四章14節所描繪的「人子」都是高升了的，盡顯其神性的威榮。這是因為作者們都清楚知道死而復活的耶穌，是神的兒子無疑。至於其他沒有以「人子」描述耶穌的作者(如保羅等)，索性用「神的兒子」，[3] 或是「主耶穌基督」來形容之。[4] 因為耶穌那真正的神兒子的身分已不容置喙，他們都認為「人子」一辭已不宜採用。

(7) 由此可見，耶穌所用的「人子」，強調了祂以人的方式活在世上，然而，這只是暫時的，因為骨子裏，祂這「人子」是神的兒子。

| **末了的話** |

跨界別的人子:平凡、不凡、偉大

平凡中的不平凡

按以上的分析，「人子」一辭，其用法可說是在平凡中有極不平凡的一面。

且看以下關於一位弱質纖纖之女子的故事:

十九世紀末二十世紀初，蘇格蘭出現了一位極為閃亮的宣教士，名叫史萊舍(Mary Slessor)。

她出身貧寒，父親及兩個弟弟都早逝，留下母親、她和兩個妹妹。

長大後，史萊舍受了宣教士李文斯頓（David Livingstone）影響，二十七歲便決定往西非宣教，於翌年起行，到達西非尼日利亞的部族中工作。

她學曉當地的語言，並且在一名叫奧克揚（Okoyong）族羣裏工作多年，甚受族民歡迎。

她的工作包括傳道，促進商貿民生，提升女性地位和國民教育，甚至收養孤兒等；她更成為國民議會的副議長，被譽為「奧克揚的白女皇」（the white queen of Okoyong）。

其實，在第一次到達西非不久，史萊舍便患上了瘧疾，長期與這頑疾爭戰，病重時便回蘇格蘭養病，同時在各地教會分享宣教異象。她多次來回家國與西非，可見惡疾無阻她的宣教心。

她工作直到一九一五年，死於西非宣教工場，終年六十六歲。

在她晚年時，有人打算為她寫自傳，她卻表示在神的國度裏，並沒有所謂偉大和微小。因為神樂意使用微小軟弱的人，成為普世人類的祝福。

她拒絕了寫自傳。

說白了，我們都是小人物，但當被主選中，並且靠著祂，我們就能作大事。畢竟，在天國裏最小的也顯為大，這是在世的主耶穌所應許的（太十一 11）。

由此可見，只要人願意被神使用，神能使他的平凡，變成極其不凡，讓人活出一個精緻精彩的人生。

十足十的人

降世為人的耶穌是「人子」，是十足十的人。祂被釘在十字架上，看來無力自救，顯得軟弱可憐。然而惟有這樣，祂才能代替罪人贖罪，一如約翰福音一章51節耶穌告訴拿但業，他將看見神的使者在「人子」身上，上去天上，也從天上下到地上。換言之，「人子」的耶穌成為了天與地的橋梁，神與人之間的中保。

與此同時，活為「人子」的耶穌也是神子，是真神的化身，藉著祂，人才能到父神那裏去。人子亦是神子，祂原本便是神子，可說是龍游淺水，有朝一日必騰雲而起。

祂跨越了靈界和物質界，為要藉著祂的一生——尤其是被釘在十字架上——成就救恩，也彰顯了父神的大愛及拯救世人的大計（羅五8）。

在此，留意提摩太前書三章16節之讚美辭所展現的：*大哉，敬虔的奧祕，無人不以為然！就是神在肉身顯現，被聖靈稱義，被天使看見，被傳於外邦，被世人信服，被接在榮耀裏。*神成了肉身，顯現於人間，實乃莫大的奧祕，靈界的天使也樂於察看（見彼前一12），至於人間，此事更被普傳至外邦各地。我們作為神的子民，務必有所配合，把這奧祕事傳揚，因為這是關乎萬民的福音。

為崇高的理想而活

回顧我國歷史，清朝末年，朝政腐敗，朝堂黑暗，人心散渙，民生凋敝。國父孫中山帶動國民起義，嘗試推翻滿清政府。

一九一一年四月二十三日，一羣革命黨人於廣州起義；可惜事敗，革命人士死傷慘重。後來只能找到七十二具屍體，埋葬在廣州東北的黃花崗，立了墓碑，是為「黃花崗七十二烈士紀念碑」。碑上刻上這些烈士的名字，供後人紀念，至今猶存。

由此可見，人之所以偉大，並不一定因著其達成目標，而是因著他們願意為一個更大的理由、一個崇高的理想而活，甚至以死相酬。

我們只能活一次，能夠活多少年也不肯定。如果生命是空洞的，一無建樹，豈不等同白活？願我們能從主那裏得著指示，明白自己如何才能配合祂的救贖計劃，以之為自己的召命，為此而活在當下。雖然最後不一定能達成整個理想，但方向正確了，拼搏也值得。

最後，因著主甚愛我們，甚至為我們捨命；我們也要愛祂，更以生命相酬。這就是愛的互動。

在此，我們有沒有想過，自己可以如何好好經營一生，成為一個更好的自己、優質的僕人來獻呈給祂？祂配得我們以最好的狀態回饋祂。

| 靈思小品 |

王者再臨，永存盼望，作好準備

在耶穌的教導中，祂榮耀的再來是祂教導中不可或缺的部分（太二十四3～二十五46；可十三3～37）。在初期教會，不論是對猶太人還是外邦人宣教，「主必再來」同樣是福音信息的焦點所在（徒十七31；林前十六22；帖前四15～17；雅五7～9；彼後三8～13；啟一7，十九11～16，二十二20～21等）。對於初期教會來說，主的再來是鐵一般的事實，證明祂是宇宙的王者，是榮耀極致，威風八面，祂將強勢回歸，為要審判世界和拯救祂的子民。

在此，留意公元二世紀出現了一本名為《丟格那妥書》（*Epistle to Diognetus*）的著作。這是一本為基督教辯護的衛道佳作，內容共十二章，第五及六章集中介紹基督徒的特點，其指出了基督徒與其他國民是沒有分別的。他們並不屬於任何族羣，並不住在屬於自己民族的城鎮，也不說自己獨有的語言，他們的生活與正常人無異。事實上，他們更願意與別人分享自己所擁有的。

所不同的，便是他們視自己為「客旅」（sojourner）。[1]

由此可見，早期教會的信徒視自己為屬神的末世性羣體，是一羣投入今世，盼望來生的族羣。[2] 他們對主必再來的盼望是極為殷切的。他們因而活得高尚，取態積極，滿有愛心和正義感。當他們處於極度不利的困境時，其抱持著堅持和恆忍的態度(提後三 11～14)，憑著信心和盼望，等待那榮耀大日的破曉，朝著將來那天上的城穩步前行(來十三 14)。

以下是筆者親身的一個旅行體驗：

二〇一九年，某神學院啟動了一新約考察團，筆者和四十多位團友——他們都是神學生及傳道人，計劃用兩週的時間，實地考察約十個地方，主要是保羅曾宣教的城市及啟示錄中七教會的古城。

行程極其緊密，極度考驗人的耐力和體力。由於本人年紀不輕，一度曾考慮不參加此行，但由於教學所需(本人主要教新約)，惟有憑著信心，在同事及同學大力地鼓勵下參加，還被推舉為隨團牧者和顧問。

名叫考察團，目的是要在可能範圍內，考察和了解當地文化民情，好增進我們對聖經世界的認識，從而開闊視野，深度認識基督教的信仰。

例如到了土耳其的加帕多家，其有一蔚為壯觀的地下城，乃古教會信徒避難之處。地下通道很狹隘，盡是不規則的階級、羊腸小路，但為了盡情考察，筆者毅然投入這地底探險之旅，一步一腳印地拾級而下。

又例如到了希臘，來到一個叫「天空之城」的景點，我們要拾級而上，攀登峯頂，才到達古人所建的殿宇，其雄偉壯麗，蔚為奇觀。在此高山的聖殿裏默想天地的主，堪稱絕配。如是者，我們攀上高山，深入地底，目的是要藉著親歷其境，「發思古之幽情」。

我們吃當地人的食物，走保羅宣教的古路。每一個晚上只在某一酒店留宿一夜，晨早便離開，繼續行程，疲累得很；烈日也當空，導遊更警告我們要提防盜賊（大都是小偷）。這些情況，也是當時保羅宣教所要經歷的。作為顧問的我，也盡情述說有關的聖經故事。總而言之，我們雖是旅客，但絕不是過客。我們盡情投入當地，以能深度認識民情，好叫我們這新約考察團實至名歸。

反省

基督徒是天國的子民，卻如客旅般活在世上。我們必須以世上為自己的第二故鄉，全情投入世情，風雨兼程地體驗今生。然而，心中卻自知真正的故鄉，是在彩虹的那邊，那華美的父神處。有此滿懷希望的心態，儘管人生有百般難關，回望也只是瞬間。

請記著，我們的旅程，沒有回程，卻有歸期：那榮耀大日的破曉，我主耶穌的強勢回歸。

禱告

主啊，我要作忠心的僕人，善用我的恩賜，作忠心的管家，好迎接祢的再來。

第四部

耶穌基督:
先知的極致

16 最廣為人知的角色：大能的先知

16.1 從字義說起

在世的耶穌，祂那先知的身分，在眾多的角色中，是最為別人認識的。[1] 留意路加福音四章16至30節記錄了祂回到自己的家鄉拿撒勒事奉，卻遭居民白眼，他們甚至想要殺害祂。為此，耶穌有感而發地說：沒有先知在自己家鄉被人悅納的。（路四24；又太十三57；可六4；約四44）由此可見，耶穌也以自己為先知，並且與舊約的眾先知看齊。[2]

希臘文先知（*prophetēs*）一辭，其字義有宣講、宣告的意思，[3] 用作形容在世耶穌的表現是非常恰當的。由於耶穌的宣講滿有權柄（見太七28～29，二十二33、46），更廣行神蹟，當代的人都以他為大有能力的先知。

留意有一次，耶穌問門徒，當代的人認為祂是誰時（太十六

13～14），門徒的回答是：有人說是施洗的約翰；有人說是以利亞；又有人說是耶利米或是先知裏的一位。此言反映了：[4]

其一、耶穌有如施洗約翰一樣，是一位帶來信仰更新、滿有能力的先知。施洗約翰出現在曠野，曠野的風在呼嘯，他卻在呼喊著天國臨近的信息。他所宣講的，耶穌也宣講，他所作的，如為百姓施洗，耶穌也作（見太三2，四17；約三2）；那麼看來，耶穌承接著約翰的先知職事。事實上，馬太福音十四章1至12節記述了施洗約翰的死。他被希律治死後，希律以為耶穌是施洗約翰從死裏復活（見太十四2），把二人混為一談。然而，事實卻是施洗約翰是那應許中要來的以利亞，他的生與死，預表了耶穌基督，一如耶穌於十七章11至12節指著施洗約翰的人及事有此闡釋：以利亞固然先來，並要復興萬事；只是我告訴你們，以利亞已經來了，人卻不認識他，竟任意待他。人子也將要這樣受他們的害。觀此，以利亞是舊約中著名的先知，施洗約翰亦然，施洗約翰所預表的耶穌基督更是。[5]

其二、先知裏的一位反映了耶穌的言行，顯出了祂是先知無疑。故此，眾人以祂為先知（太二十一46），更是加利利拿撒勒的先知（太二十一11）。[6] 甚至那在井旁巧遇耶穌的撒馬利亞婦人，也很快認出耶穌是先知（約四19）。由此可見，在耶穌的眾多形像中（如先知、拉比和君王等），祂的先知身分是最為當代大眾所公認的形像（the most popular image）。[7] 在此，作者表示儘管拿撒勒城中的人不接受耶穌，但也不難發現祂是滿有智慧和異能的（太十三 54）。智慧顯出了祂是傑出的拉比，異能映現祂是大能的先知。[8]

16.2 | 耶穌基督：大能先知的極致

在世耶穌的先知身分為當代人所公認，其主因大有可能是基於摩西於申命記十八章 15 至 19 節的預告：耶和華——你的神要從你們弟兄中間給你興起一位先知，像我，你們要聽從他……我必在他們弟兄中間給他們興起一位先知，像你。我要將當說的話傳給他；他要將我一切所吩咐的都傳給他們。

以上所言，折射出摩西之後的眾先知中，將有一位突出的先知出現，他是在弟兄中間出現的，即他來自以色列族。他不單成了耶和華神的出口，更是耶和華的啟示之終極，因為他所傳的，是絕對的、不折不扣的神的話語；國民的回應是要聽從他。留意在耶穌的登山變像中，偉大的舊約先知摩西和以利亞都同時出現，但未幾卻消失。留下只耶穌一人，可見耶穌是惟一一位能全然代表父神的先知。繼而天父發聲，其所言同樣是要求人要聽從祂，因為祂是神的愛子，為神所喜悅；意即神特選了祂（太十七 5）。

總的來說，以權威計，耶穌基督是先知的極致。

16.2.1｜祂蒙父神呼召，以聖靈賦能

先知需要神的靈感動，才能得著能力，成就使命。在此，四卷福音書都記錄了耶穌的洗禮，亦同時記錄了聖靈降臨在祂的身上（太三13～17；可一9～10；路三21～22；約一33～34）。[9] 當中出現了天上來的聲音，此現象有如舊約中的先知——如以賽亞和以西結的呼召（見賽六1，四十二1，六十一1；結一1）。[10] 再者，施洗約翰本人因目擊這榮耀的一刻而舉證著說：我先前不認識他，只是那差我來用水施洗的、對我說：「你看見聖靈降下來，住在誰的身上，誰就是用聖靈施洗的。」我看見了，就證明這是神的兒子。（約一33～34）

由此可見，耶穌領受聖靈，並不只是祂本人主觀的經歷，更有公開的印證。施洗約翰及在場的人，都可為此事作見證。端此，耶穌那先知的職事，是一公開的事實，也為眾人所認受。接下來，路加福音四章1節有曰：耶穌被聖靈充滿，這一節更貼近原文應作耶穌滿有聖靈（《和合本2010》）。繼而，約翰福音三章34節亦有曰：……神賜聖靈給他是沒有限量的。按此了解，藉著聖靈的賦能，耶穌廣行神蹟，醫病趕鬼濟世，其能力的來源便是父神所賜給祂的，那無限無量的聖靈。[11]

16.2.2｜祂詮釋摩西律法

留意按摩西律法的教導，真假以色列先知的重要分水嶺，便是其信息是否與摩西律法一致（見申十三5）。換言之，以色

列的先知所傳揚的，必然是以摩西律法為基礎。在此，登山寶訓中的耶穌清楚地表明：莫想我來要廢掉律法和先知。我來不是要廢掉，乃是要成全。(太五 17)

耶穌表明，祂的職事，便是要成全律法，其有以下五項重要的理解：

(1) 一如上文所力證的，耶穌基督是應驗了申命記十八章 15 至 18 節中所預言的，有一位如摩西的先知將被神興起。如此，祂便成就了律法所言的：祂是那要來的先知。

(2) 舊約眾先知所預言的彌賽亞，和平之君(賽九 6)，受苦的義僕(賽五十二 13～五十三 12)，像人子的降臨及得國(但七 13～14)；大衛之約中永坐在寶座上的，大衛的後人(撒下七 12～17)等，都一一應驗在耶穌基督的身上，祂不容置喙成就了一切先知所預言的，是末世要來的那位拯救者。

(3) 未來耶穌所成就的救恩，即祂的死和復活，[12] 也可被看作為成全律法。

(4) 留意下文馬太福音五章 21 至 48 節，記錄了耶穌重新詮釋律法中有關十誡中的不可殺人、不可姦淫及不可起誓等的意義，可見耶穌把律法重新詮釋，其實是要釋出律法的真義。按此了解，耶穌對律法那正確的詮釋和教導，為當代神的子民帶來屬靈新視野，便是這裏所指的，成全律法的意思。

（5）活在世上的耶穌，是活在律法之下。祂的一生，活演了律法和先知所教導的真理，全然滿足了律法和先知的要求（包括預言）。[13] 換言之，耶穌活出了一個完全人的生命。[14] 如此的生命，肯定滿足了律法一切的要求。

總的來説，耶穌的其人其事，祂的教導和行動，不單活演了律法和先知的教導，滿足了律法的要求和先知的預言，更將其表面意思，提升至更為完美的層面，[15] 使新約天國的子民更為明白摩西律法的真義。[16] 在此，耶穌基督這先知的工作，絕非任何以色列的先知所能比擬。

在此，留意在世的耶穌教導時，我實實在在的告訴你此措辭常出現於約翰福音中（見約三3、5，五19、25，六47、53，十四12等，凡二十五次之多），類似的如我實在告訴你也常出現在其他的福音書（太五18，八10；可十四30；路二十三43等）。在原文的句子裏，實在即是「阿們」（*amēn*），此乃音譯自亞蘭文的字眼，意即「真實的」；[17] 此措辭一般用在禱告結束時，表示禱告者的誠意。我實實在在的……此表達方式並沒有出現在任何猶太文獻中，[18] 看來是耶穌本人獨創的。留意實在排於句首，處強調位置；我也是強調的；故這裏的意思是耶穌所言是信誓旦旦的，有絕對的屬靈權威。祂要求聽眾留心而聽，遵命而行。

尤有甚者，學者勞倫特（Christopher Rowland）堅稱，

耶穌此言其實等同舊約先知在傳講耶和華的啟示時會用到的公式說法：主耶和華如此說。[19] 按此了解，耶穌是把祂說話的權威，與耶和華神的啟示等量齊觀。因為祂不單是傳講神話語的先知，更是神的兒子，全然代表著父神發聲。

再者，路加福音十章23至24節記述了耶穌如此告訴祂的門徒：看見你們所看見的，那眼睛就有福了。我告訴你們，從前有許多先知和君王要看你們所看的，卻沒有看見，要聽你們所聽的，卻沒有聽見。耶穌如此說的原因很明顯，因為古往今來，只有耶穌基督能真正活出一個完美的生命，傳神國的福音，為人類帶來新希望，也使此屬靈願景成真。在此，門徒能親自目睹眼前耶穌的其人其事，實在萬幸。

16.2.3 | 祂督責警告

先知既是神與人之間的中保，其所傳的信息，其中一個特點，便是指斥人的罪。[20]

耶穌常常向當代的猶太人，發出義正辭嚴的督責和警告。祂於馬太福音十一章20至24節對那幾個祂經常服事，並且廣行神蹟的加利利城鎮，作出極其嚴厲的批判，這些城邑包括哥拉汎、伯賽大及迦百農。祂表示，這些城鎮的屬靈生命不濟，將來所受的審判是極其嚴重的。祂指著哥拉汎及伯賽大，直言不諱地批示：當審判的日子，泰爾、西頓所受的，比你們還容易受呢！（太十一22）

當審判的日子是指末世那普世性的大審判，是全人類的終審；至於泰爾和西頓此二城，乃巴勒斯坦臨地中海的兩個重要海港城。二城常出現於舊約先知書中，內容常涉及迷信偶像、態度傲慢、極盡奢華、道德不濟，腌臢不堪，遭受神強烈的譴責（見賽二十三1～12；結二十六1～二十八24）。事實上，此二城終被亞歷山大大帝所滅（公元前332年）。泰爾、西頓所受的，比你們還容易的原因，便是因為這兩個城市，並沒有得著耶穌的親臨及傳講悔改信息；然而你們，即哥拉汛和伯賽大雖則有此良機，但卻竟然回絕耶穌，其受的審判必然更重。

至於迦百農，其早於馬太福音四章13節出現，此地乃耶穌事奉的基地，是祂居住的地方。在此，耶穌特別形容迦百農啊，你已經升到天上，然而將來必墜落陰間；耶穌言辭的背景大概是以賽亞書十四章15節，其語境是指巴比倫王因其高傲自恃，目空一切，終必遭神的重判。在此，耶穌把從前先知對這毀滅神子民國族的巴比倫的宣判，轉而應用在迦百農的身上，表示迦百農的命運，將與巴比倫無異。

在此，耶穌的解釋是：因為在你那裏所行的異能，若行在所多瑪，它還可以存到今日。所多瑪因其極度邪惡，被天火所焚而全然消亡，此事件早已成為在神子民羣體中的歷史鑑戒（見結十六48；彼後二6；猶7）。還可以存到今日是指這城因其受刑早已覆亡，但如果他們得著耶穌的親臨及傳道，從而悔改，卻能存留下來。在此，耶穌的意思是迦百農實在得天獨厚，有耶穌在其中，並以此城為其事奉的基地，城中的人有很多機會，聽見耶穌的宣講，眼見耶穌的異能。但整體上此城的居民仍然是心腸剛硬，毫無悔意。正因此故，耶穌鄭重地宣稱：但我告訴你們，當審判的日子，所多瑪所受的，比你還容易受呢！留意這裏是未來時態，其強調了在末日審判時，義人和惡人都要活過來，面對其終審；迦百農的終極命運是將來必墮落陰間。

按以上耶穌所言，在在表明迦百農等城鎮都得著耶穌親臨其間，宣講福音及盡顯神能，可說是盡得神屬靈的恩寵，卻執迷不悔，頑梗至極，重罰自是必然的。

畢竟，以上三個加利利的城鎮哥拉汛、伯賽大、迦百農如今都湮沒在歷史的時空中。[21] 說到底，人在世上拒絕先知耶穌，其終局已定。這是因為耶穌不單是代表神發言的先知，更是神的兒子，回絕祂便是回絕父神了。

17 先知耶穌的斥責和應許

17.1 與猶太領袖的對決

除了對百姓作出警告評審外，先知耶穌還譴責當時以文士和法利賽人為代表的猶太教領袖。最明顯的例子，便是祂以舊約先知所常用的宣告禍哉的方式，共宣告七項禍哉，痛斥文士和法利賽人的不是（太二十三13～32）。在這裏，耶穌很明白文士和法利賽人的套路，知道他們的根本問題，於是便以一較長篇幅的獨白，藉著希臘修辭哲辯的方式（diatribe），[1] 劈頭蓋臉地指摘文士和法利賽人的七禍，來一迎頭痛擊，[2] 絕不姑息。

留意「七」大概有屬靈的意涵，七禍代表了文士和法利賽人的徹底崩壞；細觀七禍的內容，其言辭尖銳，極具屬靈的穿透力。其實，耶穌是沿襲舊約眾先知所採用的修辭方式，臚列人的眾罪行，指出其必招來神的嚴懲（見賽五8～24；摩五18～

20及彌二1～4)。當然，文士和法利賽人的問題，主要是其以嚴守摩西律法為裝飾，內在生命卻沒有真的敬畏順服神，可說是陽奉陰違。所以，耶穌以此言抨擊他們：你們這假冒為善的文士和法利賽人有禍了！因為你們好像粉飾的墳墓，外面好看，裏面卻裝滿了死人的骨頭和一切的污穢。(太二十三27)

留意假冒為善一辭常出現於馬太福音中，[3] 尤其是在七禍的審判中，其都是用作形容文士和法利賽人。[4] 此辭原本指戲劇中的演員，其寓意性用法是指某人扮演著某角色，做出來缺乏誠意，盡是矯情之作，儼然是一偽君子。耶穌稱呼文士和法利賽人為假冒為善，可說是全然揭示了這一羣自以為是的尊貴人物，在羣眾眼中是宗教領袖者的幽暗之處。耶穌這份不畏強權，直斥其非的勇氣，可說是傳承了舊約中以色列的先知本色，敢於抨擊社會上的權貴，包括君王的專擅和濫權，宗教領袖的虛情假意，祭禮之空洞而毫無意義等。

對於潔淨之禮來說，猶太人以觸碰死人及其屍骨等物最為嚴重(見利二十一1～11；民十九11～22)，其中包括了觸碰埋葬著死人的墓穴。端此，粉飾的墳墓是指在墳墓上塗以標誌，[5] 以警告族人不要觸碰之，以免受污染。可見粉飾的墳墓的重點不是指其粉飾美麗，而是指粉飾了以作警示。[6] 外面好看原文可作「外面實在美麗」，其意思是指墓地中的墳墓都序列整齊，甚有層次。有些更經修飾打理，外觀不俗。畢竟，其內裏卻埋有死人的骨頭，一切的污穢大概是一統稱，是指著隨同死者埋葬的衣服和物件等，其都在污穢，即是在腐爛的狀態下，極其腌臢。在此，耶穌描繪了一個不潔可怖的畫面，言辭極具穿透力。

在七禍的宣判後，接下來，耶穌更以喪禮中的哀悼方式，預告耶路撒冷必受重判的結局（太二十三 37～39）。在這裏，耶穌同樣採用了希哲的哲辯方式，把耶路撒冷人格化了，然後向之發言，為之舉哀，皆因審判即將來到。按經文的示意，耶路撒冷的罪狀，最嚴重的，便是拒絕和殺害神的使者。其殘害神所差來特使的情況，被形容為流先知的血（太二十三 30），此措辭顯出了殺害先知是一嚴重的罪。換言之，耶路撒冷的罪狀不只是因為其殺了人，而是所殺的人都是神的特使。先知們被差派到耶路撒冷本是好意的，大都是力勸族民悔改歸正，卻一一被回絕及遭殺害。尤有甚者，耶路撒冷快要殺害耶穌基督，這位獨一無二，蒙神差派，全然代表神的先知的極致。耶路撒冷絕對是論罪當誅。在此，耶穌直言不諱，痛斥其非，絕不留手。

如是者，公元七〇年，耶路撒冷被羅馬大軍在圍城約六個月後，城被攻破，其內的聖殿盡毀。可見神對此城的審判，不一定是要等到末世主再來之時才發生。也許，我們可以說，耶路撒冷殺害耶穌，其嚴重的情況驅使神要在冤案發生後的不久，便施行審判。[7]

17.2 ｜ 祂的應許

17.2.1 ｜ 應許耶路撒冷在刑罰過後將得著拯救

回接上文所提及的，耶穌哀悼耶路撒冷在受重罰後，祂發出了以下的一項應許：我告訴你們，從今以後，你們不得再見我，直等到你們說：「奉主名來的是應當稱頌的。」（太二十三39）

我告訴你們此措辭顯出了耶穌有重要的話要說；這裏是一項總結；你們不得再見我可說是耶穌向耶路撒冷正式告別；直等到你們說：「奉主名來的是應當稱頌的。」此情況有如耶穌進入耶路撒冷時，羣眾對祂的歡呼喝采（見太二十一9）；[8] 其發生將在未來。其可以是指：

（1）藉著後來教會的福音工作，使以色列人成為天國的子民。[9]
（2）是指耶穌在榮耀中再來的時候；整體以色列人將悔改歸主。

耶穌此應許有一重要的意義，就是在以上為耶路撒冷舉哀的經段裏，留下了一絲盼望：被審判後的耶路撒冷終有一天會改變初衷，接受耶穌是那要來的彌賽亞。這一點，正合乎日後保羅於羅馬書十一章25至26節所憧憬的，以色列全家都要得救。而這一天，大有可能是指著主再來那榮耀大日的破曉時分。[10]

由此可見，以上的這節經文，是一項重獲神對其子民的慈愛及拯救的應許。

17.2.2 | 應許門徒他們的犧牲必換來祝福

至於一羣放下了一切，忠心地跟隨在世耶穌多年的門徒，祂亦有此寶貴的應許：我實在告訴你們，你們這跟從我的人，到復興的時候，人子坐在他榮耀的寶座上，你們也坐在十二個寶座上，審判以色列十二個支派。（太十九 28）

這裏再出現我實在告訴你們的一句；[11] 你們這跟從我的人是指門徒等人；到復興的時候是指猶太人所憧憬的、末世將出現的、從神而來的新紀元，[12] 其也是神的國得著完全實現之時。那時，人子坐在他榮耀的寶座上即人子將得國，全權管治萬有（見但七 13～14、26），這與門徒是息息相關的，[13] 因為這得榮為王的人子，便是他們所跟從的主耶穌。主耶穌將與門徒分享祂的成就。[14] 這便是耶穌所應許的：你們也要坐在十二個寶座上，審判以色列十二個支派的用意。[15]

留意在上古，作為王者其中的職責，便是對其管治的百姓施行審判，以伸張公義。由此可見，耶穌此言是應許門徒，他們果真是天國的王的兒子（見太十七 26），他們將在永恆裏成為王者，[16] 甚至對十二支派、被稱為神子民的以色列人進行審判，可見其地位是何等崇高，身分是何等重要。

論及將來的審判，耶穌藉著比喻（太二十五 14～30；路十九 11～27），應許忠心的主僕必得再來的主的賞賜。祂也應許門徒，在傳道中面對迫害，要為自己申訴辯護時不用擔心要說甚麼，因為到時聖靈自會教導他們如何回應（太十 19）。可見耶穌這位先知的教導，常以預言及應許的方式勉勵門徒。

17.2.3 | 應許教會勝過陰間的權柄

也許，對神子民最重要的應許，便是耶穌應許日後快將出現的教會，即神子民的羣體，在面對逼迫時，必能昂然佇立，終必得勝。留意耶穌在馬太福音十六章 18 節的應許：我還告訴你，你是彼得，我要把我的教會建造在這磐石上；陰間的權柄不能勝過他。

首先，彼得一辭，即 *petros*，其意即「石頭」；至於磐石是 *petra*；[17] 乍看下似乎有所不同。然而，彼得一辭的亞蘭文是磯法（*kēpha*），其同時可以是指石頭及磐石，而耶穌大概是以亞蘭文說話。再說，新約學者諾蘭德（John Nolland）表示，希臘文的 *petros* 及 *petra*，二者也漸漸地變成同義詞，而到了後來，即新約時代，*petros* 更不再被採用。[18]

至於作者採用了兩個發音極為相似，卻是指著同一樣東西的辭彙，其可能原因有二：

（1）其大概是有修辭的作用，藉此深化讀者們的印象。
（2）在言及磐石時，由於 *petros* 已不被採用，故作者改用 *petra*

一辭。至於 *petros* 一辭，其出現於新約書卷的現象，是因為其都是指著彼得作為名字而言。

按此了解，大部分福音派學者都支持磐石一辭，是指著彼得而言。[19] 至於作者以這磐石來形容彼得，其用意大概是指因著彼得能對耶穌有以上的認信，即對人子耶穌更有深度的認識，其與以前的彼得實有不同。所以，如今的彼得才堪稱得上是屬靈的磐石。[20]

總而言之，這裏耶穌大概是指，教會是建立在以彼得為首的十二使徒的權威上。

至於陰間的權柄原文是「陰間的門」(gates of hades)。故全句可作「陰間的門不能勝過他(指教會)」，其解法有二：

(1)「陰間的門」代表了死亡的可怕，[21] 意思是人只能進入死亡之門，卻不能從死亡之門逃生，故這裏是指一切信主的人，即教會，將不為死亡所吞噬，反而在末日能從死裏復活。[22]

(2) 陰間(*hadēs*)與地獄(*geennēs*)在新約的用法中是同義詞，前者乃死人的去處，後者是邪靈之居所(參啟九1、2，十一7，十七8，二十1、3)，故「陰間的門」不是指著死亡而言，乃是指與神為敵的邪惡力量。再者，「陰間的門」是一比喻性說法，其用意一方面是要對比下文彼得被給予天國的鑰匙，能打開天國的大門（太十六 19）。另一方面，其是指陰間有如一座城。在古代，城門是軍隊出擊之必經之處（見賽二十八 6），故從其城門而出的邪惡力量，[23] 將對教會進行攻擊，但其始終不能得逞。

在此，我們可以說邪惡的力量，藉著死亡為人類帶來威脅，彰顯著它那兇殘的惡勢力。在此，按哥林多前書十五章 54 至 55 節的說法，死亡被形容為一種權勢。人類都不能逃過死亡的厄運，其有如一股無敵和無情的力量，奪去人的生命，人在死亡的威脅下顯得全然無助。但基督從死裏復活，戰勝了死亡，解除了死亡的唬嚇。祂所拯救的信徒所組成的教會，也必不為死亡所勝。因此，耶穌於下文應許彼得，他將被賦予天國的鑰匙，執行捆綁和釋放的工作（太十六 19～20），意思是藉著建立在彼得及使徒們身上的教會，信者都能進入天國，可說是出死入生了。

總的來說，耶穌預告日後出現的屬神羣體，是為教會。祂更應許，儘管教會要面對可怕的疙瘩，甚至是死亡的威脅，但其必蒙神保守，至終必能突圍而出，成就天國的豐功偉業。

17.2.4｜應許常與教會同在

馬太福音二十八章 19 至 20 節被譽稱為大使命，其末了的一句：我就常與你們同在無疑是耶穌應許門徒羣體的安慰之言。耶穌知道，當祂走後，門徒必然因思念祂而心酸，因等待祂而苦澀。在此，祂清楚表示，祂將以不同的方式，與門徒永遠同在（即藉著聖靈；見約十四 16～17）。其實，「耶穌的同在」此主旨早於馬太福音一章 23 節的以馬內利及馬太福音十八章 20 節的有兩三個人奉我的名聚會，那裏就有我在他們中間已有提及，其與這裏的應許有交相映照之效。

留意在原文裏，馬太福音二十八章 20 節的這一句有「看哪」（behold）一辭於句首，其用意是要讀者們極其留意耶穌這離別的應許。換言之，作者要鼓勵讀者，作主的門徒，執行大使命是漫長的路，事奉人生也路遠，忽夷忽險，荊棘滿途。但主卻承諾，祂必永遠相隨，意即祂的能力和守護，必伴隨著教會，教會絕非孤勇作戰。再者，復活的主與門徒同在，門徒的內在生命會因而變得更為通達，視野也變得開闊。而當門徒回望自己所處身的環境和世局的幻變時，便會有俯瞰世情之感，這份心靈的大格局使門徒不至因失控而妄動，反而能冷靜和客觀地審視世界和研判世情，從而衍生精準的回應，能堪稱屬靈達人，活出優秀、卓越，甚至出眾生命。

末了的話

你的眼界，決定你的全世界

當有主的同在，也即是基督活在我們裏面，我們靠著祂，便能有力面對生命的多番磨勵，而這樣的生命其明顯的特徵，便是我們的胸襟因而壯大，視野因而不同，眼界因而開闊。

我們的視野，映現我們內在的思維模式，也顯呈了我們本人內在生命的格局。格局小，只看見眼前，經常身不由己，缺乏主見和願景，被困的感覺極強。再者，格局小的人極度自我中心，難於從別人的角度思考，同理心欠奉，願意為別人放下自己的事更是免問。

視野高遠，不單看見目前，還能遠眺前方的天際線，藉著深度和細緻的研判考量，綜合出一個融通豁達的看法，以致有信心和能忍耐地活在當下，勇毅地一步一腳印前行。視野廣闊的人有胸襟，能從別人的觀點看事物，有體諒眾生的大度，悲天憫人之情懷，他們甘願為別人付出，甚至不望回報。此情況有如人氣作家王悅所言：「領略過上帝眼裏的壯闊後，依然能夠從一個小小的個體去感知世人的悲喜……能見識巨浪波濤的美麗，亦能為一點一滴而歡喜。」[1]

格局不同，人生的結局也截然不同。

有以下一個故事：

話說世上有兩種人，是為悲觀者及樂觀者。上帝向此二人發出三個問題，看看他們怎樣回答，好賞賜他們。第一個問題：人生的路一直往前走會怎樣？悲觀者說：「會處處碰壁。」樂觀者說：「會看到柳暗花明。」第二個問題：春雨好不好？悲觀者說：「不好，野草會長得漫山遍野。」樂觀者說：「太好了，百花會綻放。」第三個問題：給你一座荒山，你會拿來作甚麼？悲觀者說：「修一座墳墓。」樂觀者說：「把山種滿綠樹。」於是，上帝賞給他們兩樣不同的禮物：給了悲觀者失敗，樂觀者成就。

筆者前一陣子與一年青傳道人交談。他問筆者，應該如何面對世局的紛亂；是悲觀還是樂觀？我想了一回，如此回答：「人在面對嚴重考驗時的反應，其實正是我們活了這麼久，信了主有一段時間，要提交的成績表。走了樣的人顯出了他眼界的粗淺。」我的結論是：「人生最大的敵人不是外人和困境，而是沒有成長、眼界粗淺的自己。」

沒有寒冬暴雪時，哪會有春暖花開日？飽嘗百味，多番歷練，人生才能豐盛。這樣的一顆生命，才能在道成肉身的事奉中，向絕望中的人提供有知識和見識的幫助。

總的來說，藉著聖靈，升天而去的耶穌將「零距離」

地與我們永在。從早晨到黃昏，春日到冬寒，年復一年，世代復世代，主都同在，直到世界的末了，這是離世升天的主給予門徒最後的一項應許，為我們帶來了何等大的盼望，多麼貼心和肯定的安慰。

18 先知耶穌的預言、預告、預知和廣行神蹟

18.1 預言

按著啟示漸進的理念，耶穌對末世的預言，發揮了一不可或缺的角色。

聖經的預言其發展可分為三大階段。

第一階段：舊約的眾先知預言末世彌賽亞的降臨，是為神拯救其族民的救星。

第二階段：耶穌降世為人，先前的應許總算是實現了。

然而，細觀耶穌的事奉，便不難發現其也分兩大時段。第一時段便是祂降世為人，活在世上的日子。其目的是活一個完全人的人生，並替代罪人受苦受死，然後從死裏復活，產生赦罪及救贖的功效，後來再升天而去。第二時段，即過了好些日子，祂才再來，是為世界的結局。祂再來的目的，是要施行終

極的審判和對其子民終極的拯救。

在此，我們可以稱上文的第二時段為預言發展的第三階段。

第三階段：耶穌以王者的身分再臨地上。

這一階段的詳情，舊約較少論及，[1] 故需要由在世的先知耶穌，清楚地向門徒解說，並且藉著啟示文體預言的方式，詳細地闡釋；其中最具代表性的，便是橄欖山的論述（太二十四 1～31；可十三 1～27；路二十一 5～28）。在那裏，耶穌以公元七○年聖城被攻破，聖殿被拆毀的悲劇作為預表，象徵世界終局時的大災難，而當這些災難過去後，人子，即耶穌本人便會在榮耀中降臨，祂向門徒應許：*那時，他們要看見人子有能力，有大榮耀駕雲降臨。一有這些事，你們就當挺身昂首，因為你們得贖的日子近了。*（路二十一 27～28）這裏明顯是呼應著但以理書七章 13 至 14 節所描述的一位像人子的，駕著天雲強勢駕臨。門徒看見此情景，便要提振精神，意志堅定，因為他們的終極拯救行將實現。

按此了解，在世耶穌所扮演的先知角色，是絕對的不可或缺。祂把預言的發展，引向第三階段，也是最重要的階段：藉著耶穌第二次的出現，祂的威榮盡顯，普世的管治權將全然實現在地上。祂的強勢回歸，使神的子民得著終極的拯救，盡顯救恩的全備。

18.2 預告

這裏的焦點，是耶穌預告自己的死、受苦及復活。從符類福音中，我們得悉耶穌在上耶路撒冷的路上，最少三次向門徒預告在不久的將來，所要發生在祂本人身上的事：[2]

第一次：從此，耶穌才指示門徒，他必須上耶路撒冷去，受長老、祭司長、文士許多的苦，並且被殺，第三日復活。（太十六 21）

第二次：耶穌上耶路撒冷去的時候，在路上把十二個門徒帶到一邊，對他們說：「看哪，我們上耶路撒冷去，人子要被交給祭司長和文士。他們要定他死罪，又交給外邦人，將他戲弄，鞭打，釘在十字架上；第三日他要復活。」（太二十 17～19）

第三次：耶穌⋯⋯對門徒說：「你們知道，過兩天是逾越節，人子將要被交給人，釘在十字架上。」（太二十六 1～2）[3]

以上三次預告，每一次都比前一次說得更細緻，耶穌預告祂的未來，旨在要為那些和祂一起上耶路撒冷的眾門徒，給予充分的心理準備。畢竟，能夠這麼清楚地說出自己受害的未來，可說是空前絕後的，此情景映現了：

（1）耶穌對於未來是胸有成竹的。乍看下祂被出賣，被殺害，像是一無辜的受害者。然而，祂雖然早知道如此，卻仍捨生取義，這份偉大的屬靈氣派絕非任何世上的先知所能及。

（2）耶穌掌控著大局；祂不像舊約的先知，明知神的審判必臨，卻無能為力，在不能全然參透未來的實況時，便有如先知哈巴谷所說的：我聽見耶和華的聲音，身體戰兢，嘴唇發顫，骨中朽爛；我在所立之處戰兢。我只可安靜等候災難之日臨到，犯境之民上來。（哈三16）在此，先知惟有把盼望，全然投放在耶和華神的大能和信實上（見哈三17～19）。

在對比之下，先知耶穌早已知道浩劫過後定必否極泰來，劫難也只維期三天，祂便會從死裏復活，得著父神的平反。這種超凡的屬靈感應力，遠眺天際線之外的視野，全然透視未來大格局的眼界，實非任何世上先知所能及。

18.3 ｜ 預知

作為先知，耶穌自然是先知先覺。例如祂知道魚口有錢交稅（太十七24～27）；又預知那裏有很多的魚可以捕捉（路五1～11；約二十一1～11）。比起傳統的先知更為厲害的，倒是祂有讀心（mind reading）的本領。換言之，耶穌知道別人心中的想法，別人還沒有說出來，祂已因而作出回應。在此，我們先看路加福音七章36至50節的記述。這裏出現了一有罪的女人，她要膏耶穌。旁人卻在私語，意思是如果耶穌真的是先知，祂理應制止此舉措，以免自己受污染。當然，此個案的結束，便是耶穌不單知道這女人有罪，祂還表明，因著這女人對祂有信心，祂還赦免這女人的罪（路七 47～48）。

論及赦罪，留意另一個有關的個案，其記錄在馬可福音二章 1 至 12 節。

當中描述耶穌醫治癱子的過程（又太九 2～8；路五 18～26）；其發生在祂居住的房子裏，[4] 在醫治癱子的過程中，耶穌對病人說：你的罪赦了。（可二 5）現場出現了幾個文士，他們對耶穌此言甚表不滿——耶穌竟然敢說僭妄的話？只有神才有赦罪的權柄。這意念只浮現在文士的思想中，但耶穌竟然也知道了：耶穌心中知道他們心裏這樣議論；於是，耶穌便出言回應：你們心裏為甚麼這樣議論呢？（可二 8）在此，作者表明耶穌能感知別人心中的想法。簡言之，耶穌懂得讀心術。由此可見，耶穌的心靈是超乎常人的敏銳，祂不用如舊約的先知，要藉著神顯，或是進入異象中，才得悉人心的想法，或了解未來要發生的事。

此外，耶穌也預知門徒猶大快要出賣祂。祂更在吃逾越節的晚餐時，清楚警告猶大，讓他知道其惡計已穿幫敗露，盼望他能回頭是岸（見太二十六 21～25）。由是觀之，耶穌藉著其預知人心中意念的神能，殫精竭慮地挽回犯罪者，甚至是十二門徒之一的猶大這蓄意陷害耶穌的害羣之馬，好叫他能及時回轉，不致走上絕路。

耶穌不單擁有屬靈視野的大格局，還有對個別人士愛護備至的細微心思。如此一位精明博愛的先知，可說是舉世無雙。

簡言之，耶穌是申命記十八章15至19節預言中那要來的先知（見約六14）；祂是先知的極致。

18.4 祂廣行神蹟

耶穌施行神蹟，映現出祂不單是大能的先知，更是全能者。祂醫病趕鬼的次數，遠遠拋離任何舊約的先知。雖然，按照猶太人的先知傳統，先知不一定要行神蹟以證明他們是代表神說話的。然而，舊約偉大的先知如以利亞和以利沙等，都多次以神蹟濟世（見王上十七8～24，十八20～40；王下二19～22，四1～44，五1～14，六18），一方面是要幫助有需要的人，另一方面也證明他們實有從神而來的能力（堪稱神人；見王上十七24；王下四7、16）。

總的來說，正是「家有梧桐樹，引得鳳凰來」，耶穌是大能先知的極致，祂赫赫的聲名吸引當代人跟隨祂，啟動了一猶太教內的信仰復興運動。

在此，學者基納力證，當代的人，甚至是針對耶穌的人，都不得不承認，耶穌是一廣行醫治，把附在人身的惡鬼趕出，使人復原過來的醫治者（healer）。[5] 例如當代的法利賽人和文士，雖然他們不接受耶穌，不以祂為彌賽亞，卻不能否定祂那些醫病的神蹟。於是，他們惟一可以解釋這現象的說法，便是以耶穌是靠著鬼王，即靠邪惡的力量行神蹟（見太九 32～34，十二 24；可三 22）。[6]

留意在耶穌所行的神蹟中，除了醫病和趕鬼外，還有一些顯出了祂是自然界的主，例如平靜風浪（太八 23～27）；在水上行走（可六 45～52）；咒詛無花果樹（可十一 12～14、20）等，箇中的原因很明顯：耶穌不單只是代表著神發言的先知，祂是降世為人的神的兒子。說白一點，祂不單是神人，也不只是「神級」的先知；祂的身分遠超乎先知，祂是神的兒子。

在芸芸眾多的神蹟中，符類福音記述了耶穌兩次施行分食物的神蹟，把極少量的食物，先後餵飽五千及四千人（指男丁；見太十四 13～21，十五 32～38）。此兩個神蹟的前者，即餵飽五千名猶太男丁此神蹟，更是記錄在四卷福音書中（太十四 13～21；可六 32～33；路九 10～17 及約六 5～13），足見此事迹廣泛流傳於初期教會中，成為城中熱話。

留意耶穌用少量食物，餵飽上千百姓，其映對著當代的政府及猶太公會，都無能於扶助社會上有莫大需要的羣眾。生活上最基本的，便是人要活得溫飽，在此官方卻無能為力，但耶穌卻能做到。祂的教導，滿足人的心靈；祂的神蹟，使人得著飽足。祂才是真正的大牧人，祂所傳的福音，才能真正為百姓帶來福音。祂使這麼多的人吃飽，已是一鐵證。

最後，耶穌是牧人先知（shepherd-prophet），祂所傳的，為百姓帶來希望；祂的言行，即所行的神蹟奇事，具體和踏實地為百姓帶來生命的新希望。作為先知的耶穌，祂預言了神子民未來的希望，也實現了這個願景。

這位舉世無雙的先知耶穌，其表現不單恰如其分，更是超額完成。祂不單給人夢想，更使人夢想成真。

第四部附錄一 ｜ 耶穌所行的神蹟

按彼得在五旬節聖靈降臨時，向朝聖者所宣講的一句——以色列人哪，請聽我的話：神藉著拿撒勒人耶穌在你們中間施行異能、奇事、神蹟，將他證明出來，這是你們自己知道的（徒二 22）——可見，在世的耶穌所行的神蹟為數極多，其神奇之勢也極度震撼。單以符類福音而論已蔚為大觀，且看以下的分析。

直接彰顯神性：登山變像

登山變像被公認為釘十字架之前的耶穌，那神兒子之神性呈顯的極致。此事件同時出現於馬太福音十七章 1 至 8 節、馬可福音九章 2 至 8 節及路加福音九章 28 至 36 節。在此，我們以馬太福音十七章 1 至 8 節為主要研究的經段。

留意符類福音所記載的事件，其都發生在彼得的公開認信及耶穌預告祂將要受苦受害之後，可見其呼應著彼得所認信的：你是基督，是永生神的兒子（太十六 16）。換言之，登山變像是要表明，耶穌那神兒子的身分，到底是指甚麼。而門徒因為能一睹耶穌那神兒子的光彩，便大得激勵，能無畏無懼地背起十字架跟隨主（見太十六 24）。

留意馬太福音十六章21節，耶穌向門徒預告著祂將要遇害、受死和復活。但門徒卻未能全然明白祂復活的真義，以致彼得躁進地阻止耶穌前行（太十六 22～23）。按此理解，登山變像另一重要的目的，是要門徒學懂，不要只停留在將受苦受死的耶穌身上，而是要留意祂是能夠戰勝死亡的主，因為祂是神的兒子。登山變像可說是耶穌從死裏復活，得著莫大榮耀的預告篇。

留意登山變像是一異象，[1] 其特色是神顯。但門徒在異象中所見的耶穌，其顯榮並不是與現實中的人子耶穌全然的不同，因為在異象過後，同一位耶穌還在，並且安慰他們。可見這異象的目的，是要在場的門徒明白，常與他們同在的、表面看來是平平無奇的人子耶穌——充其量是一位出色的拉比，然而祂卻是永生神的兒子（太十六 16）。

在此，留意作者於馬太福音十七章2節如何細緻地描摹耶穌的變像：臉面明亮如日頭，[2] 衣裳潔白如光。明亮原文乃動詞，意思是照耀；[3] 日頭即太陽；在當代，太陽之光可說是強光之最。可見耶穌本來隱藏的神性，在其臉上閃亮照射，其榮光極其奪目，有如太陽之強烈光芒。[4] 衣裳潔白如光原文應作「衣裳變得潔白如光」；意思是耶穌所穿著的，本來只是普通的衣服，如今，卻變成潔白如光；原因不是指衣服變成神奇之物，乃是指衣服也掩不住耶穌那神性榮耀的光輝，透射過衣服，光芒萬丈地映現；[5] 可說是「亮瞎人的眼睛」，情況很是震撼。[6]

作者在此表示，作為人子的耶穌，其在世的日子大都把其神性隱藏起來，但在此刻，為了要讓在場的門徒一瞥祂的威榮，祂讓此神性稍作顯露，已是極其耀眼奪目。一如馬太福音十四章 24 節祂在夜間走在海面上，讓門徒看見祂那超越自然力量的神能；如今祂卻是在高山之上展現其神能。[7]

在這變像的異象中，還出現了摩西和以利亞，但他們後來又消失了。其意思大概是指在猶太人的傳統中，摩西及以利亞都沒有經歷死亡而被神接去（參申三十四 6；王下二 11），[8] 可見他們的出現，是要表明耶穌也必能如昔日摩西和以利亞那樣，穿越死亡，活在永恆裏。

異象亦出現一朵光明的雲彩，並且遮蓋他們，即在場的門徒等人；[9] 留意在神顯的傳統中常有雲彩出現，[10] 這裏的意思有三：

（1）耶穌的升天和再來也是駕著雲彩（徒一 9～11；啟一 7）。

（2）這裏有可能是指著落在至聖所中的，神的榮耀而言（出四十 34）。[11]

（3）最有可能是指但以理書七章 13 節所形容的，在末日時，將有一位像人子的，駕著天雲而來，是大有榮耀的，並且得國。

畢竟，雲彩的出現，標誌著神的顯現，這倒是不容置喙的。如是者，有聲音從雲彩裏出來，說，[12]這明顯是指父神的聲音。其所言與先前馬太福音三章17節耶穌在領洗後的措辭一致：這是我的愛子，我所喜悅的。但在這裏其不同之處有二：

（1）加插了你們要聽他的一句。
（2）當耶穌受洗時，父神的發聲主要是肯定耶穌那彌賽亞的身分。但這裏卻是要門徒留心，耶穌實乃神的兒子；可見對象及作用之不同。

留意聽此動詞是語帶命令，故作要聽；門徒需要聆聽及遵行耶穌的教導，是指要聽在世耶穌的教導，亦即父神的啟示，這教導滿有屬靈的權威，門徒務必遵命而行。

總的來說，這裏的意思是，雖然摩西和以利亞都是歷史人物，但其都不能與神的兒子耶穌攀比。他們的事迹，本堪足神子民向其學習，但如今神的兒子耶穌已出現，如是者，摩西和以利亞都要退去，惟耶穌獨存，意即惟有神的兒子耶穌及其教導，才是神子民所需要惟命是從的。

在此，作者回到現場的門徒的反應，其共有兩方面：

（1）俯伏在地：此身體語言乃人在看見異象時常有的反應（結一28，四十四4；但八17，十8～9），顯出其被震懾，精神及身體都不支，以致仆倒在地；這裏也許有敬拜的意涵。[13]

（2）極其害怕：害怕又可作「畏懼」；[14] 極其意思是「非常，極大的」；[15] 留意門徒是聽見了父神的聲音而有此反應，反映了人在接受神的啟示時，常是非常畏懼的（見但八17）。

當在場的門徒舉目觀看時，其情況是不見一人，只見耶穌；此句直譯是「不見任何人，惟獨耶穌自己」；可見這異象的重點是耶穌，[16] 焦點是祂的神性及屬靈權柄，門徒必須忠虔篤敬地遵行祂的訓言。[17]

簡言之，耶穌那神兒子的身分是獨一無二的，也惟我獨尊，絕對不是任何被稱為神的兒子的人物（包括天使、神的子民及世上君王）所能攀比。

自然界的主

耶穌在水面上行走

在餵飽五千人後，耶穌行了一個特別的神蹟：履海如履平地。此神蹟一方面顯出祂是自然界的主，竟然能在水面上走動；另一方面，此神顯是要向在場的門徒刻意地展現耶穌那隱藏的神性（見太十四22～33；可六45～52）。

按馬太福音十四章32至33節所記，在事件結束時，作者表明：在船上的人即所有門徒（大概包括船主）；都拜他顯出了一個崇敬耶穌的行動，[18] 眾人並且口裏宣認：你真是神的兒子了；真即真實，其排於句首，處強調位置，即若有心中懷疑者，如今都釋了疑，並且作出了敬拜的行動，藉著身體的語言及公開的宣認，敬拜耶穌乃神的兒子。[19]

耶穌平靜風浪

這是耶穌所行神蹟中，一個征服自然界力量的個案，顯出了祂是自然界的主（太八23～27；可四35～41）。

耶穌起來，斥責風和海。[20] 祂以其充滿權能的言語，使狂風巨浪大大地平靜了。觀此，人所懼怕的，自然界的無窮威力，祂都能征服。[21] 留意馬太福音八章27節作者表示，在場的人的反應是希奇，此辭早於馬太福音七章28節出現過，其是指眾人都希奇於耶穌的教導；如今同樣希奇於祂的神能：這是怎樣的人？連風和海也聽從他了！眾人都因而瞠目結舌，讚歎不已。

兩度餵飽成千上萬的人

馬太福音十四章13至21節，馬可福音六章34至44節，路加福音九章10至17節及約翰福音六章1至14節都記錄了耶穌在加利利某個野地，以五餅二魚餵飽男丁約有五千人的羣眾。繼而，當耶穌在外邦之地工作時，他再以七個餅和幾尾小魚餵飽聚集的羣眾，而其中男丁的數目約有四千（太十五32～

38；可八1～9）。事實上，福音書的兩位作者把兩個類似的個案都記述下來，旨在表明耶穌同時顧念猶太人和外邦人的需要，可見祂的救恩，也同時臨到外邦人，即普世人類。

留意馬太福音十四章20節作者表明：他們都吃，並且吃飽了；即餅和魚完全滿足了羣眾飢餓的需要。作為目擊者的作者更表示剩下的零碎收拾起來，裝滿了十二個籃子。也許，十二反映了十二位門徒參與了這收拾的行動，即每人提一籃子。[22]籃子的容量約有十公升；[23]十二籃子即一百二十公升的食物，數量頗為驚人。[24]至於在場羣眾的數目，是除了婦女孩子，約有五千（太十四21）。這數目大概是眾門徒數算而得。作者如此說是要表明，這無疑是一項神蹟。耶穌違反了自然界的常規，以極少量的食物，使極大數目的飢餓羣眾得飽足，還餘下極多的食物。由此可見，祂不只是先知，而是自然界的主，是神的兒子。

咒詛無花果樹

耶穌在聖城耶路撒冷的最後一週，只有這一個神蹟清楚地記錄在符類福音裏，[25]馬可福音十一章12至20節卻以一夾敍的方式記錄：即耶穌咒詛無花果樹是在到達耶路撒冷的第二天早上，門徒發現樹的枯萎是在第三天早上。但馬太福音二十一章18至19節則是咒詛和枯萎同時發生，因為樹的枯萎是即時的。可見作者是把事件濃縮而表述之，一方面以能從速引入下文耶穌教導門徒的主題，另一方面也聚焦於耶穌那舉世無雙的神能，祂是自然界的主。再者，在耶路撒冷的最後一週中，第一天耶穌基督潔淨聖殿，表明猶太教把父神的殿變成賊窩，實在非常過分（太二十一12～13）。第二天祂更藉著咒詛無花果樹，表明猶太教已病入膏肓，無可救藥，在屬靈上已全然崩壞，留下的只有神對之的審判。可見耶穌是舉世無雙的，從神而來的使者。祂全然代表神說話和宣判；祂是神的兒子。

從魚口取錢交稅

此個案是馬太福音獨有的經文，記錄於十七章24至27節，是關於耶穌和門徒要納猶太人丁稅的問題。[26] 這裏的背景是在公元七〇年聖殿被毀之前，猶太人設立了一傳統，便是所有男性猶太人（從二十至五十歲）每一年都要納丁稅。[27] 其目的主要是支持聖殿的維修和日常運作，[28] 亦有愛國愛族的象徵意義。[29]

留意馬太福音十七章25至27節乃耶穌和彼得的交談。在結束時，耶穌表示祂也贊成要納此稅，[30] 但稅款從何而來呢？在此，耶穌指示彼得：你且往海邊去釣魚……開了牠的口，必得一塊錢，可以拿去給他們……。一塊錢其幣值剛足夠付耶穌和彼得二人要納的丁稅總額。[31] 關於耶穌的做法，學者塔爾伯特（Charles B. Talbert）指出，其是有先例可援的。按公元前五世紀的作家希羅多德（Herodotus）的記述，有一人把指環拋入大海中許願，但在一星期後，在他晚餐的桌上放著的魚的口中，竟重現這指環。[32] 當然，耶穌此舉也許亦暗示了他們這小羣沒有多餘的錢付這稅額，生活頗為拮据。[33]

總而言之，馬太福音的作者記下此個案，其目的是要表示，只要彼得按著耶穌的指示而行，所釣到的魚，其口中便有剛足夠的錢銀交稅，這不單表明神的供應是神奇和充足的，更顯出耶穌那超然的預知能力；耶穌實乃神的兒子。

其他的神蹟奇事

在世的耶穌行了無數醫病和趕鬼的善行，[34] 特別是一些根本是不治之症的（如大痲瘋〔太八 2 ～ 4〕、生來是瞎眼的〔約九 1 ～ 7〕及嚴重婦女病〔太九 20 ～ 22〕等），祂也能即時醫好。在醫病中，最觸目的，自然是使死人復活。在此，祂曾使管會堂睚魯的女兒從死裏復活（太九 23 ～ 26），又使拿因城一寡婦的女兒死而復活（路七 11 ～ 17）。[35]

至於趕鬼，要留意的是，被趕的鬼其實知道耶穌是誰，更高叫耶穌是至高神的兒子耶穌，並且拜祂（可五 7）。更值得留意的是路加福音十一章 20 節耶穌揚言：我若靠著神的能力趕鬼，這就是神的國臨到你們了。耶穌以神能把鬼趕出，是因為祂本人是神國的王，既然神國的王已臨幸世間，神的國也在人間。再者，這神國的王能把邪靈污鬼趕逐，表明在這場屬靈力場爭奪戰中（power encounter），祂是得勝者，盡顯祂是滿有神能的主（見太十二24～29），祂是神的兒子。留意馬太福音九章33節羣眾對祂所行神蹟的反應：眾人都希奇，說：在以色列中，從來沒有見過這樣的事。耶穌所行的，既奇幻亦真實，可說是前無古人，後無來者。

19 先知耶穌廣收門徒，為真假先知定調

19.1 祂呼召門徒

一如舊約先知以利亞和以利沙，耶穌也廣收門徒，跟隨祂的人眾多。祂很早便呼召四位門徒跟隨祂（見可一 16～20）。留意其實耶穌所呼召的門徒，不少來自施洗約翰的跟隨者。當施洗約翰還未下在獄中，他遇見耶穌時已多次向自己的門徒極力推薦耶穌；門徒也因而跟從了主（見約一 29～42）。

稍後，因著福音工場的需要很大，耶穌便擴大了門徒的陣容至十二位，他們的名字都一一記在符類福音的冊上（見太十 2～4；可三 15～19；路六 14～16）。耶穌還親自培訓門徒，以身作則地示範，並且給他們權柄傳道，目的是要他們傳承祂的福音工作（見太十 1～42）。[1]

在此，值得留意馬太福音十章 2 節及路加福音六章 13 節把

門徒改稱為使徒。使徒原文的意思是被差出的一位，[2] 用作指一個被差出去的人，代表著差他的人，帶著差事，為差他者完成任務。由此可見，耶穌早已有計劃要把門徒訓練成一羣能傳承祂使命的使徒。

接下來，路加福音多次描述了當時的人如何殷切地追蹤耶穌，甚願成為祂的跟隨者，且看以下四段經文：[3]

（1）路加福音八章4節表示：許多人聚集、又有人從各城裏出來見耶穌。

（2）在往耶路撒冷的路上，路加記載了耶穌在差遣十二門徒傳道之後（路九1～6），更差遣了七十（或作七十二）位門徒傳道（路十1～20），[4] 可見當跟隨主的人愈多，耶穌便能從中挑選更多適合的人成為門徒，培訓他們，擴充祂的傳道團隊，加乘事奉的力量。

（3）路加福音十四章25節有言：有極多的人和耶穌同行；足見耶穌的門徒眾多，數目是數不過來的。

（4）路加福音十二章1節揚言：這時，有幾萬人聚集，甚至彼此踐踏。此言固然誇張，但作者的用意是明顯的：耶穌的出現及其講學極具吸引力，跟隨耶穌的人數也極多。

然而，先知耶穌那吸引人之處，並不是祂的優雅才情，而是祂生命裏那踴動著的強大屬靈能力，所散發出的一股非比尋常的屬天魅力所使然。

19.2 論真假先知

自耶穌升天而去後，新約教會出現了作為教會領袖的先知。[5] 而教會是建造在使徒和先知的根基上（弗二 20；又四 11）。此言表明教會的教理和倫理，是按著使徒及先知的教導得以建立及堅立。這是因為使徒和先知，按定義論，都是傳講神啟示的人。要成為使徒，條件主要有二：(1) 其是跟隨在世的耶穌，作主的門徒者，這些人親自得著主的教導，盡得耶穌的真傳。(2) 其是主從死裏復活的見證人。換言之，使徒必須是主復活後顯現的目擊者（見徒一 21～22）。

至於作先知的資格，主要來自馬太福音七章 21 至 23 節耶穌基督的教導。這裏的脈絡是在登山寶訓結束前，耶穌教導門徒羣體如何辨別真假先知（太七 15），教導的重點主要有三：

第一、其必須與主耶穌有個人的、美好的關係。留意馬太福音七章 22 至 23 節耶穌的教導：當那日必有許多人對我說：「主啊，主啊，我們不是奉你的名傳道，奉你的名趕鬼，奉你的名行許多異能嗎？」我就明明的告訴他們說：「我從來不認識你們……」。由此可見，真先知必須是主所認識，即其與主有美好的關係者。

留意在舊約，要成為先知，其必須有神的靈的感動，新約的先知亦然。在此，約翰福音記錄了聖靈的工作——聖靈是要為耶穌作見證的，並且使門徒想起在世耶穌所教導的真理（約十六12～14）。[6] 換言之，聖靈的工作，是以基督為中心的（Christocentric）。按此了解，先知若真的有先知講道的恩賜，其必然是靠著聖靈，即是活在主裏面。換句話說，新約先知與復活主之間有著緊密的關係，他們能明白主的心意，從而發言，實踐先知講道的恩賜。

那麼，先知的講道也必然是以基督為中心的。經典的例子如啟示錄中的預言。啟示錄的作者於一章1節已表明其乃耶穌基督的啟示。作者更直言，他是要為耶穌基督作見證的（啟一2）。到了作者見異象時，異象的中心人物是一位像人子的，即是復活的主耶穌（啟一12～20）。繼而，便是由復活主發信給亞細亞的七所教會（啟二～三章）。

稍後，在四至五章的天上敬拜異象中，其焦點人物是被殺的羔羊，即是死而復活的耶穌基督（啟五5、12）。到了預言末世的災難，打開印之災時，有權柄揭開印之謎者，便只有這位被殺的羔羊（啟五2～5，六1，八1等）。

第二、其教導必然與在世耶穌的教導一致。一如上文所指出的，舊約先知的教導必須與摩西律法一致，新約先知則以在世耶穌基督的教導為秤杆，因為摩西五經及耶穌的教導二者同是神的啟示，而耶穌基督的啟示，更是啟示的終極（來一1～2）。[7] 這便是耶穌在指出假先知的問題後，在馬太福音七章

24至27節以房子與磐石為比喻所要帶出的意涵，且看以下的節錄：所以，凡聽見我這話就去行的，好比一個聰明人，把房子蓋在磐石上；雨淋，水沖，風吹，撞著那房子，房子總不倒塌，因為根基立在磐石上。（太七24～25）

說到底，新約先知的預言，必定是以耶穌基督為中心的。

第三、其必須有美好生命的見證。馬太福音七章16節耶穌表明辨別假先知的方法，便是憑著他們的果子，就可以認出他們來。這是一項倫理上的測試。留意約翰壹書中亦有表明，測試敵基督者的靈（即假先知）的方法，便是看其是否有愛弟兄的心（約壹四7～21）：愛神的，也當愛弟兄。換言之，與神有美好關係者，即愛神者，其生命必然結出愛弟兄的果子來。[8]

按以上的分析，先知耶穌為日後出現的，新約教會中的先知釐清條件，為真假先知定格，因祂是全能的先知。

| 末了的話 |

言行一致，有德有能

言行一致的耶穌

福音書中所描寫的耶穌，祂的先知身分及其信息是並濟的。祂不單成就了先知的工作，同樣重要的是，祂每次出現都大大散發著內在生命強大的屬靈氣場。祂教導時的氣勢，人格的屬靈魅力，撼動當代一切跟隨祂的人。正如馬太在登山寶訓後所形容的：眾人都希奇他的教訓；因為他教訓他們，正像有權柄的人，不像他們的文士。（太七 28～29）耶穌那閃耀的生命在此表露無遺。

說白了，先知耶穌其實是神的兒子，祂在世承擔起先知的角色只是暫時的。因為那審判大日來到時，祂將以王者的身分強勢駕臨世間，執行祂在世曾預言的末世大審判。也因此故，在世的耶穌以先知身分所發出的預言，必然一一實現。

當然，耶穌必須要是先知，並藉著祂的權威之言、先知的能力和魅力，才能在有如一潭死水的第二聖殿猶太教主義中，掀起一股信仰更新的熱潮，衝出巴勒斯坦，席捲羅馬全國，讓這信仰遍地開花，在當代的大小城市，[1] 建立起新約神子民的羣體：教會。

留意昔日先知所帶來的影響，是與他們的信息和為人有關的。例如耶穌基督曾表示自己將捨命救贖罪人（太二十 28；可十 45），更三次預言自己快將遇害，受苦受死，並且被釘在十字架上（太十六 21，二十 17～19，二十六 1～2）。接下來，祂本人便勇毅地朝耶路撒冷進發，慷慨就義，成就了祂所預言的。耶穌言出必行，祂說得出，做得到。耶穌言和行的配合，到了天衣無縫的化境，因而對世界發揮了具大的影響力。[2]

有德有能的傳道者

當今的教會，作為新約神子民的羣體，已處身於末世。教會被賦予以先知講道的恩賜（林前十四 1）。時至今天，此恩賜的運用，便是準確地詮釋聖經的教導，然後切合時宜地應用於當下，時而提醒信眾，時而指責世人。要達到此境界，作為傳道者必須要融通聖經的教導和這世代所面對的種種錯綜複雜的問題，清楚明確及滿有權威地宣講真理。與此同時，傳講者的生命，也必須具備屬靈的氣質。靠著此內在生命的屬靈能力，表裏一致地活在當下，説到做到。

換言之，只要傳道者出現在任何場所，他的出現已在發放著信息。由此可見，傳道者（messenger），與其所傳的信息（message），有不可分割的關係。

在此一提，我國的聖賢孔子，在學問上，他滿腹經綸；在品德上，他活得高尚。他曾表示：「君子恥其言而過其行」。意思是作為君子者，若自己所説的話，過於自己所能做到的事，這是極為羞恥的；可見言出必行、言行合一的重要。孔子一生，並沒有任何著作，但是其弟子卻因受其學説和品德影響，編撰了他的言行錄《論語》，可説是立言立德，他後來更被譽稱為「萬世師表」。

説到底，我們必須不斷地效法基督，持續地心意更新變化，讓內在生命不斷地成長，以成為一「有德」亦

「有能」的傳道者，才堪稱得上是大能的時代先知。我們稱這種事奉模式為「生命的事奉」。這種事奉模式的特點，就是為自己和別人構建紮實的生命工程（見林前三10～15）。

靈思小品

完美的耶穌，跨界別高手

在細察耶穌基督那奇妙的一生後，我們有此發現：跨界別的耶穌，是我們活一個優秀人生的典範。

耶穌是君王、神子和人子、全能的先知等。稍後，我們更會論及祂是絕世的拉比、新的摩西、末後的亞當和升上高天永活的大祭司等。祂承擔了多重角色，跨越多個界別，堪稱跨界別高手。也許，這便是祂對門徒說：你們要完全，像你們的天父完全一樣（太五48）的意涵。

畢竟，我們都不是完全人，儘管是盡洪荒之力，窮盡人生，也不可能達至完全的化境。然而，基督此言是要為我們設定人生目標，藉此效法耶穌基督（作為一完全的人），刻苦經營，朝著完美人生的目標迤邐而前。完全所指的，無疑是在生命質素上，即道德品行上的完全；我們要追求基督的聖潔、公義、慈愛和信實，活一個品德高尚，散發著屬靈魅力的人生。觀此，生命不斷地成長是必然的。

既然完美的人生在降世為人的耶穌身上得以實現，祂活在世上的一生，便是我們成長的教室，是我們學效的榜樣。換言之，我們可以靠著主，學習有如在世的基督跨越界別，建構強大優質的生命，為要達成人生的使命，好榮耀父神。

有一次，香港基督教播道會恩福堂的男士團契舉行了一個講座，名為「真男人本色」。在其宣傳的單張上還附以分題，是為：「丈夫的角色」、「父親的角色」、「職場的角色」、「社會的角色」、「屬靈的角色」等，可見當今之勢，弟兄們要充當多重的角色；此講座便是為此而設。

以下兩個真實個案，表明了我們雖然平凡，但學習跨界別是可能，也是可行的。

實例一：舍弟本是讀化學工程的。畢業後，他加入了加拿大一石油公司。後因工作的需要，他修讀電腦，後成為電腦工程師；稍後又因工作的需要，開始管理公司內的各項目及成員。如是者，他最少跨越了三個界別：化學工程師（chemical engineer）、電腦顧問（computer consultant）和行政管理員（administrator）。

實例二：筆者作為傳道者，早年於南美宣教，學習跨文化服事，是宣教士（missionary）。後來在加拿大及香港牧會，教導聖經及傳講真理是其重頭戲。要做好這門功夫，修辭技巧、教學法及表達能力等都需要勤加學習。再者，在教會裏事奉，人際關係的藝術，溝通的技能及建立團隊等也是不可或缺的。牧養羣羊也涉及輔導的技巧；領導信眾也需要對行政管理有一定程度的認識。簡言之，要作稱職的傳道者（如主任牧師）領導教會，筆者必須跨越多個界別：演説家、輔導員和行政主管等，以能成就這項職事。

悠悠人生，大有可能不會整輩子都停留於某一個行業內，隨著神的帶領，在不同階段，我們都必須努力地學習和經營，以能敬業樂業，活一個充實的生命。記緊我們是天國的子民，也同時是地上的國民（這裏已跨越了兩個界別），二者都要積極地投入，才堪稱忠心的好管家。

説實話，我們活在一個界別模糊的年代，許多行業都常常涉及多個界別的技能。在高度競爭的氛圍下，要成為箇中高手，必須通達於不同的界別。

有人説，在這高度競爭的年代，優秀是不足的，我們還要卓越，活得出眾。

蘋果公司的創辦人喬布斯（Steve Jobs）有言：求知若飢，虛心若愚（stay hungry, stay foolish）。端此，我們的取態便是：以努力不懈為常態，好學不倦為習慣，正如耶穌在登山寶訓裏教導的八福之首項：心靈貧窮的人有福了。（太五3，《和合本2010》）

簡言之，我們的心靈必須常處貧窮的狀態，要常以自己為不足，努力地經營此生。

以下是一些建議，能幫助我們學習跨界別這門功課：

一、始於精通於自己本屬的界別。近代出現了被稱為「斜槓族」(slasher)的工作者。他們大都是年青一代，不甘心在大學畢業後，便只投身於一個行業，並且以此終老。這並不是他們的夢想，也限制了他們的才華。於是，他們決定同時兼顧多樣不同性質的工作。這樣，他們便能更自主，更有空間地發掘和發揮所長，變成一個多才多藝的人，不用為生活而卑躬屈膝，過著身不由己的生活。

然而，要能突圍而出，成為一具風雅才華的「斜槓族」，必須要努力不懈，不止息地學習。畢竟，世間上沒有任何收穫是容易的，成功不能只靠燃燒四分鐘的熱情。人必須有堅定的意志，在自己工作上力求進步，全力以赴地經營，才能揮灑自如地發揮自己所擅長的，貢獻社會及教會。然後，這人便可按著需要和興趣，把儲存下來的智慧和能力轉移，再賦予深度的學習，成功地闖入另一個界別的領域。

舉例說，筆者本是傳道人，後因神的帶領，有機會教神學。作神學院老師與傳道人之間，存在著很多共通的技巧(如教學法)。後來在神的開路下，有機會參與文字工作。事實上，寫作與教神學及作傳道人在基本技巧上也有很多共通點(如語文能力)。換言之，所跨越的界別都應該有某程度的關連，此做法既能省時省力，還能因著界別間的互通，加乘果效。

當然，這並不表示，單憑著一些共通點，我們便能成為各門的高手。要精通其他界別，則需要藉著大量閱讀有關的書籍、進入有關的學堂多加學習、從與別人交流中得著心得、甚至要放下身段，成為學徒汲取經驗等，才有所成。要做到這樣，則要保持心境的年輕，對新鮮事物充滿好奇心，熱愛生命，敢於嘗試，勤快地學習。持之以恆，必有所成。

二、自律而專注地學習。一如上文所言，有了跨界別的目標，便要努力地涉獵有關的資料。這些資料，如果沒有經過深度思考，便不能成為有用的知識，有效地幫助自己進入另一界別中。

舉例說，筆者曾於南美宣教凡四年，由於人手短缺，每主日都要講道。換言之，環境使我不能不專注於講道這學問。回想起來，這是一項很好的操練，而後來當筆者回到香港，在建道神學院任教時，學院安排筆者主教講道法。為了要教好這學科，單憑過往的經歷是不足的。筆者惟有涉獵有關講道法的書籍，然後再與原先已有的講壇經驗融通，如是者筆者便教了十年的講道法，累積了不少經驗。繼而，當筆者離開學院後，學院還邀請筆者續教講道進深班。與此同時，筆者也開始寫作，把教學的筆記，與其他相關的資料整合成書。這時筆者已有一定程度的語文能力，再加上不斷地進修、閱讀、仿效、深思和改良，寫作能力日益提升，文筆尚算流暢明快，措辭也趨細緻精準。如此，我便跨越了三個界別，是傳道者、神學院老師及作家。

在此，默想是重要的；我們必須安排時間作深度的思考。

事實上，對比起人的潛能，我們日常腦部的運作，只可說是處於半醒狀態。要把蒐集回來的資料，轉化成有用於某界別的知識，當中是需要時間沉澱的。有時，我們有必要把自己的思維，泡浸在一便於思考的氛圍中。這樣才能進入深度思考的狀態裏。在進入這種狀態時，我們會經歷「忘我」，即忘記所處身的時空，甚至廢寢忘餐，但內心思想倒是不斷地流轉和踴動，最後使知識得以整合，意念得以整固。

整合和融通是一個知識內化的過程。深度的內化要經過歲月的磨礪，透過不斷地退修、習練和實踐，才能得心應手地運用於各界別中。

反省

作為信主的人，我們的目標是：盡可能追求一個靠近完美的自己。我們可以從跨界別的操練中有所領悟。活一個完美的生命，不是為了揚威自己，而是為了成全主的託付。

說到底，我們每一天努力、銳意地經營，是為了要活一個最好狀態的自己，發揮天父給我們的天賦，不枉此生。

靠著主的靈風，我們才能迎風而起，如鷹展翅上騰，從而活一個強大的生命。

| 禱告 |

主啊，生命是一所流動學堂，祢要我學習的地方多的是，但求主使我感應到祢是與我同在同行的，使我有信心迎難而上，活一個豐碩的人生。

第四部附錄二 | 舊約先知的研究（一）：舊約的巡禮

先知的出現，實有悠遠長久的歷史。要明白耶穌作為大能先知這被當代人所公認的身分，我們有必要從神創造人類這羣體的事件開始說起。

從上古說起

人被賦予神的形像，而亞當的犯罪，則使其形像受到極大的虧損，但也不致完全失去其功能。墮落的人類仍富宗教性，在其心靈底處潛存著尋找生命真相和認識造物主的可能，一如保羅於羅馬書一章19至20節所言：神的事情，人所能知道的，原顯明在人心裏，因為神已經給他們顯明。自從造天地以來，神的永能和神性是明明可知的，雖是眼不能見，但藉著所造之物就可曉得，叫人無可推諉。

大衛的詩章（詩十九1）亦有言：諸天述說神的榮耀；穹蒼傳揚他的手段。

值得留意的是，按古代近東的文化，[1] 人們相信世間所發生的任何事，包括氣候的變化、國家的興亡、君王的交替、個人的運程等，都由天上的眾神明所主宰。[2] 而天上的眾神明（古代近東的文化相信多神教）組成了天上議會（heavenly court），[3] 其藉著開會的議決，命定人世間的事情。[4] 正因有此理解，活在世上的人自然很想知道天上神明的想法。如是者便出現了一些被看作為神人（divine man）的人物，擔當了神與人之間的中介角色。[5] 他們有通靈的本領，人若有提問，可藉著他們轉告神明，神明亦藉著他們回覆求問者。這樣，人便能趨吉避凶，順天命而行，得著平安，活得舒坦。

如是者，上古及古代近東一帶，都出現了以上，或是類似的靈媒。[6] 這些地區包括了小亞細亞，[7] 埃及（博士和術士，他們是行法術和用邪術的，見出七 11），巴比倫（術士，用法術的，行邪術的，見但二 2；結二十一 21～22），亞述及迦南地各民族（如非利士人的巴力先知，見王上十八 19；又賽二 6；撒上六 2，二十八 7～9；耶二 8，二十三 13；摩押人如巴蘭，[8] 見民二十四 4～5）。[9] 由於迦南地這些類似先知的靈媒，已普遍地流行於其宗教祭禮中，其對日後進入迦南地的以色列人來說，自然構成了莫大的影響，例如假先知的湧現。[10]

這些靈媒，在不同文化中有不同的稱號，如回答者（answerer）、[11] 傳講者（proclaimer）、[12] 啟示者（revealer）、[13] 聖使、神師、巫師、占卜師、博士和術士等。他們所採用來求問神明，或是與神明溝通的方式可說是各施各法。最常見的是占卜和觀兆，[14] 其他也有一些如祭祀儀式（如經火，把人獻祭）等。最引人注目的，便是其個人進入一極度激昂的情緒狀態中（ecstatic；或作「狂恍」），即一近乎瘋狂，失去自控能力的狀況。[15] 其特殊的身體語言表達（最常見是唱歌和舞蹈），[16] 使受眾相信他們已進入與神明相交的化境裏，也表示他們在異象中得著了啟示。然後他們便會用人的語言道出啟示（oracle，可稱為神諭），[17] 這過程顯得神祕莫名，往往使旁人震駭而信服。也因此故，這類靈媒都被大眾尊崇，享有極高的社會地位。

其中一個個案，在列王紀上十八章28至29節記錄了巴力先知的表現，[18] 他們情緒極度激昂地禱告和跳舞；且看以下經文的描述：他們大聲求告，按著他們的規矩，用刀槍自割、自刺，直到身體流血。從午後直到獻晚祭的時候，他們狂呼亂叫……。

以上所言，在在顯明了異教先知情緒激昂的極致，大有可能便是自殘。另一個典型個案，便是古希臘在哥林多城附近，有一名叫德爾非（Delphi）的名城。城中建有亞波羅神廟，廟內住有一出名的女法師，其能準確地預告求問者的運程，吸引千萬善信求問參拜。此舉為本建造在深山的小城德爾非帶來不少的財富。

然而，有文獻顯示，此女法師能夠進入一極度激昂的情緒狀況中，是因為廟內瀰漫著一些地下氣體，吸入之後，使人進入半昏半醒的迷幻境界。她的喃喃自語，內容其實難於明白，[19] 但在旁的祭司將其翻譯出來，以致善信能理解。然而在過程中，祭司們把所謂的神諭理順，譯文更杜撰得合情合理，信息變得靠譜，如是者便能瞞天過海，滿足善信的要求。[20]

以摩西為起點

至於耶和華神的選民以色列，亦有類似的現象和人物出現。[21] 當神揀選了這個民族，並且與之立約，使其成為祂的子民時，為了要保持溝通，把祂的心意向其表達，神便選擇了某些人物，成為中介。學者夏理遜（R. K. Harrison）指出，希伯來文先知一辭（*nāḇîʾ*），是有蒙召（called）的意涵。[22] 可見以色列出現先知，是指耶和華神呼召一些特殊的人物，成為祂啟示的出口。[23] 這些人物，最赫赫有名的首推摩西，一如申命記三十四章10節所言：以後以色列中再沒有興起先知像摩西的。他是耶和華面對面所認識的。

摩西不單是以色列民族的救星，堪稱為猶太教的創始人，他更被稱為神人（申三十三1；又詩九十篇的標題），因他蒙神揀選，與神有極度親切的關係。神藉著他把誡命傳給以色列人，他擔當如此重要的中介角色，被譽稱為先知是實至名歸的。[24] 留意申命記十八章15至19節是一極為重要的經文，其表明了摩西乃偉大的先知，而且，神在未來也將興起另一位先知，像他那樣偉大，且看申命記十八章15節摩西所言：耶和華——你的神要從你們弟兄中間給你興起一位先知，像我，你們要聽從他。

在此句之後，申命記十八章18節又再複述此主旨，其是出自耶和華神：我必在他們弟兄中間給他們興起一位先知，像你。我要將當說的話傳給他；他要將我一切所吩咐的都傳給他們。

以上所言，顯呈出以下的重點：

（1）在原文裏，先知排於句子前方，處強調位置。換言之，在以色列這民族中，將出現先知這角色，是來自耶和華神的心意。祂將藉著先知，把祂的心意傳達給其百姓。[25]

（2）先知是神興起的，意即是說，在有需要時，神可隨時興起先知為祂效命。[26]

（3）先知此角色，以摩西為範式；其映現了先知的信息和權威的可持續性，[27] 其主軸便是摩西的屬靈傳統。[28]

（4）先知所傳的信息，必須建基於摩西的教導，也即是摩西律法，一如摩西於申命記十二章32節至十三章5節所力陳的：凡我所吩咐的，你們都要謹守遵行，不可加添，也不可刪減。你們中間若有先知或是作夢的起來，向你顯個神蹟奇事，對你說：「我們去隨從你素來所不認識的別神，事奉它吧。」他所顯的神蹟奇事雖有應驗，你也不可聽那先知或是那做夢之人的話⋯⋯那先知或那做夢的⋯⋯要勾引你離開耶和華——你神所吩咐你行的道，你便要將他治死。這樣，就把那惡從你們中間除掉。

(5) 那在預言中，即在未來出現的先知，將是一位有如摩西這樣偉大的人物（單數辭）。其言下之意，這人物便是先知的極致。

換言之，以色列的先知都可被看為一預表，指向那理想先知的出現。按使徒行傳三章22至26節彼得宣講所言，這終極的先知便是耶穌基督。再加上在登山變像時，天上有聲音發出，表明這是我的愛子，我所喜悅的。你們要聽他！（太十七5）你們要聽他此言大有可能是呼應著上文申命記十八章15節的一句你們要聽從他。簡言之，耶穌基督乃最偉大的先知，祂深諳父神的心意，人必須絕對服從祂的訓言，因其是父神終極的啟示，一如希伯來書一章1至2節作者所力陳：神既在古時藉著眾先知多次多方地曉諭列祖，就在這末世藉著他兒子曉諭我們⋯⋯。

申命記十八章20至22節進一步表明，先知實有真假之分：若有先知擅敢託我的名說我未曾吩咐他說的話，或是奉別神的名說話，那先知就必治死。此言是要警告神的子民，假先知必然湧現。事實上，日後假先知經常出現於以色列人中，其目的是要嘩眾取寵而利己。然而，真先知以摩西為範式。[29] 換句話說，真先知所傳講的，必然與摩西所教導的一致，如果言及預言，也必然應驗（申十八 22）。

此外，申命記十八章 9 至 14 節清楚地嚴禁以色列人，不要學習外邦各族那些邪惡的、用作通靈的祕術：……你們中間不可有人使兒女經火，也不可有占卜的、[30] 觀兆的、用法術的、行邪術的、用迷術的、交鬼的、行巫術的、過陰的。凡行這些事的都為耶和華所憎惡；……耶和華——你的神從來不許你這樣行。[31] 因此，以色列人務要把這些外族人全數趕走，以免受不住煽惑，染上惡習，後果堪虞。

事實上，後來以色列出現的先知，都同樣對以上摩西所禁止的行為加以責備，其中如以賽亞書八章 19 至 22 節及瑪拉基書三章 5 節。且看耶利米書二十七章 9 節的一句：至於你們，不可聽從你們的先知和占卜的、圓夢的、觀兆的，以及行邪術的……。

由此可見，自摩西以後，以色列嚴禁一切流行於異族文化的通靈方式，視這些頹風敗俗為洪水猛獸。[32] 總的來說，以上摩西所言，為以色列人的先知角色及其職事，釐定嚴謹的屬靈及道德要求，為之建立紮實的基礎，真可說是一錘定音了。有見及此，無怪乎學者傅理曼（Hobart E. Freeman）有曰：「以色列在進入巴勒斯坦前，就已擁有自己的先知制度。」[33]

簡言之，以色列人的先知角色及制度，其本源是來自自身的信仰。

撒母耳及以色列的王朝

從摩西到以色列進入王國時期，中間並沒有出現太多先知，例外的如底波拉，是位女先知（士四4）；又士師記六章8節言及神派出了一位隱名的先知。直到撒母耳的年代，在撒母耳記上三章20節清楚記明耶和華神立撒耳母為先知，他更被眾人譽稱為神人（撒上九6、8）。[34] 留意撒母耳記九章9節提及先知又可稱為先見（seer），撒母耳亦自稱是先見（見撒九19），[35] 先見此字強調了其有屬靈的透視力，能明白神的心意。[36] 在此，以色列人要求撒母耳為他們眾人立王，好統領他們，同心抵抗外敵（撒上八4～5），雖然撒母耳不贊成此措施，但在耶和華神的允許下（撒上八19～22），他終於膏立掃羅為首任君王（撒上十1）及大衛繼位為王（撒上十六13）。按使徒行傳三章24節及十三章20節的授意，以色列的先知，作為一大體系，是以撒母耳為始。換言之，在世的撒母耳建立起先知制度，使先知成為一個像祭司那樣的固定角色，融入以色列的體制中。當然，此舉措不會是橫空出現的。其出現的原因可能有三：

（1）撒母耳眼看自己兩個作為祭司的兒子，在能力和品行上都相當不濟（撒上八1～3），故希望建立先知制度以填補這屬靈權力的真空。

（2）以色列人與外族爭戰，事前需要先知傳達神的信息，決定出戰還是休戰。[37] 可見培訓先知，有助戰情。

（3）撒母耳恐怕君王濫用權力，在屬靈上離開神和在政策上魚肉人民，故希望藉著先知勸諫他們，制衡王權。[38]

由此可見，在以上的國情下，自撒母耳開始，先知學校便應時而生，培訓一羣有能力的人士，成為先知門徒（此稱呼見王上二十 35、37），讓他們成為有能的先知。[39] 經典的例子如以利亞培訓以利沙（見王上十九 19～21），以利沙門下亦有一羣門徒跟他學習（王下二 15，四 1，六 1，九 1），其數目多達上百人（王下四 38、42～43）；其中一位門徒更被稱為少年先知（王下九 4）。由此可見，這時的先知培訓已走上軌道，並頗具組織和規模。先知門徒的作用，一方面是傳承老師的職事，[40] 另一方面是為老師及整個先知羣體提供支援，使這小眾能牢靠地佇立於以色列社會大眾之中。

培訓的內容大概是作為老師的先知，透過言教和身教，以身作則。事奉以教導為主，內容大概包括詮釋摩西的律法，了解其重要性和意義何在，並如何將之應用在實際的生活裏，[41] 還有要理解以色列人所奉行的禮儀和祭祀舉措的背後意涵等等。[42]

由於以色列的先知不是君王所策立的，故其不受君王和以色列的禮儀框架所掣肘，能獨立自主地按著耶和華神的心意發言。[43] 留意在以色列日後的國情中，先知常出入宮廷，與君王結成伙伴，對其國策和行為提供意見，甚至提出警告。典型的例子如先知拿單之於大衛王（撒下十二1～23）；示瑪雅之於羅波安王（王上十二22～24）；以利亞及米該雅之於亞哈王（王上十八～十九章，二十二15～17）；女先知戶勒大之於約西亞王（王下二十二1、14～20）；以賽亞之於亞哈斯及希西家王（王下十九2、5～7、20，二十1；賽七3～17，二十七1～7）；耶利米之於西底家等南國猶大的末代眾君主（耶十三18～19，二十一3，二十二1～2、24，三十七～三十八章）等。乍看下，他們好像成了宮廷內的政治家，積極參與政務國策。但實際上，他們只是關心國家和民族，為國家的決策人——君王提供屬靈意見而已。[44]

簡言之，對以色列整個民族而言，不論是君王還是百姓，在他們處身危難之際，神就興起了眾先知，不單成為以色列人在信仰和生活上的忠虔者，也成為個人聖潔和社會公義的吹哨者——殫精竭慮地呼喚著君王切勿專橫弄權，以為靠自己的謀略及軍力，便能安內攘外。先知提醒以色列，君王必須回轉，尊耶和華神為至高者，為真正的大君王，按著祂的心意行事。[45]再者，以色列全民亦要悔改，忠虔篤敬地堅守與耶和華所立的信約，才能倖免於神的審判，並持續經驗恩約中耶和華神的祝福。由此可見，先知們並不是要破舊立新，他們只是作為屬靈復興者，勸説族民回歸於耶和華神。[46]

第四部附錄三 ｜ 舊約先知的研究（二）：先知的功能

對於以色列人出現了先知此角色的現象，我們歸納如下：

第一、先知的出現，是由神採取主動，[1] 呼召某人成為先知（見出三 1～四 17；賽六 1～8；耶一 4～10），作祂啟示的出口，寄語給祂的子民百姓：以色列人。在此，留意阿摩司書三章 7 至 8 節的力證：主耶和華若不將奧祕指示他的僕人——眾先知，就一無所行。獅子吼叫，誰不懼怕呢？主耶和華發命，誰能不說預言呢？

先知蒙召後，其生命得著重鑄，他本是一個普通人，如今卻「屬靈變身」，成為神的代言人，滿有能力。自此，他成了一能者，被授予屬天的使命，從神那裏得著信息，傳送給族人。[2] 一般而言，先知蒙召的過程如下：

（1）神採取主動，向先知啟示。例如耶和華藉著燒不毀的荊棘，吸引摩西，然後呼喚他的名字（出三 2～4）。

（2）先知自言無能，表示不願意領受召命。例如摩西推說自己沒有口才，不能說服其族民（出四 10；又耶一 6）。[3]

（3）神排除其憂慮，先知惟有放下糾結，從而順服。例如神答應給予摩西口才，並賜亞倫在這方面助他一臂之力（出四 12～17；又耶一 7～9）。

（4）神說明了先知的使命。例如神特派以賽亞向以色列百姓傳講審判的信息（賽六 9～13）。

（5）先知成了耶和華的僕人，奉祂的名傳講信息，一如以西結書三十八章 17 節所言：主耶和華如此說：我在古時藉我的僕人以色列的先知所說的……。（又申十八 19～20；王下十七 23，二十一 10～12，二十四 1～3；耶二十六 12、15）[4]

先知所傳講的，多有責備，甚至會預言國族的滅亡和受罰；這等言論可被定為叛國罪，此乃大罪，其可致死。端此，先知在傳講時必定表明，這是耶和華神的心意，而不是先知本人的意思。正如耶利米書一章 9 節的一句：於是耶和華伸手按我的口，對我說：我已將當說的話傳給你。繼而，耶利米書一章 11 及 13 節重複出現耶和華的話……臨到我此公式，旨在表明此乃耶和華神對先知耶利米的呼召，也表明先知成了神話語的出口。

如果先知仍要因而受罰被殺害，便是流了無辜人的血（耶二十六 14～15）。儘管如此，先知也受迫害。最典型的例子便是以利亞被亞哈王及王后耶洗別所追殺（王上十九 1 ～ 3）；又祭司耶何耶大的兒子撒迦利亞痛斥以色列人的背道，事後卻在聖殿被王所教唆的羣眾以石頭砸死（代下二十四 20 ～ 22）。

第二、先知受感，必然有神的靈的工作在其中（見民十一 29；撒上十 6；代上十二 18；代下二十四 20；結一 3，二 2，十一 5；何九 7；珥二 28），其情況是可以藉著神顯（如在異象中；賽六 1 ～ 13；結一 4、15；但七 1 ～ 2，八 1，九 21；亞一 8，二 1，三 1 ～ 10），又或者是神話語的默示等，不一而足。[5] 也許，一如學者馬修斯（Victor H. Matthews）所言，小部分的以色列先知是有情緒極度激昂的經歷，但大部分卻不是藉此而得著神話語的啟示。[6]

第三、在神的靈的感動下，先知的靈性和理性之敏鋭度會大大提升，以致能領受神的默示，明白神的心意。換言之，神把祂的心意，直接輸入先知的意識中，但先知並沒有因而全然忘我，[7] 否則，他又怎能把所領受的默示，藉著其腦中的記憶，經整合後向受眾傳達？這一點，與古代近東各族的眾靈媒，其進入情緒極度激昂而失控的迷幻境界中，是截然不同的。[8]

第四、按此了解，先知説預言，是出於神的感動，多於靠著自己的本領和才能，或者借助藥物而成。

第五、先知得著默示的情況，常藉著以下的一些措辭（看似公式）映現出來：

（1）萬軍之耶和華如此說，或者是耶和華如此說（摩一3、6、9、11、13，二1、4、6；該一7；亞一3；瑪三1、5、7，四1）。
（2）這是耶和華說的（賽二十五8；耶一8）。
（3）主耶和華如此說（結十三8）。
（4）耶和華的話臨到我說（結三16，十一14，十二1，十三1；珥一1；拿一1；番一1）。

在此，學者夏理遜說得好：「神話語的出現，是預設著聖靈的感動在其中。」[9]

第六、先知信息的內容，主要可分為三方面：[10]

（1）指責：在教義上，先知會指責神子民的背道，責備他們不再專注敬拜與他們立約的耶和華神。在倫理上，先知指責神的百姓倚靠外表的祭祀，多於從心裏遵從神的心意，恪守神的恩約。[11] 因此，先知所反對的，不是禮儀祭祀本身，而是司祭者及百姓內心的不濟，其以為只要外表恪守禮祭便可，但神卻要其子民存敬畏祂的心，在社會上伸張正義，同時更衍生憐憫人的愛心，此愛心便是要照顧孤兒和寡婦，[12] 正如撒母耳記上十五章22節所批示的：聽命勝於獻祭；順從勝於公羊的脂油。
（2）應許：在責備的同時，先知也宣告神審判的可能及速臨，[13]

神子民犯罪受罰，但只要他們願意悔改，神必重振其子民，把審判轉成祝福（賽五十二1～12；耶三十一21～40等）。[14] 換言之，神對子民的審判，不是清算，而是出於愛心的勸告，此乃避免咒詛、重獲福祉的正道。

（3）預言：範圍包括未來以色列國族及列國的運程，世界的結局，神的終極拯救及審判（賽六十五17～六十六24；結三十七1～三十九29，四十1～四十八35；但七13～27，十一40～十二4；摩八11～九15；珥二28～三20；瑪四1～6）。在此，先知們滿懷盼望，相信神藉著外族人管教其子民後，必然出現神子民的復興。欺凌神子民的異族必被重判嚴懲，神必為祂的子民，尤其是當中的忠虔者（即餘民）平反伸冤。

最值得留意的是，在預言國族的復興時，先知們都有一共識，未來將會出現一重要人物。先知以賽亞竭力地描繪一位受苦的義僕（賽四十二1～4，五十三3～12等）；但以理描述一位末世駕著天雲而來像人子的王者（但七13～14）；再加上撒母耳記下七章12至17節所描寫的，一位永坐在寶座上的，大衛的子孫等。只有這位末世性的，從神而來的人物，才能真正的復興國族。以上的預言，與申命記十八章15至18節所表明的——將有一位像摩西的先知出現，是為先知的極致——可說是不謀而合。端此，當耶穌基督出現時，初期教會便篤定，認為祂是以上眾先知預言的印證。[15] 觀此，舊約的眾先知發出了耶穌基督實現神永恆的救贖計劃的預言，真可說是居功至偉。

第七、先知的信息不單是針對時弊，在面對政治和宗教危機時作出指示，[16] 其也會為受眾指出危機。[17] 換言之，先知們高度意識到危機的存在，此乃常人所不察覺的，他們卻如實地，藉著各修辭技巧（如比喻、暗喻、詩歌模式，甚至喪禮中的哀悼），大力地吹響道德的哨子；更藉著一些出格的身體語言，繪聲繪影地活演危機，將問題放大，呈顯於人前，務求引起國民注意，提醒國人提高警覺。[18]

端此，神藉著先知們傳達啟示，批示國情民情，藉此提高神子民的危機感，從而回應神，產生改變。[19] 如此，先知便成為整個以色列民的良心。

先知的屬靈大度，使他們常懷著莫大的願景，其屬靈的視野使他們滿懷希望，勇毅地面對政治和信仰上的疙瘩，滿有信心地傳講未來有更多更好的可能（如結三十七 1～28；亞九 9；彌五 2、4～5）。[20] 這些慰惜之言，成為了被擄子民的心靈家園——那曾與以色列人立約的耶和華神，其慈愛和信實永不改變，祂必因著自己的聖名記念其子民。祂在管教之後必安慰，拆毀後必重建（見撒下七 14～15；但九 17～19），使祂得著榮耀。

在此，先知們向其族民呈顯出一個真正的屬靈大格局。

時間的長河湧流而前，到了公元一世紀，出現一份猶太文獻，[21]當中有一份猶太人歷代先知的名單，在介紹時包括了先知的名字、來自哪個地方和如何離世等。名單上的先知共有二十三位，當中包括寫作的先知共十三位（包括但以理），還加上沒有寫作的先知如拿單、以利亞和以利沙等。此名單反映了在猶太民族的眼中，先知有極為崇高的屬靈地位。

總括而言，先知們不以物喜，不以己悲。他們把焦點全放在國家和民族上。說白了，先知們是以色列族民屬靈格局的吹哨者，是以色列國族的牧者，是全民的良心。他們寄語所傳達的先知性信息，牧養全民。

| 第五部 |

耶穌基督:
絕世的拉比

20 拉比耶穌的介紹

20.1 被尊稱為拉比的耶穌

福音書中的耶穌，被尊稱為拉比（或夫子，即老師），在次數上與祂被譽為先知，可說是等量齊觀的。[1] 事實上，耶穌的教導實在出眾，並且極具權威，祂那真理教師的形像也深入民心。[2]

舉例說馬太福音以五篇篇幅頗長的論述，凸顯了耶穌那傑出的教導（太五 1～七 29，十 5～十一 1，十三 1～54，十八 1～十九 2，二十四 1～二十六 2）。[3] 書內其他的經段亦充滿了耶穌較為簡潔卻極其有穿透力的論說（太十一 7～19，十二 25～45，十九 23～二十 16，二十一 24～二十二 14，二十三 1～39）。在此，留意在第一篇論述（太五 1～七 29），登山寶訓結束時，在場聽眾的反應是：眾人都希奇他的教訓；因為他教訓他們，正像有權柄的人，不像他們的文士。（太七 28～29）換言之，人們都以耶穌為出色的文士，即真理教師。祂的教導鏗鏘有力，絕非當時任何猶太教的教師（即他們的文士）可攀比。

另一實例發生在耶穌在世的最後一週，祂來到耶路撒冷守逾越節。當時，猶太教的宗教領袖和黨派首領集結力量，全力以赴地與祂論戰，試圖藉著圍攻祂，使祂敗陣，好打擊祂的名聲，甚至找著藉口，在公會面前控告祂，但結果敗下陣來的倒是他們。到了最後的一戰，耶穌更反守為攻，以一舊約的聖經難題，大大難倒了他們（見太二十二 41～46）。羣眾的回應是：眾人……就希奇他的教訓（太二十二 33）；耶穌語驚四座，使圍觀者拍案叫絕。

作者表示，這場言語較量的結果是：從那日以後，也沒有人敢再問他甚麼（太二十二 46）。圍攻祂的敵人都被祂的磅礴氣勢所震駭而自動封嘴。由此可見，耶穌那智慧之言，遠遠拋離當代任何一位猶太教的領袖；[4] 祂堪稱絕代拉比。[5]

在結束全書時，馬太福音記下了耶穌所頒的大使命，這大使命的重點是：凡我所吩咐你們的，都教訓他們遵守。（太二十八 20）也許因著這需要，馬太福音的作者便寫下馬太福音全書，目的便是要把耶穌的教導，井然有序地記述，作為在世耶穌所教導的總其成，以致教會能教導下一代信徒關於耶穌的教訓。在此，耶穌那真理教師的角色顯露無遺。

整體而言，耶穌的教導充滿修辭技巧，更別出心裁。[6] 例如在遇到反對勢力時，祂便採用比喻教學法(太十三 13～52)；祂堪稱比喻高手。祂也常用格言(太六 24、34，七 1、6、12，十九 30 等)，內中充滿顛覆性的教導，旨在抗衡當代人錯誤的價值觀。祂善用拉比的誇張法，傳神地說出事情的嚴重性(如太五 29～30、40～41)。祂甚至採用希羅的哲辯，以深化其教誨，觸動聽眾的思潮(如太七 5，又太十六 13 一問一答的教學方式)。

繼而，拉比耶穌善用實物教材(如山上的花與鳥，見太六 26～30；聖餐中的餅和杯，見太二十六 26～29)，隨時隨地向跟隨者施教，[7] 祂的教室是流動的，任何事物都可以成為祂的教材。由此可見，作為一位出色的教師，耶穌教學時不單會教導天國的道理，其言辭還盛載著強大的屬靈穿透力。這樣，聽眾就能更容易清楚記得祂所教導的真理，歷久不忘。[8] 耶穌是出色的教育家。

20.2 | 智者的出生及成長

耶穌來自名不經傳的小鎮拿撒勒，[9] 正如拿但業的揶揄之言：拿撒勒還能出甚麼好的嗎？(約一 46)[10] 稍後，在聽聞耶穌的宣講後，猶太羣眾中亦有人質疑耶穌是否彌賽亞，其原因是：基督豈是從加利利出來的嗎？經上豈不是說「基督是大衛的後裔，從大衛本鄉伯利恆出來的」嗎？(約七 41～42)然而，就在這一個加利利的小城寡民處，這位拿撒勒人耶穌，卻閃耀著智慧的極致。這一點，正是新約正典四卷福音書所力證的。四卷福音書都把耶穌的一生，寫成一位舉世無雙的拉比。[11]

論及耶穌那出眾的教導本領，我們必須從祂的出生和成長說起。

有關耶穌的出生及成長的經文並不多。[12] 誠然，最關鍵的是，耶穌由童貞女馬利亞藉著聖靈感孕而生（太一 20；路一 35）。換言之，約瑟其實並不是耶穌的生父。按此了解，耶穌並沒有如世人一樣，從父親那裏遺傳人類始祖亞當的罪性。[13] 誠然，耶穌的母親馬利亞也是常人，其也帶有罪性，但她是因聖靈才懷孕，聖靈的大能和成聖的工作，使耶穌的意、情、智，都得以整全，不受任何罪性的影響。[14] 在此，留意路加福音一章 35 節天使向已懷孕的馬利亞的宣告：聖靈要臨到你身上，至高者的能力要蔭庇你，因此所要生的聖者必稱為神的兒子。

由此可見，耶穌生來便是聖者，即不受人類罪性所浸染，是神的兒子；這一切都是聖靈大能的作為。

也因為這樣，當耶穌滿十二歲上耶路撒冷守節時，祂的鋒芒已畢露，更是語驚四座。在此，路加福音二章 41 至 52 節可說是新約聖經中惟一的「耶穌少年事件簿」。

當時耶穌的父母帶著滿十二歲的祂上耶路撒冷去守節（大概是逾越節，見路二 41）。那時加利利的朝聖者人數眾多，祂的父母在守節後回家的路途上發現不見了少年耶穌。結果，作為父母的約瑟和馬利亞找了很久，才在耶路撒冷的聖殿裏找著祂。留意作者這樣形容耶穌：……就遇見他在殿裏，坐在教師中間，一面聽，一面問。（路二 46）

畢竟，只有十二歲的少年耶穌，竟然能夠躋身於教師羣中，與其互動及交談已不簡單。再者，一面問其意思大有可能是指耶穌已是如猶太的拉比般——因為拉比的教學法中常向其徒生發問，以啟導其思維。[15] 在此，華人新約學者鮑維均有言：「這裏路加並不是把耶穌描繪成一個謙遜受教的學生，而是一位滿有智慧的老師。」[16]

鮑維均所言，從路加福音的下文得著證實：凡聽見他的，都希奇他的聰明和他的應對（路二 47）；他父母看見就很希奇……（路二 48）；他〔耶穌〕所說的這話，他們〔耶穌的父母〕不明白（路二 50）。

其實，在這段經文的開始，作者已於二章 40 節表明，因著神的恩典，耶穌充滿智慧。而在這一段結束時，同樣表明耶穌的智慧和身量（指年紀），都健全地成長（路二 52）。在此，鮑氏說得好：「祂（耶穌）擁有從上帝而來的，獨有的智慧。」[17] 學者史田（Robert H. Stein）亦呼應著表示，作者路加藉此表明耶穌有超乎自然的智慧。[18] 也因為這樣，成長後的耶穌，[19] 其絕世的智慧，使祂的表現和教導也非比尋常。

21 耶穌是智者：祂的教導職事

成長後的耶穌，其事奉之始是接受施洗約翰的洗禮。那時，有聖靈如鴿子降在祂身上（太三16；可一10）。在此，留意路加福音四章1節的一句：耶穌被聖靈充滿，原文是「耶穌滿有聖靈」，稍後四章14節作者再言：耶穌滿有聖靈的能力。接下來，約翰福音三章34節亦有曰：神賜聖靈給他是沒有限量的。在舊約中，聖靈乃賜人智慧的靈（申三十四9）。由此可見，耶穌已得著充分的裝備，盡得屬靈的智慧，好承擔真理教師的重任。

馬太福音被譽為教導的福音（the teaching gospel），[1] 是因為對比馬可福音，此福音書內增加了很多耶穌的教導，其中最明顯的，便是如上章所指出的，五篇耶穌的論述。在此，學者艾理信（Dale C. Allison）指出，馬太福音中的五篇論述，[2] 有可能是要映對摩西五經。[3] 其中尤其是耶穌的第一篇論述，即馬太福音五章1節至七章27節的登山寶訓，[4] 可說是耶穌教導的經典。[5] 作者表明耶穌是在山上開口教訓他們（太五1～2），[6] 此描述大有可能是要對比昔日摩西在西奈山上領受誡命，然後下山向全以色列人頒佈神的誡命。[7] 凡此種種，映現了馬太福音的作者是要凸顯耶穌作為有能的真理教師此形像。[8]

登山寶訓的開始是為八福（太五1～12），這八項有福了的應許，傳承了申命記所記述的，摩西指出的祝福及咒詛之道。在此，耶穌清楚教導神國的子民，如何能活一個蒙福（即有福了）的生命（留意路加福音六章24至26節亦有記述耶穌宣告禍哉的信息），正如詩篇一篇2節所言：惟喜愛耶和華的律法，晝夜思想，這人便為有福！又如新約惟一的一卷智慧文獻雅各書，一章12節有曰：忍受試探的人是有福的。換言之，教導人如何才能過蒙福的生活，此人本身便是智者。[9]

說到底，耶穌實乃千載難逢的智者：祂是神智慧的體現（the embodiment of God's wisdom）。

稍後，耶穌表明祂來是要成全律法，即釋出律法的真義（太五17）。按上文所述，摩西律法乃神的特殊啟示。耶穌時代的猶太教更以律法書為神的智慧。不同人士對律法書的詮釋，顯出了其是否智者中的高手，如是者便產生了不同的派別，知名的如以文士為首的法利賽人及以聖殿祭司制度為骨幹的撒都該人。[10] 他們在詮釋摩西律法上最明顯的不同，便是其對天使和人死後是否能夠復活的看法（見太二十二23；徒二十三1～8）。

如今，耶穌作為智者，真理的教師，祂亦對律法書作出詮釋。祂的本領在於能夠將律法的真義，從律法書的字面意思釋放出來。[11] 正如祂在解釋十誡中的第六誡不可殺人時，祂如此詮釋：你們聽見有吩咐古人的話，說：「不可殺人」；又說：「凡殺人的難免受審判。」只是我告訴你們……。（太五 21～22）至於第七條誡命不可姦淫，祂亦有此表達：你們聽見有話說：「不可姦淫。」只是我告訴你們……。（太五 27～28）祂言下之意，便是只有祂，才通曉誡命的真義，只有祂的詮釋才是精準無誤；祂是詮釋摩西律法的高手。[12]

耶穌有超乎常人的智慧，一方面是因為如上文所言，祂並沒有遺傳到因亞當犯罪而生的人的罪性，[13] 另一方面是因為祂得著了無限無量的神的靈，也即是智慧的靈（路四 1、14；約三 34）。端此，耶穌不單是猶太的拉比和教導律法的師尊，祂所教導的，不論是基於律法書，還是出於祂本人所啟創的，其屬靈權威就有如律法書，因祂盡是智慧之言。這一點，絕非當代任何猶太拉比所能比擬的。

在此，值得留意的是，路加福音是新約中篇幅最長的書卷，而其中有近乎一半的內容，是沒有出現在其他的福音書內的。此福音書不單把耶穌描繪為一位絕世拉比，他更指出跟隨耶穌的門徒不單是十二位，還有七十位（路十 1），[14] 甚至成千上萬的人都爭相聆聽耶穌的教誨（路十二 1），一睹祂的風采。再者，路加更寫下使徒行傳作為福音書的後續，目的是要表示，當耶穌死後，祂的兩大使徒：彼得和保羅把祂的教導發揚光大，甚至耶穌的福音傳至當時的首都羅馬，堪稱地極（徒一8，二十八16～31）。換言之，耶穌的道理，從遠在帝國東方的巴勒斯坦地，傳至整個羅馬帝國，即從一地區性的信仰（local faith），轉折成世界性的宗教（world religion），足見耶穌那影響力之龐大；再加上彼拉多在審問耶穌時，多次表明祂是無罪的（路二十三4、14、22）；[15] 總的來說，路加福音的作者刻意表明，耶穌活了一個完美的人生。意即是說，祂不單教導出眾，祂的品德亦完美：祂是有德、有能的真理教師，使人敬佩不已。

22 精於教導：善用修辭法

傑出的教師不單其教導內容（what）精彩，教導的方式（how）也出眾。事實上，學者亨格爾（Martin Hengel）及施韋默（Anna Maria Schwemer）指出，在上古，沒有任何教師和演說家是不懂修辭學的；[1] 耶穌基督也不例外。細看福音書中的耶穌，其採用了不少當代拉比及西哲的修辭法，使其教導極具屬靈的穿透力，為受眾留下深刻的印象，縈迴不散。也因此故，祂的言行藉著口傳和筆錄，廣泛流傳於初期教會，這一點，絕對有助神國度的擴展。

22.1 格言

一如猶太人的智慧文學作品箴言，耶穌大幅度採用格言（proverbs）來教導。格言言簡意賅，卻能極之生動傳神地表述人生活行為的規範，將道理深入人心，教育意義極高。留意馬太福音二十三章8節的一句：因為只有一位是你們的夫子；你們都是弟兄。這位獨一無二的夫子（*didaskalos*），即老師，便是耶穌。且看以下一些格言式教導的臚列：

因為你的財寶在哪裏，你的心也在那裏。（太六 21）

不要把聖物給狗，也不要把你們的珍珠丟在豬前，恐怕牠踐踏了珍珠，轉過來咬你們。（太七 6）

學生不能高過先生；僕人不能高過主人。（太十 24）

大凡先知，除了本地本家之外，沒有不被人尊敬的。（太十三 57）

駱駝穿過針的眼，比財主進神的國還容易呢！（太十九 24）

收刀入鞘吧！凡動刀的，必死在刀下。（太二十六 52）

總的來説，耶穌的格言式教導是言辭鑿鑿的，所言帶著權威，極具穿透力。其必然烙印在受眾的心中，使他們魂牽夢縈；祂的教誨使人歷久不忘。

22.2 | 暗喻和比喻

使用暗喻（metaphor）和比喻（parable）的目的，是要借助受眾所明白的——日常生活的事物（喻體），來提述其背後可能帶出的屬靈真相（本體），可說是借境喻心，借物喻人，藉此觸動受眾的想像力，使受眾作出深度的思考，有深化教導的作用。例如當呼召門徒時，耶穌說：來跟從我，我要使你們作得人的漁夫（太四 19，《新譯》）。此言映現出耶穌收徒的過程是非常特別的，一方面因為按猶太傳統，應由門生主動地要求拜師，拉比才會考量是否收其為徒，但這裏卻反其道而行，由耶穌作主動。另一方面，耶穌以門徒本是漁夫的角色為喻，以表明作祂的門徒，所得的將比漁獲更有價值，表達極為傳神。再者，此言可說是一錘定音，為作主門徒的目的定格：作得人如得魚的漁夫。

此外，在登山寶訓中的一句：你們是世上的鹽……你們是世上的光……（太五 13～14）亦屬經典。此言無疑會引發門徒思考，鹽和光到底有甚麼功用，然後再考量如何應用在自己的身上。這是一促使門徒深思猛省的暗喻。

繼而，耶穌以新布補在舊衣服上，及新酒裝在舊皮袋裏為喻，以表明祂的出現，是一個應該歡喜快樂的時刻，禁食之舉實在不宜（路五 36～39）。稍後，在傳揚福音時，祂以莊稼多，收割的工人少為喻，以表明福音工作的需要很大，但傳福音的人卻寡少，於是，祂便把門徒擴充至十二人，然後差遣他們傳揚福音（太九 36～十 15）。

接下來，耶穌又以一在場的小孩子為喻，教導爭論誰為大的門徒要存赤子之初心，謙卑無爭，厚道隨和，才能合乎進入神國的條件；然後以你們中間最小的，他便為大的一句打圓場（路九 46～48）。

約翰福音內常以暗喻表述耶穌的角色，其中最明顯的是七個我是……（原文是 *ego eimi*，英文直譯是"I, I am"）的宣稱，此措辭實乃耶穌宣稱自己是誰的焦點所在。[2] 且看以下七項的我是宣言：（1）生命的糧（約六 35、48）。（2）世界的光（約八 12）。（3）羊的門（約十 7）。（4）好牧人（約十 11～14）。（5）復活、生命（約十一 25）。（6）道路、真理、生命（約十四 6）。（7）真葡萄樹（約十五 1）。

也許，最廣為人知的，便是在最後的晚餐時，耶穌在席上以餅和杯為喻（太二十六 26～30；可十四 22～25；路二十二 14～20）。祂以餅代表自己的身體，以杯中的葡萄酒代表祂將立新約的血，把餅擘開表明祂將遇害，肉體被釘在十架上而死。把杯給門徒飲用表示門徒與祂，藉著此恩約建立密不可分的關係。總的來說，耶穌是要在遇害前，傾盡全力地把祂將要遇害的屬靈意義教導門徒，以裝備他們在面對未來的危難時不至手足無措。

至於比喻，馬太福音共有五篇耶穌的論述，[3]其中一篇可命名為「比喻篇」(太十三 1～54)。換言之，作者把耶穌所教導的重要比喻，都編收在這論述篇內，可說是洋洋灑灑，蔚為大觀。在此，耶穌大規模用比喻作教導，是有其策略的。[4]因當時反對祂的力量愈發強烈，祂與文士和法利賽人之間的矛盾亦愈趨白熱化，例如在馬太福音十二章 24 節記述了法利賽人斷言耶穌是靠著鬼王別西卜的法力趕鬼。再者，他們更於馬太福音十二章 14 節商議如何才能除滅耶穌。如是者，耶穌便轉戰以比喻來教導，此乃避重就輕之道。意思是日後耶穌在論及神的國時，都採用比喻的方式，這樣，與祂為敵的人便難以觸摸祂的意思，難於找著把柄攻擊祂。至於門徒，耶穌卻加以解釋，使他們能明白(見太十三 17～18、36)。此做法成為耶穌教導事工的轉捩點。

早期教父耶柔米(Jerome)指出，比喻法使耶穌那本來是難於領悟的教導，變得能長存在人的記憶中。所以，耶穌在其論述結束前，常以比喻作結，[5]其中如馬太福音十八章 23 至 25 節；馬可福音十三章 34 至 35 節；路加福音十九章 12 至 27 節，二十一章 29 至 33 節等。這一點，跟猶太的拉比也相似，拉比常在真理的教導後，附以一故事式教導，以說明所教的道理；足見耶穌深諳此道。

總的來說，耶穌共用了超過四十多個比喻作教導。[6]誠然，比喻教學法並非耶穌獨創，但採用這麼多的比喻卻極不尋常。[7]

說白了，耶穌是實至名歸的比喻高手（a master of parables）。

22.3 拉比推理法、誇張法

拉比推理法如馬太福音六章26節，耶穌指出「飛鳥尚且得著天父照顧，何況是比飛鳥更有價值的人呢？」，正運用了拉比的「從小至大」（from lesser to greater）推理法，是一個以價值觀的角度研判事物的做法，藉此顯明真理。

另一例子是馬太福音十二章11至12節，耶穌指出「在安息日羊掉在坑裏，家人也會把牠救出，更何況是更為貴重的人呢？」，同樣是以在價值上從小推至大以顯明耶穌在安息日治病，是絕對合理的。

至於「由大至小」（from greater to lesser）的拉比推理法，則見於馬太福音十章24節，耶穌說：學生不能高過先生；僕人不能高過主人。此言表明耶穌作為先生，尚且被敵人攻擊，作為祂的學生者（即門徒等人），也必然承受攻擊，自是順理成章的道理。

至於誇張法（hyperbole），在馬可福音九章44至47節記述了耶穌表示要把一隻手、一隻腳砍下來，把一隻眼睛去掉，以使自己能進天國得永生。此誇大的方法將使聽眾感到震驚，藉此留下深刻的印象。

另一個例子便是彼得詢問耶穌寬恕別人之道，他表示七次的饒恕是否已足夠，耶穌的回答倒是：不是到七次，乃是到七十個七次。（太十八22）七十個七是數不盡的意思，故耶穌的言下之意，要指出饒恕別人是不能斤斤計較的，倒要寬大為懷，因為天父也是這樣地饒恕罪人。

誇張法以使人震驚之言，令人印象深刻，藉此感悟箇中的道理，得著啟發。

22.4 | 希哲的哲辯、一問一答教學法

至於希哲哲辯（diatribe）的教導方式，最明顯不過的，便是在馬太福音二十三章中，耶穌以假設對手在場的方式，痛斥文士和法利賽人的假冒為善：你們這假冒為善的文士和法利賽人有禍了（太二十三13、23、25、27、29），藉此繪聲繪影地向門徒力指文士和法利賽人的不是。

至於問答的方式，在教學上是一種探索式學習。當耶穌與門徒在該撒利亞．腓立比時，耶穌問門徒，人說我是誰？（可八27）在門徒回答後，祂再問門徒：你們說我是誰？（可八29）此一問一答明顯是要觸動門徒思考，而在思量的過程中，門徒需要分析資料，然後作出整合，此過程無疑是有內化真理的作用。

畢竟，門徒必須養成思考的習慣，以致當耶穌不在世上時，門徒便能靠著聖靈在屬靈的世界裏，進行深入的探索，這是門徒生命能持續不斷地成長的命門。

22.5 詩體平行句子及結構

猶太人的智慧文獻箴言內盡是詩體平行（poetic parallelism）的表述方式。最常出現的有反義平行（antithetic parallelism）[8]及同義平行（synonymous parallelism）。[9]由此可見，智慧之言是以這範式為經典。[10]作為猶太的拉比，耶穌深諳此道。福音書中記載了不少耶穌反義平行的表述方式，參見以下的例子：

入口的不能污穢人，
出口的乃能污穢人。（太十五11）

安息日是為人設立的，
人不是為安息日設立的。（可二27）

有許多在前的，將要在後，
在後的，將要在前。（可十31）

凡要救自己生命的，必喪掉生命；
凡為我喪掉生命的，必救了生命。（路九24）

因為，凡自高的，必降為卑；

| 靈思小品 |

有知便是無知，無知才是有知

古希臘時代的賢哲芝諾（Zeno of Elea），生於公元前五世紀（即早於古希臘兩位哲學巨人蘇格拉底及柏拉圖），他是一位出類拔萃的雄辯家，樣貌也出眾，更被譽為希哲斯多亞學派的始祖。

他門下有不少門生。一次有一學生問他：「老師，你的知識比我們都多，你的教導非常出色，回答問題盡顯你的智慧，但為甚麼你總是表示你仍然不濟，對自己的答案存疑？」

沉思片刻，芝諾順手在桌上劃了兩個圓圈，一大一小。

他指著兩個圓圈如此說：「大的圓圈代表我，小的代表你。圓內的面積代表我們所擁有的知識，圓外的代表我們不知道的知識。」

他續稱：「看起來，作為老師的我，所擁有的知識的確比你多。然而，由於我圓圈的圓周比你的大，所接觸的範圍，即圈外所代表的，你和我所不知道的領域也比你多，這便是我經常懷疑自己的原因。」

芝諾的一席話，可總結為：知識愈多，愈發現自己的無知。

試想想，如果我們走到海旁，極目而視，所能見的，便是天際線和海平線的交匯處，也只此而已。但我們清楚知道那交匯處之外，還有我們所未能看見的莫大世界，還有天際線上那浩瀚的宇宙，以及在這可見的物質世界之外的靈界。

對於靈界，我們所知甚少。說到這裏，我們還會認為自己是有知的嗎？

一個醉心於追尋宇宙真相的人，一定發現他所不知的，遠超過他所知道的，正是學海無涯。若是如此，心中對造物主的敬畏和讚美便油然而生。在此，無怪乎箴言一章7節有曰：敬畏耶和華是知識的開端。

說白了，自以為聰明和了不起的人，反顯得愚拙和無知。只有那井蛙之輩，才會以為井口外的風景便是宇宙的全部。

禱告

求主賜我一顆受教的心，不斷地學習和成長，好叫我更加敬畏神；更知道自己的無知，好叫我更倚靠祢。

23 以身作則，培植門徒

23.1 言教身教的拉比

一如上文所言，傑出的拉比不單教導內容出眾，教導方式亦然。尤有甚者，教導者本人的表現，也在傳達信息。[1]

事實上，耶穌是能說亦能行的拉比，祂表裏一致，言教亦身教。舉例說，祂教導門徒如何作屬靈的領袖時說：誰願為首，就必作你們的僕人。正如人子來，不是要受人的服事，乃是要服事人，並且要捨命，作多人的贖價。（太二十 27～28）如是者，祂本人果真走上十字架的苦路，捨生取義，成就救贖，儼然是僕人領袖的極致。

再者，祂教導勞苦大眾如何信靠神而克服貧窮的威脅，知足常樂（太六 11、25～34），[2] 同時祂自己也身體力行，活得清貧。[3] 祂四海為家，居無定所，一如祂向一表示打算跟隨祂的門徒表明：狐狸有洞，天空的飛鳥有窩，人子卻沒有枕頭的地方。（太八20）如是者，祂帶著門徒穿街串巷，走南闖北，飄泊四方，憑信而活。

簡言之，耶穌是一位言出必行的拉比，祂的信譽超卓，祂所言固然是真理，祂更是真理的化身，立言立德。藉著祂，人能靠近真理的源頭：父神，一如祂於約翰福音十四章6節所力陳：我就是道路、真理、生命；若不藉著我，沒有人能到父那裏去。

23.2 ｜ 悉心培植門徒的拉比

耶穌致力於培訓跟隨祂的人，好叫他們能傳承福音的使命，延續其教導真理的職事。學者亨格爾和施韋默表明，耶穌培訓門徒比起祂教導大眾來得更重要，因為日後教會的建立，便是靠著這羣跟隨過祂，被祂培訓成才的門徒。[4]

留意耶穌的門徒有多位是早已跟隨施洗約翰的，但當耶穌出現時，約翰便把耶穌推薦給門徒（約一29～37）。再者，當約翰下在監裏及被殺害後，這些門徒還願意跟隨主耶穌（參太十四12），其實是冒著很大的風險。由此可見，在揀選門徒上，施洗約翰已為耶穌做了篩選的工夫。這一批門徒為人情真意切，意志較為堅定，根基也較紮實。

作為拉比的耶穌，培訓門徒一項是極為重要的。耶穌很早期已呼召共四位門徒跟隨祂（可一 16～20）。一如上文所言，其特別之處，便是猶太人的拉比在收門徒時，其都是門徒本人主動地提出要求。耶穌卻不是這樣，主動權倒是在祂手中。這舉措顯出了祂的屬靈權柄，意思是祂代表了神，揀選和呼召神的僕人承擔使命。[5] 祂更要求門徒要考量跟隨祂的代價，藉此考驗門徒的信心。

馬太福音中的五篇論述，可算為門徒的培訓課程。[6] 第一篇的登山寶訓（太五 1～七 29），是要教導門徒天國子民的倫理；第二篇是差遣篇（太十 5～十一 1），旨在教導門徒如何傳道；第三篇是比喻篇（太十三 1～54），目的是以比喻教導天國的奧祕；第四篇是論教會的羣體生活（太十八 1～十九 2）；第五篇是為橄欖山論述（太二十四 1～二十六 2），旨在教導門徒如何活在末世中，及以何種態度迎迓祂的再臨。

作為老師的耶穌帶著門徒等人，與他們一起生活（見約一 39）。祂把生活中出現的事與物，轉化成門徒的屬靈教材（例如在醫治好百夫長僕人的神蹟中，祂藉此教導門徒信心的功課，見太八 10）。祂的一生，成了門徒的榜樣（例如祂向門徒呼籲：我心裏柔和謙卑，你們當負我的軛，學我的樣式……，見太十一 29）。在遇難前，祂為門徒洗腳，藉此要求門徒要彼此洗腳（約十三 3～15）；祂甚至於在世的最後時刻，也仍在教導門徒，其中如與門徒一起吃逾越節的晚餐，藉著餐中的餅和杯，教導門徒祂那快要成就的真理——替世人贖罪，設立新約（路二十二14～20）。接下來，祂又帶著三個門徒，共赴客西馬尼園一起警醒禱告（可十四32～42）。最後，當祂從死裏復活後，更多次向門徒顯現。顯現的目的，便是教導他們天國的道理，好叫他們能明白真道（路二十四13～49），一如使徒行傳一章3節所表明：他受害之後，用許多的憑據將自己活活地顯給使徒看，四十天之久向他們顯現，講說神國的事。由是觀之，耶穌畢生都致力於教導真理的工作。在此，祂敬業樂業，並且超額完成。

留意馬太福音十三章52節耶穌勉勵門徒的一段話：凡文士受教作天國的門徒，就像一個家主從他庫裏拿出新舊的東西來。耶穌有此言是因為上文的記述，在說完比喻後，門徒都表示明白耶穌的教導（耶穌說：「這一切的話你們都明白了嗎？」他們說：「我們明白了。」〔太十三51〕）。按此了解，既然門徒能明白耶穌的比喻，[7] 耶穌便表示門徒等人將成為有如猶太教文士的「文士門徒」（scribal-disciple）。在此，新是指天國的道理，舊是指律法，故耶穌的文士門徒所教導和寫下的，盡是耶穌天國的道理及對律法的詮釋。[8]

按以上分析，我們的推論是：耶穌便是如此訓練祂的門徒，使他們滿有智慧，有如猶太的律法專家：文士，使他們成為「文士門徒」，承擔起詮釋及教導天國子民的責任。其目的，便是要如馬太福音二十八章20節耶穌給予門徒的遺命：凡我所吩咐你們的，都教訓他們遵守。[9] 換言之，「文士門徒」要承擔傳承耶穌的教導，即天國道理的職事。[10]

留意先知和拉比有一些共同點，便是其都招收門徒，以延續其角色，前者如以利亞（門徒是以利沙），後者如當代猶太人的著名拉比如希列（Hillel）、煞買（Shammai）及迦瑪列（Gamaliel）等。迦瑪列更是保羅的老師（徒二十二3）。耶穌既集先知和拉比於一身，祂在呼召門徒時，便帶著先知的屬靈權威，如馬太福音四章19節祂那權威性的呼召：來跟從我，我要叫你們得人如得魚一樣。

歸結而言，耶穌是非比尋常的拉比，且看以下的臚列：

（1）教導場所：在會堂（太十二9，十三53；路四16），在山上（太五1，十五29，二十八16），在曠野（太十四13；可六32），在路上（太二十六30～31；路十二1，十四25），在民房裏（太十三36）及在船上（太十三2）等。看起來，天地之間的任何地方，都可成為祂的教室。

（2）教導材料：包括自然界野地的花（太六28），天上的飛鳥（太六26），綿羊和山羊（太二十五32～33），狐狸和狼（太八20，十16），蛇和鴿子（太十16）；工作如葡萄園的營運（太二十1～10），放牧（路十五4～7），耕作（太九37），僕人被主人託付重任（太二十四45～51），打魚（太十三47～48）等；日常生活中如日用飲食中的鹽（太五13）、餅和杯（可十四22～25），麵酵（太十三33）；還有家中人的關係（太十二 46～50），婚宴（太二十五 1～12），盜賊的威脅（太二十四 43），推磨（太二十四 40），收割（太十三 36～42），甚至如廁（太十五 17）等。

抑有進者，路加福音以十章的篇幅，記述了耶穌在往耶路撒冷路上的種種際遇（路九 51～十九 40），[11] 其目的是要表明，耶穌藉著這段悠長的旅程，刻意教導跟隨祂的羣眾，尤其是祂的門徒。再者，耶穌的魅力，使極多的人（路十四 25），甚至有幾萬人聚集(路十二 1)。他們都殷切地期望能一睹耶穌的神采。由此可見，拉比耶穌實在是舉世無雙，驚為天人；說實話，祂確是降世為人的聖子。

綜上所論，從春暖到冬寒，無時無刻；從晨曦初露到夜幕低垂，不分晝夜；耶穌都在為門徒構建一流動式生命學堂。作為真理的教師，耶穌已超額完成。畢竟，耶穌的教導盡顯神的智慧。祂的教導，傳承給門徒，門徒等人也因而得著裝備，有效地踐行福音的使命。如是者，耶穌所啟動的復興運動便能代代相傳，生生不息。

23.3 ︱ 全智的拉比，風範舉世無雙

福音書（尤其是馬太福音）中所擬撰的耶穌，是一位睿智的拉比，門徒的生命導師。事實上，當代的人都尊稱祂為夫子（太

十九16；可四38；路九33；約十三13），耶穌也接受（約十三14）。抑有進者，猶太人作家約瑟夫在言及耶穌時，也形容祂為眾人的老師，是一智者。[12] 由此可見，在世耶穌的教導，一方面與當代的猶太文士教師相若，會教導律法，另一方面卻獨具一格，也極為出格。[13] 誠然，要成為當代的師尊，必須勤於思考，努力革新。然而，耶穌對當代人的巨大影響，不只是如此而已，還有的是祂本人那使天地激盪的屬靈底氣，瀰散著神兒子威榮的氣場，更言教身教，使遇見祂的人都為之心折。

尤有進者，早於馬太福音十一章19節，耶穌基督已暗指祂自己便是智慧。一如上文所指出，拉比們以律法書為神智慧的體現，由此可見，耶穌的教導，尤以是祂對律法的詮釋，映現了祂的智慧之言實乃神的啟示。[14] 無怪乎學者布朗（Jeannine K. Brown）力陳，耶穌是神智慧和妥拉的化身。[15] 按此了解，耶穌基督便是成了肉身的神的智慧。足見本來隱藏了的神，如今卻是以馬內利（太一23），即藉著耶穌基督，神與人同在。基督是神智慧的體現。[16]

綜觀上論，耶穌的全智，比起被認為是最有智慧的君王所羅門更優勝。祂全方位的教導事工，比摩西更賢。祂的智慧之言，沒有任何猶太拉比可攀比，因其是末世從神而來的啟示的極致（來一1～2）。總的來說，耶穌的教導是王者的宣告，是愛的呼籲，是智慧的勸喻，好叫人能活一個豐盛的生命。整體而言，祂的教導鏗鏘有力，引聚興趣，啟動思考，深化學習，絕對是打開律法、箴言、先知書等的要鑰。

說白了，耶穌不單是傑出的拉比，[17] 祂更是神智慧的體現，就如保羅於歌羅西書二章2至3節所力證：……使他們真知神的奧祕，就是基督；所積蓄的一切智慧知識，都在他裏面藏著。耶穌的教導盡是智慧之言，其生平活演智慧。祂是絕世的老師，更活出一個完美的、充滿智慧的人生，堪足吾等效法。

末了的話

古賢先哲的示範

繽紛閃亮的古希臘哲人蘇格拉底、柏拉圖和愛比克泰德（Epictetus）等，[1] 都極力主張，要成為偉大的賢哲，其不單要學問出眾（無論是宏觀的鴻圖理想，還是精緻得滴水不漏的思辯），其生活方式亦必須配合：他們的日常、言論、處世，都要顯出其品德的高尚。換言之，作為智者，必須要有智者的生活方式，活出智者的風範才行。[2] 由此可見，古希臘哲人把思維和生活融合為一，尤其是如何有智慧地面對生活上所發生的種種挑戰和要求。[3] 簡言之，在哲學的理念中，單有宏大的理論是不足夠的，具體實際的應用（即活學活用）才是其重點所在。[4]

舉例說，開創西哲新紀元的賢哲蘇格拉底，他本人並沒有任何著作，但其言行被其弟子及敬佩他的人寫了下來（如柏拉圖寫下的《自辯辭》〔*Apology*〕）；且看以下一段關於他的記錄：

當蘇格拉底在雅典受審時，他志氣昂揚地陳辭：

> 只要我一息尚存，是永不會停止實踐我的哲學，我仍會向我所遇到的每一個人說：朋友，你是偉大、強盛、以智慧著稱的雅典公民。像你這樣只圖名利，不關心智慧和真理，不求改善自己的靈魂，難道不覺得可恥嗎？[5]

說完後他就被處決，慷慨就義。

同樣，耶穌基督並沒有留下任何個人的著作，但祂的教導，崇高的品格和不屈的氣節，再加上無與倫比的屬靈魅力，大大觸動祂的門徒等人。他們以極長的篇幅，寫下多本關於祂事迹的經卷。耶穌是偉大的智者，滿有古代聖賢的風範：出色的教導和聖潔的生活二者並濟。

在此，留意約翰福音十三章 15 節記錄了拉比耶穌為門徒洗腳後，呼籲在場的門徒：我給你們作了榜樣，叫你們照著我向你們所做的去做。繼而，這位全智拉比耶穌更向我們發出召喚：

凡勞苦擔重擔的人可以到我這裏來，我就使你們得安息。我心裏柔和謙卑，你們當負我的軛，學我的樣式；這樣，你們心裏就必得享安息。因為我的軛是容易的，我的擔子是輕省的。（太十一 28～30；又約十三 14～15、34；腓二 5～11）。

說到柔和謙卑，且看以下的智慧之言：

謙卑的人活在當下，愈來愈發覺自己的不足，從而全力以赴，掙扎向上。
驕傲的人活在當下，總是認為不足的是別人，於是便不思進取，原地踏步。

由此可見，屬靈生命成長的特徵，便是在與神同行中不斷地感悟：神從來沒有如此的偉大過；反觀自己，卻渺小得可憐，力量極其微薄。如是者，愈承認自己的渺小，才會知恥近乎勇，走出自己的安舒區（所謂的「安舒區」，可能只是鴕鳥埋首的「土堆」），朝著能成就更多和更大可能的未來前行。

說白了，當我們愈發覺神的偉大和無限無量時，便愈渴慕祂，甚願與祂同在同行，一如詩人所言：**神啊，我的心切慕你，如鹿切慕溪水。**（詩四十二1）在此，奇妙的事發生了，我們的生命展開了更新之旅，過程實在是妙不可言。

一言以蔽之，屬靈生命不斷成長還是停滯不前，其分別便是在此。

| 靈思小品 |

與主建立關係

不少相信主的人，只在頭腦上認識及認同基督教的信仰，他們自認是基督徒，並且行聖經所教導的真理，外面看起來，生命看似是一個見證，高風亮節。然而，骨子裏他們的善行只是一種個人修為，他們與主距離甚遠，關係疏離。這樣的人，可能已成為神子民中的領袖，為眾人所尊敬。然而，一旦有重大的考驗臨到，他們脆弱的生命便扛不住，原形漸露，表現極不靠譜，盡顯其內在生命的不濟。

說到底，這種人是靠自己多於倚靠主。然而自己是有限的，一旦極大的考驗來到，正是「疾風知勁草」，他們很快便會敗下陣來。問題是，他們一旦隕落，必定使旁人吃驚，大為不解，對羣體傷害也極大。

在此，留意活躍於公元二世紀的著名猶太拉比巴約海（Shimon bar Yochai），他在教學時與學生們有以下一段對話，頗發人深省。

他的學生問他一個問題：「老師，請問昔日以色列人在曠野時，為甚麼耶和華神要以色列人每一天都拾取嗎哪，如果留到第二天，便必變壞？這實在太麻煩了。為甚麼耶和華神不索性給他們一年的糧食？這樣不是更省心、省力和省時嗎？」

拉比沉思片刻，以一比喻回答：「有一個國王，他有一王子；他深愛這兒子。原先，他把一年的零用錢，一次過發放給王子。然而，這樣，他一年便只能見王子一面。王見此狀，實在不理想，便改變了初衷。他把只夠一天的零用錢，每一天親自發給王子。這樣，王子不單有足夠的零用錢，還可以每一天都見到他的父親，得著他的關愛和指導。」

這便是父神為何如此對待昔日的以色列人及今天的你和我之原因。祂希望作為祂兒女的我們，與祂見面。這樣，我們便能每一天，無間地與祂同行，與祂聯上，與祂建立父神和兒女們應有的關係。

紮實的生命，始於內在生命與主聯上，深度認識祂，與祂建立密切的關係，和祂的生命交融。久而久之，我們浸染在祂的愛中，被祂觸動，則能有諸內而形諸外地活出美好的生命。

願我們能每一天認識祂，與祂建立親切的關係，感應著祂的關懷、感悟祂的愛護和感知祂的心意。這樣，我們的心意便開始更新，繼而展開一個生命蛻變之旅。

漸漸地，我們的心變得溫柔而帶有韌勁，內在生命也堅強起來。這樣，我們才能突破生命中的重重圍牆，一步一腳印地走出使我們原地踏步的安舒區，走在生命成長的賽道上。

反省

畢竟，時光不能倒流，流年去而不返，但主卻不變地在等待，等待著我們在生命成長的跑道上齊起步。

在主的慈悲憐憫下，我們還趕得上。

禱告

主啊，我心渴慕祢，我知道祢如今活著，並且無所不在。求祢向我顯現，好叫我與祢聯上，好讓祢那神性的生命能量，注入我的生命裏，這樣，我便能裏外更新，活出屬靈的新生命。

第五部附錄一 | 拉比與智者，其起源及發展的研究

從古代近東文化說起

還看上古的歷史，我們並沒有發現一羣被稱為智者（sages）的特定人士。然而，在古代近東及古希臘文化中，卻有與之類似和相關的教育制度。

古埃及出土了不少關於教育的文物，其中有一文獻名為《人給予兒子的訓示》（*The Instruction of a Man to His Son*）。[1] 此文獻反映了古埃及的教育是在家中進行，即由父親充當老師，教導家中的孩童，這一點有如猶太文獻箴言所映現的情況，其中如箴言二章1節，三章1節，五章1節，六章1節都以我兒為訓示的對象。四章1節更有如此言：眾子啊，要聽父親的教訓，留心得知聰明。由此可見，對於古埃及和舊約的猶太人來說，家中的父親成了老師和教育家。[2] 事實上，希伯來文的「父親」一字，包含「老師」的意思。後來的天主教把傳道人尊稱為神父（Father），便是緣起自這希伯來語父親的理念。[3]

古埃及的文物亦反映了當時的文士需要接受教育，才能成為能讀能寫、滿有智慧的一羣。接受了教育，他們才能成為文人賢士（scribal-sage）。其學習的內容包括從大自然中學習和了解人生百態等。再者，在家庭以外，亦存在著一些教育組織。例如考古學發現，一些教育機構亦存在於美索不達米亞的地區。有一份文獻記載一亞述國王室的謀士亞希卡（Ahikar）以其格言式的智慧之言，提點亞述王西拿基立。[4] 畢竟，君王治國需要國中的能人異士為其出謀獻策，於是古代近東一帶的君王身邊都會出現一些有識之士，成為其智囊。[5] 也許，以所羅門命名的書卷，如傳道書、箴言和雅歌等，都是由所羅門王的智囊團所編撰而成。

總的來說，古代近東文化存在著一些教育制度，其以家庭為主，其次見於國家領導人的庭院。儘管民間有學校出現，也只是小部分菁英分子所擁有的特權。[6] 而由於其沒有神的特殊啟示，其教導的靈感都來自大自然和日常生活的常識；其應用都與人的生活有關，尤其用於國家的管治謀略和經濟政策等。

古以色列的源起

在舊約，被譯作智慧一辭的希伯來文是 *ḥoḵmā^h*，[7] 七十士譯本把此辭譯作希臘文的 *sophia*。*ḥoḵmā^h* 在舊約出現共三百一十八次，但一半以上（共一百八十三次）是出現在傳道書、箴言和雅歌內。[8]

ḥoḵmāh 通常用作形容那些有一技之長的能人（a skillful individual），堪稱巧手；例如出埃及記三十五章26節的一句：凡有智慧、心裏受感的婦女就紡山羊毛。這些婦女精通於紡織，是箇中的能工巧匠，被譽為滿有智慧。

其他用法包括精通戰略（賽十13）及有能於領導民眾。留意申命記三十四章9節如此形容摩西的繼任人約書亞：嫩的兒子約書亞；因為摩西曾按手在他頭上，就被智慧的靈充滿，以色列人便聽從他……。在此，賜給約書亞的，是從神而來的智慧的靈。[9] 再者，在論及野獸的愚昧時，約伯記三十九章17節有此解釋之言：因為神使牠沒有智慧，也未將悟性賜給牠。此言指出：智慧之源頭是神。

在此，以色列的先知提出警告：不要單靠人間的智慧。其中如以賽亞書四十七章10節在貶抑巴比倫的惡行時，先知表明：你素來倚仗自己的惡行，說：無人看見我。你的智慧聰明使你偏邪……。接下來，耶利米書八章9節亦出言警告叛逆的以色列人：智慧人慚愧，驚惶，被擒拿；他們棄掉耶和華的話，心裏還有甚麼智慧呢？由此可見，若沒有從神而來的智慧，人間的所謂智慧，只會為生命添加禍患，使人敗亡。[10]

提及神的智慧，箴言八章22至31節更將智慧人格化了，並且表示其早於被造之物已存在，而其更有分參與創造（箴八30），由此可見，神不單是智慧之源，祂更用智慧創造了世界。

因此，人細觀自然界，也能得著智慧。而從祂而出的特殊啟示，更是祂心意的表達，當中自然是蘊存著神的智慧。按此了解，普通啟示（general revelation）——即自然的啟示（natural revelation），及特殊啟示——即摩西五經，儼然是使人得著智慧的寶藏。

摩西、所羅門王及智慧文獻

摩西五經被稱為律法書，其代表了神向以色列人的啟示。神既是智慧的源頭，那麼摩西五經內便潛存著神的智慧，熟讀之便為有福（詩一1～2），能成為屬靈的智者。

摩西

由於律法書內潛存著神的智慧，故此摩西要求以色列人要把其記在心上，並且在家中教導兒女們常學習之。且看申命記六章6至7節摩西的訓示：我今日所吩咐你的話都要記在心上，也要殷勤教訓你的兒女。無論你坐在家裏，行在路上，躺下，起來，都要談論。如是者，要熟讀律法書，家中的教育亦是教導律法書，甚至坐下起來都不離律法書。若然以色列人能專心致意地學習律法書，便等同於殷切地尋求神，能從而得著智慧。

由此可見，摩西建立了以色列人的教育制度，以色列人不論在家中，還是在日後的會堂，都按著他的指示進行指導。神藉著摩西所留下的律法書，促使舊約後期猶太拉比認為，律法書便是智慧之所在。[11] 公元前二世紀出現的猶太智慧文學作品《便西拉智訓》，便主要是倡議這理念。

值得留意的是，摩西更表明人生如何蒙福，如何招禍。祝福的理念大有可能是來自創世記一章 28 節論及耶和華神如何賜福人類及其後代。[12] 在此，按照耶和華神與摩西所代表的以色列人所立的恩約，福與禍全在乎神的子民如何作出抉擇。留意申命記十一章 29 節表明了摩西要為以色列人祝福，並且要在基利心山陳明神的祝福，在以巴路山宣佈咒詛之言。而申命記二十七章 12 至 13 節更描述以色列人有六個支派聚集在基利心山，而其餘的六個支派則在以巴路山。接下來便是利未人高聲呼喊，讀出祝福和咒詛之言，然後再與會眾立約。[13] 整體而言，摩西的祝福記存在申命記二十八章 1 至 6 節及三十三章 1 至 29 節；咒詛在申命記二十七章 16 節起及二十八章 15 至 20 節。福與禍的對比，顯出了智慧是與人的生活息息相關的，人如果知道如何精確地選取，便能活一個美好的人生，也算是一智者。[14]

以上福與禍的映對，大大影響著之後出現的智慧文學作品：箴言。箴言常以智慧對比愚昧（箴一 20 對比一 22、32；十五 2 等）、義人對比惡人（箴二十八 1）等。說到底，智者被定格為敬畏耶和華是智慧的開端；認識至聖者便是聰明。（箴九 10）愚者，其與智者的分別是在於敬畏耶和華是知識的開端；愚妄人藐視智慧和訓誨。（箴一7）由此可見，智者並不是指那些見識廣博的人，而是一份內在生命的取態：敬畏神。神才是真智慧的源頭，敬畏祂，自然能得著祂厚賜智慧和聰明。人間的所謂智慧，也只是雕蟲小技而已。

所羅門

論及以色列知名的智者，所羅門王自然成為首選。他是大衛王座的繼承人（王上一38～39）。大衛在其遺命中要求他，在施政上要照你的智慧行（王上二6）。如是者，登基後的所羅門便獨求神賜予他智慧。且看列王紀上三章7至9節記錄的禱文：

> 耶和華——我的神啊，如今你使僕人接續我父親大衛作王；但我是幼童，不知道應當怎樣出入。僕人住在你所揀選的民中，這民多得不可勝數。所以求你賜我智慧，可以判斷你的民，能辨別是非。不然，誰能判斷這眾多的民呢？

作為王者的所羅門謙卑自己，只求智慧，勵精圖治，為國民謀福祉，結果蒙神悅納。列王紀上三章11至13節記錄了神的回饋：

> 神對他說：「你既然求這事，不為自己求壽、求富，也不求滅絕你仇敵的性命，單求智慧可以聽訟，我就應允你……使你在世的日子，列王中沒有一個能比你的。」

因著神的賜福，所羅門王的智慧被譽為超過東方人和埃及人的一切智慧。他的智慧勝過萬人……（王上四 30～31），甚至天下列王聽見所羅門的智慧，就都差人來聽他的智慧話。（王上四 34）[15] 如是者，所羅門王被譽為最有智慧的君王。後來更有人以他的名義，寫了《所羅門智訓》一書；[16] 而在正典聖經內，傳道書、箴言和雅歌，猶太傳統都以他為原作者，更有說他年青時寫了雅歌，一本充滿男女情愛的書；長大後寫了箴言；晚年寫了傳道書。[17] 除了雅歌、箴言和傳道書，再加上約伯記，是為舊約正典的智慧文獻。

當然，所羅門王後期的治績欠奉，他大興土木，虛耗國庫，損害民生。國內貧富問題變得嚴重。[18] 他離世後，國家旋即分裂為二。兩個支派仍然支持所羅門的兒子羅波安為帝主，國號猶大。十個支派的以色列卻擁耶羅波安為王，是為以色列國。如是者，以色列國的黃金時代亦在此告終。

智慧文獻

箴言及傳道書被稱為智慧文獻。[19] 雅歌、部分詩篇及耶利米哀歌等，都潛存著智慧文體的元素。[20] 智慧文獻以教導人生哲理為主旨，常以格言式及詩歌形式道出事情的真相。整體而言，其中心思想大致如下：

（1）作者藉著細察自然界，包括氣候的變化及生活的常理，通過仔細的研判考量，從而得出結論，此學問稱為自然神學（natural theology）。[21] 人如果能夠敏銳精準地從生活中深度地經歷世事，便能感悟真理。[22]

（2）在學習和感悟真理的過程中，人將發現造物主——神是創造主，是祂給予世界秩序，照管著宇宙萬物，可見神要通過祂的創造而啟示祂自己。觀此，自然界成為人能領悟神存在的中介——自然界的奇妙，盡顯造物主的智慧和能力。[23] 基於此，重要的倒是人，作為被造之物，要存著一份敬畏造物主的態度，相信祂對一切事物都有美好的安排。人在這安排下必須學習順命而行，一如傳道書三章 1 至 12 節所強調的：凡事都有定期，天下萬務都有定時……然而神從始至終的作為，人不能參透。同樣，約伯記以傳記的方式，描述約伯如何在飽嘗人生百味後，深刻體會造物主的偉大及自己的渺小，但也因而感知苦罪之謎，其答案其實是神自己。人作為被造之物，必須全然信靠偉大和全智的造物主，心中才可釋然。說白了，人是被造之物，其智慧有限，不可能完全了解世情。端此，人要活得舒坦，必須放下自己，全然投靠造物主，樂天安命地活下去。

(3) 至於以色列人，其作為神的選民，擁有神的特殊啟示：律法書，可說是得天獨厚。因此他們必須忠虔篤敬地遵行律法書的教誨，並且棄惡擇善，一如箴言二章1至6節所言：我兒，你若領受我的言語，存記我的命令，側耳聽智慧，專心求聰明……你就明白敬畏耶和華，得以認識神。因為，耶和華賜人智慧；知識和聰明都由他口而出。

由此可見，正典中的智慧文獻所重視的，是人不貴乎了解世道，洞悉生命奧祕，乃在乎一份內心的取態：敬畏耶和華神。[24] 因為祂是創造主，是人世間一切智慧之源。敬畏和服從祂的指引，才是明智的抉擇，是智慧生活的王道。[25]

智慧之言與智慧的生活

總的來說，一如學者費茲格里特（John T. Fitzgerald）所指出，不論是古地中海一帶、埃及、美索不達米亞的人，還是以色列人，都有追求及培育智慧的文化。[26] 至於哲學（philosophy）一辭，其原本的希臘文意即「愛好智慧者」（*philosophia*），創作此辭的人是活在公元前六世紀，被譽為數學之父的古希臘意大利思想家畢達哥拉斯（Pythagoras）。他對智慧有以下兩大見解：

(1) 真智慧是屬於神的。換言之，以智慧來形容神才正確，形容人則不對。[27]

(2) 形容人充其量只能稱為「愛好智慧者」；畢達哥拉斯也是以此辭自稱。[28]

換言之，不論是古希臘、古代近東文化還是以色列的信仰傳統，都有一共識：人是有限的，其智慧也有限；全備的智慧，或是真智慧是屬於神的。再者，耶和華神藉著智慧存在於宇宙間，旨在表明祂並沒有停止祂在人世間的工作。如是者，智慧進入人間，有如中保，為神與人建立溝通的橋梁。得著智慧的人，以其心靈感應神的工作，由神教導他怎樣行才能得喜悅。簡言之，智慧是人生命的導師，使人得明真理。

歸結而言，智慧是(1)從普通啟示而得；及(2)從特殊啟示而有。後者更是造物主指定的中介，好叫人能感悟智慧之源的造物主之偉大和同在。

尤有進者，真智慧並不是單指知識，而是指可應用在生活上的真理。也因此故，上古的聖賢智者，都以其生活方式映現真智慧。簡言之，不單其教導盡是智慧之言，其生活亦必配合。說白了，真正的智者是以其生命活演智慧。[29]

| 第六部 |

耶穌基督:
升上高天的大祭司

24 祭司制度：從摩西說起

在古近東一帶的文化中，人們認為人間的一切事，都是由天上的眾神明所主宰。因此，各民族都在地上建立神廟，廟內有代表天上神明的像。人們也相信，天上神明願意居住在廟內，並且接受善信們的供奉和拜祭。神明也因而祝福善信，國族和君王也蒙福。而當地上的人蒙福時，他們因而感恩，為神明建造更大更輝煌的神廟，壯麗的神廟同時亦映照著天上神明的威榮。這種共生（symbiotic）的情況，使神廟的地位極其重要。專職神廟的人士自然得著重視，祭司應時而生，地位崇高。

一般而言，祭司大多是被君王委派，承擔聖職，因此，其地位崇高，可說是在一人之下，萬人之上。其中如古希臘的底比斯城（Thebe），其主持宗教活動的大祭司，地位只在君王之下。考古學發現此城的大祭司是由國王委派的，因此，大祭司的服事，可說是以君王為中心，事事都為君王謀福祉（古埃及亦然）。由此可見，君王和祭司的關係極度密切，宗教和政務更是環環緊扣。[1]

24.1 ｜ 祭司制度始自摩西

以色列人的祭司制度始自摩西，當時耶和華神要把以色列人從埃及的為奴之家拯救出來，與他們立約，成為他們的神，也讓以色列人成為祂的子民。出埃及記十九章6節記述，耶和華如此囑咐摩西：「你們要歸我作祭司的國度，為聖潔的國民。」這些話你要告訴以色列人。端此，以色列人的祭司制度，隨著會幕的建成亦應時而生。摩西的外父葉忒羅本是米甸人的祭司（出三1，十八1），[2] 而米甸人也是敬拜耶和華神的，[3] 因此也許摩西在葉忒羅的協助下，按著耶和華神的指示，發展出一套祭司的體系來。[4]

回顧歷史，耶和華神也曾與以色列人的先祖亞伯拉罕立約，應許他萬國萬民將因他而蒙福（見創十二1～3）。留意神的這一應許：亞伯拉罕必要成為強大的國；地上的萬國都必因他得福。我眷顧他，為要叫他吩咐他的眾子和他的眷屬遵守我的道，秉行公義，使我所應許亞伯拉罕的話都成就了。（創十八18～19）按此了解，以色列人作為亞伯拉罕之後裔，如今蒙神選召，建立一祭司國度，目的便是要成就這應許，以致進一步令普世都因而蒙福。說白了，以色列人有責任為耶和華神作見證，把普世族羣都帶到耶和華神的面前，[5] 從而認識祂，奉祂為獨一的神，敬拜尊崇祂。這樣，本已墮落了的普世便能回歸於神，成全在創世時，神創造亞當和夏娃，並且要祝福人類的初心（見創一 26～31）。

再言摩西的祭司制度，他委派他的兄長亞倫及亞倫的兒子出任祭司（出二十八 1～2），專職會幕的工作；其有責任領導神的百姓過敬虔生活，以敬拜神為己任。祭司先要被膏立，然後按指示進行獻祭儀式（見利四 3、5、16，六 16），並配以特設的服飾。例如身上穿有以弗得及掛上代表以色列十二支派的胸牌，外袍配以腰帶，加上頭飾，映現出他們是分別為聖的一羣，穿起聖服專職主理聖務（出二十八 2～43）。

繼而，神對大祭司的操守有嚴格指令，大祭司不能接觸死屍，以防被污染（利二十一 10～12）。在婚姻上，其不能娶離過婚的女子，所娶的必須是處女（利二十一 13～15）。再則，只有他能吃百姓獻祭的祭品。總的來說，他在恪守一般祭司規條外，還要奉行一些額外的守則，規格極度嚴謹。[6]

當然，祭司最為顯赫、最不可取代的工作，便是只有特定的一位祭司（在摩西年代是亞倫，後來是大祭司），才能一年一次地代表著百姓進入至聖所內，在代表著神同在的施恩座前敬拜神，獻上贖罪祭。這個祭司離開至聖所後，要雙手按在一隻公山羊頭上，[7] 繼而禱告宣認百姓的罪，[8] 意即把百姓的罪孽、過犯和罪愆（這三樣代表了以色列人在觸犯律法上的一切罪），[9]

都轉歸羊的身上，然後送牠到曠野去，[10] 意思是百姓的一切罪都被移除，[11] 得著赦免（見利十六 11～22）。[12] 在當代，曠野被形容為鬼魔的居所，故這負罪的羊，是回到其應有的歸宿。[13] 再者，為了保證此羊不會重回以色列人的住處，後來有指示要求祭司把羊牽往懸崖旁，讓牠墮崖而死。[14] 如此，則人得著潔淨，再加上罪被除滅，保證了人的罪得著妥善的處理。[15] 畢竟，這代罪羊的死，象徵著以色列人所犯的罪得著赦免，永不被記念。[16]

綜上所論，祭司無疑承擔了中保的工作，他是神與人之間的惟一橋梁。

大祭司除了為百姓獻祭之外，還會代表著百姓向神獻上讚美和禱告，使他們蒙神的悅納和祝福。

留意祭司是被膏立的，這一點，與彌賽亞亦是受膏者，在意義上是相同的。意即其都是蒙神揀選特派，承擔聖職，有無可取代的意涵。再加上祭司本是主持宗教事務，一如彌賽亞將引進猶太教信仰上的復興，難怪後來的猶太教期盼一祭司式彌賽亞（priestly Messiah）出現，其將帶來宗教的振興，實現神應許以色列國要成為祭司族羣的初心。

24.2 | 歷史演變中的祭司角色

歷史的巨輪滾動而前，亡國後以色列人終於得以回歸，後更得以在耶路撒冷重建聖殿，祭司的地位從而得著提升。[17] 在此，服事聖職的祭司人數眾多，為要領導眾人，大祭司（祭司羣體的首領）這職位的出現可說是應運而生。在王國時期，大衛和所羅門王等都按著國情，膏立亞倫的後人為祭司首長（如大衛之於亞薩，見代上十六5、7、37）。南北兩國分立時期，眾君王也各自選立祭司首長以作配合（如約沙法王之於大祭司亞瑪利雅，見代下十九11；約阿施王之於祭司耶何耶大，見代下二十四2）。由於聖殿乃以色列人的焦點所在，專供聖殿職務的祭司自然是備受尊崇，其權位甚至可攀比在位的國君。[18]

尤有甚者，先前被毀的聖殿在亡國後得以重建，祭司制度也復現，但由於國家已亡，再沒有國君成為一國之首，如是者，主領祭司羣的首長（即祭司長或大祭司），便成為權傾一時的民族領袖。

任職大祭司者漸漸冒起，其重要性也與時俱增，隨著政局的變遷，其工作也變得跨界別。[19] 例如公元前一五二年時，大祭司約拿單被奉為政治和軍事的領袖，成為猶大地的總督。[20] 而在馬卡比革命之後的哈斯摩尼王朝（公元前135～63年），出現共八位的大祭司，而由公元前三七年至公元七○年間，出任大祭司的人數竟達二十八位之眾，情況使人咋舌。整體而言，在這段期間，大祭司儼然是猶大地的統治者，可稱為祭司君王（priestly king）。此運作直到大希律被中央委派，成為管治以色列地的王時才被迫終止。

大祭司本專職於宗教事務，後來卻演變成為涉及政治和軍務，其引起了不少猶太教內人士的不滿，如是者一些宗教改革運動頻生；其中如法利賽派及昆蘭社團等，他們認為祭司羣體的世俗化和同流合污實在不堪，於是便自立派別，過著自認為是聖潔的生活。[21]

25 新約時代的祭司(一)

當耶穌在世上的日子，此時第二聖殿的猶太教已極為制度化，聖殿的運作體制也發展成熟。大祭司是最高領導者，其下設有祭司長，繼而是殿官、司庫長、稅務官、週性殿務長（director of weekly course）和日常殿務長（director of daily course）等。[1] 最低層是一般的祭司和大約一萬名的利未人。可見其是一頗為龐大的組織。留意猶太公會（the Sanhedrin）的主席便是大祭司，公會內大部分成員都是有祭司背景的撒都該人。猶太公會主持聖殿事務，也為民間的訴訟作裁決的工作。在羅馬帝國政府的授權下，他們也執行一般性政務工作。耶穌時代的大祭司由負責的羅馬巡撫所委任，權力極大，地位也崇高。在世的耶穌，便是在大祭司該亞法的擺佈和主審下，被判有罪，後被重判以死刑而被釘在十字架上。

25.1 | 大祭司該亞法的失職

綜觀上論，對於初期教會來說，作為猶太公會主持人的大祭司，是全然的失職。[2] 當時出任大祭司者，是為該亞法。耶穌被捉拿後先押到他的寓所受審，馬太福音二十六章 57 節表明文士和長老等人（即公會的成員）早已雲集於此，目的是要商議如何藉著公審耶穌，設法入祂的罪，足見其狼子野心。留意當大祭司質問耶穌是否基督時，耶穌有此回答：你說的是。然而，我告訴你們，後來你們要看見人子坐在那權能者的右邊，駕著天上的雲降臨。（太二十六 64）[3] 看見一辭乃未來時態；[4] 其言之意，便是人子，即祂本人，終有一天，必要如但以理書七章 13 至 14 節所言的得著全權，並且審判列強。如是者，如今審判祂的公會，將來必要面對祂的審判，是為一項終審。物換星移，他們必被重判。

對比起猶太教的大祭司，那要來的彌賽亞也是一宗教領袖，祂必帶來信仰的振興，故祂被稱為祭司式彌賽亞（priestly Messiah）。如是者，耶穌來了，祂啟動了信仰的復興運動，成為了百姓所期待那要來的祭司式彌賽亞。

25.2 | 希伯來書以耶穌為大祭司

耶穌作為君王和先知等主題，寫祂生平事迹的四卷福音都有明顯的提及。但關於耶穌祭司角色的描述，倒要到希伯來書才發揮得淋漓盡致，其主要原因有二：

(1) 因祭司是來自十二支派中的利未支派，但耶穌卻是大衛之後(即猶大支派)。
(2) 希伯來書的讀者們有濃厚猶太教背景，因著種種原因，他們打算走回頭路，即從基督教切換回到猶太教。作者本身也深諳猶太教之道，故他以耶穌作為大祭司的地位及工作，與猶太教利未體系的祭司制度作對比，以表明前者遠超越後者，通過此對比，嘗試把讀者們挽回。[5]

希伯來書的作者力陳，耶穌比利未制度的大祭司更勝一籌，其重點共有七項，本章將會描述首三項，下一章再描述另外四項。

一、耶穌是按麥基洗德等次為祭司。作者表明：耶穌是蒙神照著麥基洗德的等次稱他為大祭司(來五10)。言下之意，雖然猶太教已有來自利未人亞倫體系的祭司制度，然而，這並不表示這是惟一能成為大祭司的途徑。因為麥基洗德也是祭司，作者於七章1至19節大幅度地描述麥基洗德是至高神的祭司，他的職位更是永不撤換(來七1，又七24)，以對比猶太教的大祭司是常被更替的。

值得留意的是，當代猶太人是極為推崇麥基洗德的；例如亞歷山大斐羅的作品及昆蘭社團文獻中的《麥基洗德文獻》(*The Melchizedek Document*)便有記載。後者更主張，麥基洗德是一屬天的拯救者，他擁有如天使般的能力，與天使米迦勒並肩作戰，把敵魔彼列擊潰，且被封為王者，[6]可見猶太人對麥基洗德是推崇備至的。[7]

麥基洗德首先出現於創世記十四章，他本來的身分是撒冷王，是至高神的祭司(見創十四18)。由於沒有提及他的祭司身分從何而來，身世也隱祕，故希伯來書的作者提説他是無父，無母，無族譜，無生之始，無命之終，乃是與神的兒子相似。(來七3)[8]作者的用意，是要指出耶穌基督作為大祭司也是如此，祂不像亞倫體系的祭司，是基於人的遺傳，即必要是亞倫的後人——利未支派的後裔才能成為祭司；祂是神藉著起誓的方式設立的(來七20～21)。在此，作者援引詩篇一一〇篇4節的一句：你是照著麥基洗德的等次永遠為祭司，説明此誓言是指著耶穌基督而説的。因此，基督這大祭司的職位是永不替換的，就著這一點作者力言：這位既是永遠常存的，他祭司的職任就長久不更換。(來七24)

按此了解，麥基洗德是基督的預表。[9]

在猶太教之外的祭司麥基洗德，是另類等次的，他的存在已顯示亞倫系的祭司實有不足之處，端此，作者如此總結：倘若藉這職任能得完全，又何用另外興起一位祭司，照麥基洗德的等次，不照亞倫的等次呢？(來七11)其言下之意，便是耶穌作為大祭司，是以先前在歷史中出現的麥基洗德為範式，[10]是絕對優於亞倫系祭司的。

作者進一步指出，猶太人的先祖亞伯拉罕也曾向麥基洗德獻上十分之一，並且蒙麥基洗德的祝福（創十四20），此舉措亦顯示麥基洗德比亞伯拉罕為大（來七7）。[11]作者表示，既然亞伯拉罕是以色列人的先祖，他便代表了其後人利未及其子孫，對麥基洗德敬獻禮物，並受其祝福（來七10）。可見麥基洗德比起後來才出現的利未系祭司為大。

總的來說，耶穌的大祭司職位是麥基洗德等次的，是超越亞倫等次的。當公元七〇年聖殿被毀，在祭司制度已不存在的氛圍下，耶穌永為祭司此說法進一步得著確立。換言之，耶穌基督持續了祭司的工作，更作成猶太教的祭司所不能的。

耶穌基督是神子民永活的大祭司：一個完美的終極版。

二、耶穌經歷過人間疾苦，能體恤世人。耶穌在世飽經百煉，嘗盡人生疾苦，成了完全的人，故能明白世人的需要，憐憫其百姓。雖然耶穌基督作為神的兒子，地位超然，但祂仍然降卑到世上來（來十5）。在此，作者如此表述：惟獨見那成為比天使小一點的耶穌；因為受死的苦，就得了尊貴榮耀為冠冕，叫他因著神的恩，為人人嘗了死味。（來二9）因著這降世為人的舉措，作者表示，其作用便是凡事該與他的弟兄相同，為要在神的事上成為慈悲忠信的大祭司，為百姓的罪獻上挽回祭。（來二17）稍後，他更力陳：因我們大祭司並非不能體恤我們的軟弱。他也曾凡事受過試探，與我們一樣，只是他沒有犯罪。（來四15）留意體恤一辭不單是指被動式的感同身受，而是包括主動的扶助。[12] 由此可見，活在世上的大祭司耶穌，既然在凡事上備受試探，好一個「苦寒打熬過的筋骨，逆風吹壯的胸脯」，如此一位嘗盡百味的大祭司，才能體諒眾生，憐恤我們，好成為我們隨時的幫助，就如作者於二章18節所指出的：他自己既然被試探而受苦，就能搭救被試探的人。（又來五2）

大祭司本代表著百姓事奉神，他理應明白百姓的問題，體恤百姓的苦痛才是，然而當代猶太教的祭司及大祭司大都只顧自己，甚至殘民自肥，其中如耶穌在路加福音十章31至32節所打的比喻——好撒馬利亞人的比喻中，言及路過被強盜打傷的人中有利未人及祭司，他們都採取置諸不理的態度，實在冷情。再者，按上文所指出的，猶太教的祭司制度已淪為一謀取名利的行業，他們早已把活在苦困中的百姓忘懷。而惟有耶穌這位願意及能夠憐恤世人的大祭司，才是全然稱職的真命大祭司。

三、耶穌把自己作為贖罪祭獻上，一次獻上，永遠有效。大祭司的工作，其重中之重便是每一年為百姓獻上贖罪祭，作者指出，此祭其實是有名無實的。希伯來書十章4節作者有言：因為公羊和山羊的血，斷不能除罪。作者有此理解是因為大祭司每年都要如此為百姓奉上祭物，這個週而復始的舉措，本身已表明此祭並沒有實質及永遠的贖罪功效：凡祭司天天站著事奉，屢次獻上一樣的祭物，這祭物永不能除罪。(來十11) 學者湯森(James W. Thompson)指出，站著事奉是祭司事奉的常態。[13] 留意會幕的眾傢俬之中是沒有可供坐下的，故曰天天站著，這一點是要表明其工作尚未完成。然而，在對比之下，耶穌基督卻在神的右邊坐下了(來十12)。[14] 這是一個新常態。作者解釋，這是因為基督獻了一次永遠的贖罪祭(來十12)，永遠意即不用重複，這是因為基督是用自己的血，只一次進入聖所，成了永遠贖罪的事。(來九12)自己的血無疑是指祂被釘十字架，流血捨命，成就救贖世人之壯舉，就如作者於九章28節所言：基督……一次被獻，擔當了多人的罪。

「大祭司的死能承擔人的罪」此理念可能來自摩西五經，民數記三十五章25及28節說明了若有人因不慎而殺人，當他被尋仇索命時，可走往以色列人的逃城中得著保護，以能過正常人的生活。這人要等到現任的大祭司離世，才可離開逃城，回自己的家園得地為業。按此了解，猶太拉比認為大祭司之死有贖罪的功能，是因為大祭司專職服事神，其地位在人間無人能及。也許，因著這份理念，希伯來書的作者——一位深諳舊約祭司制度的人物——得著靈感，指出耶穌作為大祭司，祂的死同樣有贖罪的功能。

總的來說，亞倫系的祭禮其實不能真的為人贖罪，這其實只是一項預表，預表著新約耶穌基督以自己的生命獻上為祭，卻產生有永遠果效的贖罪祭。

留意作者更在九章15節表明，耶穌基督的受死贖了人在前約之時所犯的罪過。意思是耶穌所獻的祭，其功效就是連舊約神的子民也能拯救。可見這是一項神所安排的全備獻祭，其能夠拯救新約和舊約一切屬神的子民，而所倚仗的全在乎這位大祭司耶穌所獻上，那永遠有效，跨越時空，以自己生命為祭的贖罪祭。[15]

26 新約時代的祭司（二）

上一章提到，希伯來書描述耶穌的大祭司身分，極為詳盡通透。關於這個身分的七個重點，上一章提到了三個：一、耶穌以麥基洗德的等次為祭司；二、祂經歷人間磨練，能體恤世人；三、祂以自己為贖罪祭獻上一次永遠的祭。現接續上一章，談論另外四點：

四、基督的死，使一切神的子民成為祭司，敬拜事奉神。希伯來書作者早在六章20節表明，那永遠活著、永為大祭司的耶穌，儼然是我們的先鋒，[1]為我們率先進入幔內，即至聖所內。稍後，作者更於十章19至23節作出鼓勵：因著以上的事實，我們便可以藉著祂，坦然進入至聖所敬拜父神。這是因為祂的身體成為了通往至聖所的幔子，意思是回指當祂死時，聖殿的幔子從上向下撕裂（見太二十七51），如是者，那阻攔神子民進入至聖所的障礙已除。這表示耶穌的死，開闢了一條又新又活的路，新是指這是首創的，活是指這是一條活路，是通往敬拜永活神的生路。作者能夠信誓旦旦地如此保證，原因如下：

（1）神子民的罪已蒙赦免，因此，作者有此解說：我們心中天良的虧欠已經灑去，身體用清水洗淨了，就當存著誠心和充足的信心來到神面前。（來十22）[2]

（2）大祭司乃領導祭司羣的首腦，如今耶穌已升天得榮，毫無阻礙地進入天上的聖所敬拜父神，此舉表示屬於祂的祭司羣亦有此權利。事實上，教會便是一祭司的羣體。換言之，教會的成員靠著大祭司耶穌，得以來到神面前敬拜服事祂。

（3）在世的主耶穌曾表明，只要教會奉祂的名聚會，祂便會在其中（見太十八20）。如是者，在聚會中信眾能與復活主相遇，此情況等同於與父神相交。

作者表明，大祭司耶穌成全了一個更美的恩約（即新約）。他於八章6節指因起誓而立的大祭司耶穌作了更美之約的中保，是為新約的中保（見來十二24）。[3] 稍後，作者更表明，這約是更美的，因為神把律法放在神子民的心裏（而不是寫在石版上）。作者更援引耶利米書三十一章31至34節而言：……寫在他們心上；我要作他們的神；他們要作我的子民。（來八10～12）因著大祭司耶穌的死，神子民的罪得赦免，祂死而復活，升天得榮，然後差下聖靈，促成神子民內在生命的更新。如是者，內在生命的更新衍生了生活上的改變，全人生命得以重鑄，人生也得以改寫。

說白了，這是一個裏外更新的屬靈境界，比起舊約所強調的恪守律法為優勝。因為守律法者仍可以陽奉陰違地運作(外表虔守律法，內心則思想崩壞)，盡是矯情之作，犯了假冒為善的毛病。因此，作者有此結論：既說新約，就以前約為舊了；但那漸舊漸衰的，就必快歸無有了。(來八13)換言之，新約取代了舊約。這新約約章的對象，不單只是猶太人，還包括了外邦人，即普世的人類，如此，便成就了神對亞伯拉罕的應許，萬國要因他的後裔蒙福。

簡而言之，父神藉著大祭司耶穌，成就了新約中保的角色，為神子民帶來了一個更美的恩約。

五、耶穌進入榮耀裏，開了先河，使一切跟隨祂的人亦然。作者早已於二章10節表明，耶穌是救人的元帥，其帥領許多的兒子進榮耀裏去，這是因為祂本是神的兒子(見來五6，七17、21)，儼然是長子。[4]繼而，一如上文所指出，耶穌也是先鋒，率先進入幔內，即至聖所內(來六20)。跟隨祂的人也得以進入之。後來，祂更升天得榮，此舉意即祂率先進入天上的聖所服事父神。按此了解，一切以祂為先鋒的跟隨者，也必能如此。換言之，大祭司耶穌為神子民開拓了一屬靈的新蹊徑，一如上文所指出，作者表明這是一條又新又活的路(來十

20），新表明這路是耶穌所開創，受書人則有如朝聖者，走在這朝聖的路上，大祭司耶穌是這朝聖之旅的領隊。因祂滿有此經驗，深諳此通往天家的通道。在祂的帥領下，朝聖者得著了保證，他們必然能到達終點：即那座有根基的，是神所經營的城（來十一10），也即是將來的城（來十三14）、天上的耶路撒冷（來十二22）、天上的聖會（來十二23）及那不能震動的國（來十二28）。

以上作者所言，與保羅於哥林多前書十五章20節所指出的，基督已經從死裏復活，成為睡了之人初熟的果子的意思是一樣的。在此，保羅聚焦於信徒從死裏復活的確據；上文則強調大祭司耶穌那永為中保的工作：祂是信徒得著救恩的創始成終者（來十二2）。

六、耶穌永遠活著，在天上的聖所為神的子民代求。作者指出，一如上文所言，大祭司耶穌是永活的（見來七1～3），其重中之重，在於祂升上高天，在天上聖所持續祂那中保的工作。這天上的聖所被作者稱為更大更全備的帳幕（來九11；更大更全備表示其絕對的優勝）；[5]其也是真帳幕，是主所搭建的（來八2），以對比昔日以色列人四十年在曠野所搭建的會幕，其是人手所經營的（來八1～2，九11）。祂在天上的聖所，其地位是在神的右邊坐下（來十12）。祂的工作，便是長遠活著，替他們祈求（來七25）；他們是指一切祂所代表的，信靠祂的人；祈求的對象是父神。如此，便成就了祂永為新約中保的工作。

對比起地上以色列人以摩西體系為主導的敬拜體系，摩西在山上領受異象，其建造的會幕，是照著天上的樣式造成的（出二十五8～9），按此了解，希伯來書的作者表明，這天上的樣式可稱為更大更全備的帳幕，不是人手所造，也不是屬乎這世界的。（來九11）這便是復活升天的大祭司耶穌如今所事奉的場所。作者的闡釋，便是：因為基督並不是進了人手所造的聖所（這不過是真聖所的影像），乃是進了天堂，如今我們顯在神面前。（來九24）這一點，絕對不是任何猶太教的大祭司所能比擬的。

在此，耶穌基督代求的工作，在在表明祂永為神與人之間的中保，其起碼有以下的四大意義：

（1）這是一項守護的行動；一如保羅於羅馬書八章34節所力陳的，三位一體的神，即父神、聖子和聖靈都保守著信徒。聖子的保守便是現今在神的右邊，也替我們祈求。

（2）這是一份永不分離的愛的行動；大祭司耶穌永遠活著，為屬祂的人代求，可見祂那份慈悲忠信之情，即對信徒的情義是永不改變的，就如保羅於羅馬書八章35節所指出的，誰能使我們與基督的愛隔絕呢？而稍後，他於八章39節更言辭鑿鑿地堅稱，宇宙之間的任何人及事，都不能叫我們與神的愛隔絕；這愛是在我們的主基督耶穌裏的。

（3）這是一項敬拜的行動，父神悅納祂的敬拜，也同樣悅納一切在地上奉主名聚會的集體敬拜。再說白一點，一如古德恩（Wayne Grudem）所指出的，信徒不必到耶路撒冷的聖殿中敬拜才蒙父神悅納，[6] 只要奉祂的名聚會，也藉著祂的代求，地上神子民的禱求必蒙父神垂聽（見太十八19～20）。

（4）由於祂必然是按著父神的旨意為信徒祈求，如此，祂的禱求必蒙父神垂聽。[7]

也許，我們可以說，活在世上的我們，在屬靈成長的路上偶有突破，其不是偶然而生，而是來自在天上為我們代求的中保耶穌，其禱告父神所帶來給我們的祝福。

七、耶穌堅忍的生命，成為神子民效法的對象。活在世上的耶穌，雖然多受試探，卻因著全然順服神而得勝，作者譽稱祂為完全（來五9）。如是者，祂成為了眾信徒的榜樣，這是一項新約眾作者的共識（太十一28～29；林前十一1；腓二5～11；來十三12～13；彼前四1）。留意希伯來書十二章1至3節作者表明，歷史上出現了多位信心的偉人，他們的生平事迹誠然是一典範，因此，受書人便應該放下罪的重擔，鍥而不捨地奔那擺在我們前頭的路程。作者的意思，一如學者郭克里（Gareth Lee Cockerill）所言，基督救贖中的受苦，儼然是一範式，幫助備受威脅的信徒敢於接受生命的挑戰。[8] 接下來，作者提及耶穌那份堅持的態度，尤其是忍受罪人這樣頂撞的，你們要思想，免得疲倦灰心。(來十二 3)換言之，這位本為先鋒的大祭司耶穌，其完美的一生，堪足後人學習；其中尤其是在面對困難和磨難時的堅忍心；一份既柔軟卻韌勁的決心。[9]

接下來作者於十三章 12 至 13 節再言這一點，作者向受書人表明：我們也當出到營外，就了他去，忍受他所受的凌辱。學者歐白恩(Peter T. O'Brien)指出，就了他去導出了目標，即以耶穌為目標地忍受苦難。[10] 換言之，生命中所遇到的困難，信徒必須抱著堅毅不屈的鬥心，日不落的戰魂，才能攻堅克難，排除萬難。回望飽經憂患的大祭司耶穌是如此，如今面對著生命中種種困難的信徒亦然。

這一點，彼得前書四章 1 節亦有類似的教誨：基督既在肉身受苦，你們也當將這樣的心志作為兵器……。留意保羅於腓立比書一章 29 節的一句：因為你們蒙恩，不但得以信服基督，並要為他受苦；意思是在我們的信仰裏，受苦是必然的，因為我們的救主耶穌曾為我們受苦，我們為祂受苦可算是一反饋，是絕對靠譜及可預期的。

靈思小品

肺魚的生命軌迹

大家或會以為，非洲最強大的動物是兇猛的獅子，或是巨型的大象，然而，牠們都因被過度獵殺而面臨絕種的危機。反而，一種不為人知、看來絕不起眼的動物——肺魚，其生命力強大得使人嘖嘖稱奇，讚歎不已。這種魚類的鰓和鰾，在必要時可變作肺的功能，從空氣中直接吸取氧氣而活下去。

在夏天旱季來到時，非洲氣溫在四十度以上，當地某些湖泊的水會因而涸乾，肺魚便被迫留在乾涸了的湖底。然而，牠身體能分泌一種潤滑的黏液，使牠們能在泥土中鑽洞，然後把全身沉潛在較清涼的泥穴裏，在那裏夏眠。

牠們把身體蜷伏起來，新陳代謝的機能會減至只有正常的六十分之一，以保持能量。如是者，牠們得以活命，等到雨季重臨時，便伺機重生，四出覓食。

最重要的，倒是其外貌不揚（樣子像鰻魚），肉質粗劣（泥味極重），並沒有任何觀賞及食用的價值。如此低調地活著，就是連當地人也都不察覺其存在。這樣，反而不會被獵殺，引來滅種的危機。

反省

肺魚的生命軌迹告訴我們，世上不少人追求漫天燦爛的星光，卻忽略了身旁一唱一和的蟬叫鳥鳴，還有抬頭已可見的藍天白雲、遼闊晴空。他們所缺少的，是在平淡生活中一對能透視快樂和幸福的慧眼。

肺魚的故事也在告訴我們，強大的生命不一定要有台下千萬螢光棒不停地晃動，迎接自己高姿勢地驚艷登場，萬眾矚目。反而是恰如其分，發揮個人的潛能，做好自己該做的、擅長的事。特別是在這變幻莫測、世情難料的時代逆境中，發揮強大的適應能力，好使自己能邁步向前，已是潛龍在淵的高手。

古文八大家之一的蘇軾有曰：「立大事者，不惟有超世之才，亦必有堅韌不拔之志。」堅韌不拔之志，正是逆境中還能自強不息者所必備的。

靠著全能主，我們能夠做到。

禱告

主啊，我願踏實地為自己搭建生命的工程，好叫在磨難的日子仍然站立得穩；求祢幫助我。

27 約翰作品中的大祭司耶穌

福音書並沒有明言耶穌是大祭司，學者鄧雅各（James D. G. Dunn）認為這是因為耶穌的血脈是來自大衛而不是來自祭司背景的亞倫之後，此勢態是鮮明的。[1] 不過，約翰福音十七章卻記述了耶穌在離世前為門徒代禱的禱文，其被譽稱為「大祭司的禱告」（the high-priestly prayer），這是因為祭司的工作，本來便是代表百姓敬拜及禱告神，而耶穌因為離世在即，心中極為關心祂所留下的門徒，於是便為門徒代求。[2] 由此可見，從經文結構來看，這段禱文是約翰福音十三至十七章耶穌的臨別論述（farewell discourse）之總結篇。[3]

我們相信在世的耶穌必然曾多次為門徒代求，不過，只有是次代求的內容在這裏詳細地被作者記述下來。説到底，其也是耶穌基督新約中篇幅最長的禱文。基督這份代求之情，正好符合希伯來書所強調的，大祭司耶穌慈悲忠信，憐恤世人，是新約的中保（來二 17，四 16）。

由於耶穌與門徒離別在即，在祂赴客西馬尼園，在園內被捕之前，祂先應許門徒，他們必蒙保守，在面對未來苦難時，必然得勝。因為耶穌是得勝主（約十六 33）。然後，祂便向父神禱告，藉著此禱告，祂把未來全然放在父神的手中。[4] 祂先讚美父神，藉著祂所要成就的救恩，使榮耀給祂本人，也歸於父神（約十七 1～5）。[5] 接下來，祂便為門徒代求（約十七 6～19），並為未來的門徒羣體，即教會代求（約十七 20～26）。[6] 在 6 至 26 節中，耶穌代求的主題主要有四：

一、求父神保守門徒，一如在世的主守護著他們一樣，其重中之重，便是保守他們脫離那惡者（約十七 15）。留意保守一辭常出現在這段禱文中（見 11、12、15 節），可見其乃重要的字眼；那惡者大概是指魔鬼；[7] 即求神保守門徒不為魔鬼所害。

由於耶穌很快便要遇難離世，門徒未來的考驗是嚴峻的，他們實在需要父神的保守。更值得耶穌關注的，便是門徒之中的猶大已打算出賣祂。而猶大此惡行，是與魔鬼的誘惑攸關，因為約翰福音十三章 27 節表示，當耶穌與十二門徒吃逾越節的晚餐，祂把餅蘸汁，然後遞給猶大吃。吃後，作者形容撒但就入了他的心，[8] 意思是自此，猶大的心思全被撒但操控，任它擺佈，將犯下十惡不赦的罪。

在此，耶穌為門徒禱告，求父神保守他們，即起碼保守其他的門徒不致走上猶大那屬靈的不歸路。[9]

二、求父神保守門徒能合而為一（約十七 11、20～21）。在此，學者柯斯坦伯格（Andreas J. Köstenberger）指出，這是離世在即的耶穌對門徒的未來最為關注的一點。[10] 其反映了耶穌深知道門徒極為需要彼此相愛和合而為一。[11] 早前，祂已藉著為門徒洗腳，向門徒表明：你們也當彼此洗腳。我給你們作了榜樣……。（約十三 14～15）稍後，祂更教導門徒一條新命令：乃是叫你們彼此相愛（約十三 34，又十五 17）。耶穌的意思是要門徒因遵行這新命令：彼此相愛，從而達至合一。[12] 由此可見，相愛和合一的關係是緊扣著的。[13] 而惟有當門徒能二者並濟，這弱小的門徒羣體，才能在未來的磨難中集結力量，同仇敵愾，抵擋這恨他們的世界（見約十五 18）之來襲。[14]

三、求父神使門徒因真理而成聖（約十七 19）。意即耶穌已把真理教導門徒，耶穌本人更是真理的體現（約十四 6）。祂自己分別為聖，意即祂全然委身於真理而服事神，如此，他們（即門徒）也因真理成聖意即門徒也效法祂，[15] 他們同樣蒙召，委身於真理，即也要分別為聖而服事神。[16]

由於耶穌快要離世，祂已不能以現在的方式，與門徒作息與共地生活，並且言教身教，使門徒成長。因此，當耶穌不在，門徒必須學習：在回想起在世的耶穌之言行時，藉著聖靈——即另一位如耶穌一樣的保惠師——引導他們感悟箇中的道理。他們將會蒙聖靈的啟導，因而明白及有能力活出真理，成為言教身教的真理教師，以能成全領導屬神羣體的使命，這便是耶穌在論及保惠師聖靈時，為聖靈的工作定格之言：他要將一切事教導你們，也要使你們想起我對你們所說過的一切話（約十四26，《新譯》）；又他要引導你們進入一切真理……他要榮耀我，因為他要把從我那裏所領受的告訴你們。（約十六13～14，《新譯》）

四、求父神讓門徒繼續經歷主的同在（約十七24）。稍前，耶穌藉著葡萄樹及其枝子的比喻，說明門徒必須與祂的生命聯上，才能多結果子（約十五1～8），可見與祂生命聯合是極為重要的。然而，如今，祂快要離世升天而去，門徒知道此情況，心中糾結，正是離愁別緒（約十四1、27，十六6），因此，耶穌作出了保證，祂的離去並不表示門徒將與祂失聯，只能孤勇地獨對未來。門徒仍可持續有主的同在同行，享受主同在的平安（約十六27）。此同在同行是可能的，因為耶穌將求父賜下另一位保惠師聖靈，使他跟你們永遠在一起（約十四16，《新譯》）。

當然，有一天門徒亦要離世，他們將與主永活在永恆裏，一如耶穌向門徒所應許：我去原是為你們預備地方去。我若去為你們預備了地方，就必再來接你們到我那裏去，我在哪裏，叫你們也在那裏。（約十四2～3）

總的來說，如今，耶穌已不在世上，但祂那大祭司代禱的工作是持續的，一如上文所指出的，因為祂在升天得榮後，仍然為一切屬祂的人在父神的右邊代求（來七25；羅八34）。[17]

留意約翰壹書一章9節至二章2節表明，耶穌基督是中保；中保一辭原文即是保惠師，[18]這位中保有赦罪的權柄。留意作者這一句：他為我們的罪作了挽回祭（約壹二2），[19]其動詞的原文乃現在時態，由此可見，耶穌昔日的死，如今仍有赦罪之功效。在此，學者肯納德（Douglas W. Kennard）表示，如此，耶穌作為祭司，祂的代求及獻祭便融合為一。[20]換言之，耶穌的死，帶來罪人的罪得著妥善處理的基礎。耶穌的長遠活著，為一切屬祂的人代求（即中保的工作），[21]其帶來了赦罪的必然性和永遠有效性，正如約翰壹書一章9節所應許的：我們若承認自己的罪，神是信實的、公義的，必定赦免我們的罪，潔淨我們脫離一切不義。（《新譯》）

留意中保耶穌被譬為那義者耶穌基督（約壹二1），此言表明祂完全順服神，是世上惟一沒有犯過任何罪的義者。而惟有這樣，祂的死才有莫大的價值，能拯救世上的人。再者，祂從死裏復活，儼然是父神為祂平反；祂儼然是那義者，一如約翰福音十六章8節所表明的，父神（或主耶穌自己）所差來的保惠師聖靈：他既來了，就要叫世人為罪、為義、為審判，自己責備自己。聖靈使耶穌從死裏復活（羅八11），並且復活的主被接到父神那裏去（約十六10）；如此，主耶穌被顯為義，祂更是那義者，意即是說，這位義者耶穌，是神為人所預備的，惟一的中保。

總的來說，我們無論在世界哪個角落，莫問時光飛逝有多快，不管落在何等的光境中，在天父面前，大祭司耶穌必在那裏，祂必伸出援手，更為我們禱告，永不間斷。

藉著聖靈，大祭司耶穌常與我們零距離接觸。祂同在及同行，從未離開過。

28 新約教會是祭司羣體

一如上文所言，新約教會被稱為祭司的羣體，此說法沿自舊約。首先，耶和華神曾吩咐摩西要對以色列人如此宣告：「你們要歸我作祭司的國度，為聖潔的國民。」這些話你要告訴以色列人。(出十九6)到了新約，教會儼然是末世神興起的羣體，其才是真正的祭司羣體，聖潔的國民，萬族因而得著祝福。

回望歷史，以色列人的祭司制度，於公元七〇年聖殿全毀後全然潰散，因為一切祭禮已全數停擺，祭司已派不上用場。最後的一位大祭司名為巴撒母耳(Phinehas ben Samuel)，其本是一石匠，與拉比希列家族結下婚緣；聖殿被毀後，隨著他的消失，祭司制度也全然消失於歷史的時空中。

然而，祭司羣體本是神所設立，大祭司更是祂所膏立的。作為神與普世人類之間的中保，此職事是絕對不可缺乏的，其也沒有消失，因為耶穌已成為永活的大祭司。再者，教會儼然是從大祭司耶穌而來的祭司羣體。在此，留意希伯來書六章19至20節的訓示：我們有這指望，如同靈魂的錨，又堅固又牢靠，且通入幔內。作先鋒的耶穌，既照著麥基洗德的等次成了永遠的大祭司，就為我們進入幔內。作者表明，因著耶穌作為我們的先鋒，領帶著我們進入聖殿幔子內的至聖所敬拜神，這指望有如船在大海中，藉著固定船身的錨，昂然佇立。換言之，因著開路先鋒的大祭司耶穌，跟隨祂的人也成為了祭司，坦然無懼地直接敬拜服事神（又來十19～20）。在此，希伯來書的作者有此解說：何況基督藉著永遠的靈，將自己無瑕無疵獻給神，他的血豈不更能洗淨你們的心，除去你們的死行，使你們事奉那永生神嗎？（來九14）

按此了解，基督的死，不單除去信徒的罪，還帶來一個屬靈的格局：信徒如今可以事奉神。這一點，正好是使徒彼得所力陳的：惟有你們是被揀選的族類，是有君尊的祭司，是聖潔的國度，是屬神的子民，要叫你們宣揚那召你們出黑暗入奇妙光明者的美德。（彼前二9）此言大概呼應著本章上文出埃及記十九章6節所表明的，以色列整個民族本是祭司的國度。如今，以色列人是祭司國度的這個構思，已被新約屬大祭司耶穌的羣體，由信主的猶太人和信主的外邦人所共同組成的屬靈羣體——教會所取代。在此，留意約翰於啟示錄五章9至10節指出被殺的羔羊耶穌基督配受敬拜和讚美，因著其本是神，[1] 也帶出莫大的救贖功效。作者如此解說：因為你曾被殺，用自己的血從各族、各方、各民、各國中買了人來，叫他們歸於神，又叫他們成為國民，作祭司歸於神……。換言之，新約的祭司羣體是跨國族的。

總的來説，希伯來書的作者表明，我們活在一個新紀元中，其乃大祭司耶穌所促成的；祂更帶來了神子民敬拜的更新。大祭司耶穌升上高天，在天上聖所事奉。祂的升格，使我們能靠著祂，成為祭司羣體，坦然無懼地敬拜服事神（來十19）。祂那有永遠功效的獻祭，使我們不用再獻祭牲，而是以頌讚感謝為祭（來十三15）。祂建立的新約，使我們活在聖靈的引導下，而不再受律法制約（來八10～11）。作者表明了基督的信仰，是一絕對優勝的大格局，藉此呼籲我們必須憑著信心，滿懷希望地朝著屬天的目標前行。

隨著公元七〇年聖城和聖殿的被毀，祭司制度也消失了。然而，神與人之間的中保工作是必須要有的，否則，人無法到神那裏敬拜服事祂。可幸大祭司耶穌已取代了利未體系的祭司，祂更升上高天，永遠活著，在父神的右邊為我們代求（來七24～25，八1）。祂曾在世上活著，嘗盡人生百味，成了慈悲忠誠的大祭司（來二9、18，四14～15）。祂更把自己的生命獻上為贖罪祭，只一次獻上，功效卻永存（來十12）。如今，我們藉著祂，不單得著赦罪的平安，還藉著祂在天上聖所的代求，顯在父神的面前，使我們在地上的敬拜和服事能直達天界，蒙父神悦納。這一切的祝福，全是我們的救主耶穌基督所為我們達成的。

事實上，儘管我們因著種種的原因（如身患重病、普世性的危疾、天災人禍等），未能一起聚集敬拜神，我們仍可天天藉著稱頌讚美為祭敬拜祂（來十三15）。隨時隨地，只要奉靠主耶穌的聖名，我們都能敬拜神。

| 末了的話 |

我們皆祭司

保羅於哥林多後書六章2節有言：看哪，現在正是悅納的時候！現在正是拯救的日子。活在末世的教會，面對著紛亂的世情，凶險的世道，我們很容易便心煩意亂，陣腳大亂，忘記了我們是一祭司的羣體。在此，我們必須認真對待此大祭司耶穌基督為我們爭取得來的屬靈身分：祭司，即神與人之間的中保。我們必須認定：靠著永遠活著的大祭司耶穌，我們必能活出如鹽如光的生命，從而實踐中保的角色，引導世人回歸於神。這並不只是傳道人的責任，乃是所有神子民的使命。

某電視劇集裏有兩姊妹，因著某些原因，她們自小分開，在不同的家庭長大，各自生活。長大後的姊姊婷婷玉立，嬌美可人，她首度出現在銀幕前時，可說是驚艷登場。妹妹樣貌一般，談不上很美，但她的笑臉卻使人心生好感。

姊姊為了要嫁入豪門，用盡方法，耍盡手段，手法近乎違法，結果她終得償所願，卻驚險萬狀，付出了沉重代價。妹妹生性善良，活得簡約，對苦困者甚有愛心，常伸出援手。

作為觀眾的我，每當看到妹妹時，心中頓生好感。她的笑臉，頓使作為觀眾的我心情開朗。說也奇怪，每當美艷的姊姊出現時，我的心情總是緊繃著的，看久了也心生厭惡。尤有甚者，當她落難時，我竟然情不自禁地出言：「活該，她咎由自取。」

儘管只是在屏幕上，但不甚美的妹妹，亦會因著她的內在美，而顯得格外美麗和吸引。反之，姊姊雖然美若天仙，卻因她的狼子野心而使人卻步。由此可見，人的美好品德，實有難以言表的強大吸引力，絕非外表的華麗可比擬。

作為基督徒和祭司，我們有責任把別人引到神的面前。在此，我們不單以言語傳揚父神的美善，我們內在的生命狀態也在說話。還看在世的主耶穌，祂並無佳形美容供人羨慕：*他無佳形美容；我們看見他的時候，也無美貌使我們羨慕他。*（賽五十三2）然而，祂那神兒子的屬靈生命，卻吸引成千上萬的人跟隨祂（見路十二1；

十四 25）。

但願我們都靠主而活，好叫我們那優美的內在生命狀態，成為福音的體現，顯在人前，這是更具吸引力和說服力的傳揚福音之道。

當今之勢，世局紛亂，民心散渙，人們極需要神的指引，神話語的慰惜，他們極需要作為祭司羣體的神的子民，指引他們尋得著那生命之道，此責任又捨你我其誰？

| 靈思小品 |

愛，生命的潛力量

愛是恆久忍耐，又有恩慈。（林前十三4）

且看以下的一則動人故事。

故事的開始是一富貴家族要聘請家傭。

這個家族的主人是一位已退休的前醫院院長蘇醫生。他一直醉心工作，把大半生都奉獻給病人，堪稱人氣神醫，甚得病人欣賞。可惜他現在半身不遂，需要別人全時間照料。他兒子是幹電腦行業的，因工作繁忙，與他關係也欠佳，於是請來家傭，全時間照料父親。

但問題是家傭都一一被父親趕走。

這位前人氣醫生說話極其尖酸刻薄，對家傭要求甚高，態度涼薄。他那生人勿近的態度，把十多位傭工都趕走了。這些傭工走的時候，全部頭也不回。

眼前的應徵者，是一位從東北農村來的年青母親翠芳。她為了生計，放下剛能行走的幼子及年邁的母親，遠走他方，來到這家中。

開始時，醫生對翠芳的態度及說話一如過往，再加上翠芳說話帶著濃濃鄉音，打扮老土，服事醫生時更笨手笨腳，盡顯其乃鄉野之輩。如此一來，這位看來非常不堪的農村婦，自然被醫生百般揶揄，惡言不絕於耳。看來情況不妙，翠芳請辭是早晚的事。

不過，出人意表的是，翠芳心地善良，想法單純。她心想：眼前的病人，是一位曾立下輝煌戰績的一院之長。如今竟動彈不得，困在家中，實在可憐。如是者，她常以暖心的説話回接醫生的惡言。

其中兩個動人的情節，令人印象深刻。有一次，翠芳心中鬱悶，走進一所餐館，又因醫生是這餐館的常客，餐館的老闆甚為了解醫生的情況及脾性。老闆如此勸説：「面對蘇醫生，你糊塗一點便好。」女傭如此回答：「我已經很糊塗了。」

又有一次，女傭知道醫生極其喜歡餐館中的某菜式，她便在深夜走到餐館，跟老闆學習如何製作此菜式，好為病人下廚，逗他開心。

原來，這位生人勿近的醫生，他的苦毒來自他內心的愧疚。他因醉心工作而冷落了家中人，把照顧兒子的責任，全數交給妻子。在妻子離世舉喪的那一天，他竟然留在醫院為病人進行手術。再加上他童年時活得坎坷，被別人視為乞丐，長大後他極盼望獲得尊重。如今他竟然失去工作，失去活動能力，自尊全失；每一天都活在苦澀怨憤中。

最後，翠芳的善良和愛心，感動了這位醫生。醫生竟向家傭道歉，並且與兒子和好。他希望家傭不會重蹈他的覆轍，即因著工作而冷落家中人，於是要求家傭回家照顧家中人，並且在經濟上為她作出了妥善的安排。

反省

一位地位低微、沒有學識的人士，竟然深度影響了一羣很有學問、社會地位崇高的人。她以愛化恨，以德報怨。她內在生命的溫柔和韌勁，溶化了身邊所有的人。

換言之，她以愛的生命，影響著別人的生命。

說到底，以學問影響別人是有限的，以生命影響別人卻是強大的。前者充其量使人佩服，後者卻使人全然心折，生命得著更新改變。

由此可見，作為祭司的我們，其重中之重便是心中有主的大愛，並且以這份愛心，作為立身處世之本。

愛心使頑石也點頭。

禱告

主啊，求祢賜我更新的生命，好叫我變得柔和謙卑，更能愛人如己，內在生命不斷成長，好踏實地實踐祭司的職分。

第七部

耶穌基督：新的摩西，末後的亞當

29 那要來的摩西是耶穌

29.1 預言中的另一位摩西

在馬太福音的作者所擬寫的耶穌故事中，他明顯表明，耶穌便是以賽亞書僕人篇中所描繪的那位受苦義僕（見太八17，十二15～21；又路四17～21）。作為大衛的後裔，耶穌基督也是那要來的，帶來以色列人國族振興的彌賽亞（太二十一1～9）。然而，少為人所知的，卻是馬太以暗中提述的方式（allusion），呼應著（echoes）申命記十八章15及18節所預言的，有一位像摩西的人物的出現；而耶穌基督便是這一位預言中的，那要來的摩西。

申命記十八章15至18節的預告，在司提反的宣講中亦有出現（徒七37），可見當代的猶太人對那要來的摩西此應許相當熟諳，並且殷切地期待著一位像摩西的拯救者出現，一如門徒腓力於約翰福音一章45節所宣稱的：摩西在律法上所寫的……我們遇見了，就是約瑟的兒子拿撒勒人耶穌；然後他和另一位門徒拿但業一起跟隨了耶穌。

換言之，亡國後直到新約時代，以色列人都相信，神將特派一位拯救者，有如昔日的拯救者摩西，帶來一個「新的出埃及」（a new exodus）之拯救，[1] 使族人能重建家國。[2]

29.2 | 耶穌是那一位摩西

值得留意的是，馬太的對象是一羣信主的猶太裔人士。[3] 按此了解，不少學者相信，馬太所擬寫的耶穌故事，有很多地方與昔日拯救以色列人出埃及的摩西相若。[4] 耶穌儼然是那預言中要來的摩西，一位新的摩西（a new Moses）。祂將帶動其子民進行另一次的出埃及行動，與神立新的約，且看以下的對照及對比：

（1）馬太福音二章13至14節指出耶穌出生不久便被大希律王所追殺而逃命至埃及（此為馬太福音獨有的經段）；對比摩西在出生時同樣面對著埃及法老王所頒下，對一切希伯來男嬰的格殺令（出一15～16）。

（2）馬太福音二章19至20節表明，希律死了以後，約瑟蒙天使啟示，帶著耶穌回到以色列地去；對比出埃及記四章19

至20節摩西蒙神指示，因尋索他命的法老已死，他便舉家回到埃及。[5]

（3）在耶穌受魔鬼的試探中，馬太福音四章8節形容耶穌被帶到最高的山（只有馬太福音有此描寫），魔鬼要求耶穌向他下拜，他便把萬國的榮華賜給祂；對比猶太人的一個傳統說法，指快將離世的摩西，在尼波山上與魔鬼相遇，出現了一場激烈的言語較量。摩西嚴嚴斥責魔鬼：「惡者，退去吧」，[6] 同樣耶穌斥責魔鬼：撒但，退去吧！（太四10）

（4）耶穌因拒絕魔鬼的煽惑，至終得著父神所賜的宇宙全權，正如馬太福音二十八章18節耶穌所堅稱的：天上地下所有的權柄都賜給我了。摩西同樣愛其同胞，被猶太傳統（例如亞歷山大的斐羅）認為他放棄了埃及王子的身分，甚至是承繼法老王位的良機，結果蒙神使用，被安排有如王者般統領全以色列人。[7]

（5）馬太福音五至七章乃耶穌第一篇論述，是為登山寶訓。留意五章1節作者形容耶穌在山上開口教導門徒（太五1～2），此描述大有可能是要對比摩西在西奈山上領受誡命，然後下山向全以色列人頒佈之。[8]

（6）馬太福音二十八章16至20節描述耶穌在山上向門徒頒發大使命，吩咐他們往普天下去傳福音。[9] 命令中的一句：凡我所吩咐你們的，都教訓他們遵守；對照摩西把神的誡命教導以色列人，也要求他們遵守（申四1、5，六1），甚至教導其子女虔守之（申六 6～9）。

（7）耶穌以餅及魚餵飽五千人及四千人（太十四 13～21，十五 32～38），對比摩西以嗎哪和鵪鶉供給以色列人作食物；地點同樣是在曠野（出十六 4～14）。[10]

（8）馬太福音十七章 8 節耶穌在登山變像中顯出祂的神性和威榮；對比摩西在山上與神相遇後，其臉上充滿榮光（出三十四 29～35；又參林後三 7～11）。

（9）在登山變像中，除了耶穌外，還有摩西及先知以利亞。在他們二人消失後，有聲音發出，要求在場的門徒說：你們要聽他（太十七 5；又可九 7，路九 35）；此言反映了申命記十八章 5 節的背景：……給你興起一位先知，像我，你們要聽從他。可見耶穌便是預言中那位將要來的，像摩西的先知（申十八 15、18）。[11]

（10）神藉著耶穌設立新的約（太二十六 28）；對照耶和華神藉著摩西，與以色列人立下西奈之約。[12]

29.3 新的摩西遠超摩西

還看在登山變像中，雖然摩西和以利亞同時出現，但最後只留下耶穌一人（太十七 3、8），其用意明顯是要指出，耶穌比起摩西更為超越，因為耶穌是神的愛子（太十七 5；又來三 1～6），其地位絕非摩西和以利亞所能及。由是觀之，馬太福音所擬寫的耶穌，不單只作了昔日摩西所作的，而是身分及成就遠超越摩西。

值得留意的是，希伯來書的作者把耶穌基督與猶太教所重視的人物作對比時，首號人物便是摩西（見來三1～5；其緊隨天使之後，但天使乃靈體）；可見在新約教會中，耶穌基督與摩西二者存在著緊密的關係，耶穌基督不單可媲美摩西，祂更超越摩西，因為在身分上，祂是神的兒子（太八29，十四33，十六16，二十七40、43、54），摩西只是僕人；在工作上，祂所成就的救恩，是普世性的，並且能真正處理人的罪，遠比摩西優勝。換言之，耶穌基督這位新約的摩西，其所帶動的新出埃及，不單是要拯救以色列人，還要救贖普世人類，脫離罪惡的捆鎖，成為天國的子民，並且祂實現了舊約所預言的，末世將出現的新約（耶三十一33～34），更啟動了舊約先知們所憧憬的，從神而來的新創造。

綜觀上論，基於申命記十八章15及18節預言將有一位像摩西的先知出現，新約的作者們相信耶穌基督便是那要來的，像摩西的那一位（見太十六14；可八28；約一45）。而在細觀耶穌基督的其人其事後，新約作者們的研判是：耶穌基督不只是像摩西，祂更超越摩西。正如希伯來書的作者在比較摩西和耶穌基督時，清楚表明耶穌基督比摩西算是更配多得榮耀，好像建造房屋的比房屋更尊榮……摩西為僕人，在神的全家誠然盡忠，為要證明將來必傳說的事。但基督為兒子，治理神的

家。(來三 2～6)

末了，耶穌是新的摩西，祂所立的約，是眾先知所預言的一個新約(耶三十一 31～34)，比起摩西在西奈山上所立的舊約為優勝，因為其是立在心版上而非石版上，如是者，神的子民才能從心裏遵行神的旨意(結十一 19～20，三十六 26～27；林後三 3～6)。以角色論，耶穌有如昔日的摩西，集先知、君王及祭司於一身。然而，在對比之下，昔日摩西至終死在曠野，未能領導以色列人進入那應許之地，可說是功虧一簣，耶穌卻帥領其子民進入榮耀裏，得著永恆的基業。由此可見，這位新約摩西，比起昔日的摩西優勝得多。

30 耶穌是得勝的亞當（一）

使徒保羅於哥林多前書十五章45節有言：「首先的人亞當成了有靈的活人」；末後的亞當成了叫人活的靈。此言明顯把耶穌基督與亞當作對比，而前者被稱為末後的亞當。按此了解，耶穌作為「末後的亞當」的稱謂，最早出現於保羅的著作中（又參羅五12～19）。但此理念卻不是來自保羅本人，而是深埋於初期教會的傳統中，[1] 此觀點從福音書中的記述可以多次看到。

30.1 末後的亞當：福音書中的耶穌

細察福音書，裏面有不少的經文，明顯是將耶穌與亞當作對比。

首先，最早出現的福音書乃馬可福音。對比起馬太福音及路加福音，馬可福音內並沒有耶穌的出生篇及少年篇。更明顯的分別，便是當耶穌被聖靈催到曠野受魔鬼的試探時，作者對於試探的內容也隻字不提，卻如此表述：他在曠野四十天，受撒但的試探，並與野獸同在一處，且有天使來伺候他。（可一13）不少學者主張，作者有意把耶穌與亞當作對比；[2] 亞當在樂園裏被魔鬼試探，耶穌所處身的，遠比樂園惡劣：曠野，一個荒涼之地。再者，亞當要為野獸命名，對照耶穌也同樣與野獸一起。所不同的，便是耶穌勝過了撒但的試探，亞當卻失敗了。結果亞當被趕出樂園，從此有天使守衛樂園，他亦不得回去（創三 22～24）；耶穌卻得著天使的服事。

尤有進者，圍繞著耶穌在曠野受魔鬼試探之事件，福音書的作者們都有意將耶穌與昔日的亞當作對比。例如馬太福音四章 3 至 4 節及路加福音四章 2 至 4 節闡述了耶穌所面對的第一個試探：他餓了，於是魔鬼進前來煽惑祂把石頭變餅。此試探與昔日亞當貪吃禁果類似，但仔細對比下，卻會發現：耶穌餓了，並且曠野裏沒有任何其他食物充飢，但亞當偷吃禁果，卻不是因為肚餓，而且樂園中滿是果樹，他的選擇何其多。

論到路加福音中的耶穌家譜，是與馬太福音家譜有所不同的。作者將之放在耶穌接受施洗約翰的洗禮之後，在受魔鬼試探之前。繼而，作者表明亞當是神的兒子（路三 38）。留意耶穌在洗禮時被父神肯定為：我的愛子，我喜悅你（路三 22），可見作者是有意把耶穌作為神的兒子，與亞當也是神的兒子作對比。但耶穌作為神的兒子，卻勝過了魔鬼的誘惑（路四 3～4），亞當則反之。

30.2 | 耶穌自稱是人子與亞當的關係

福音書中耶穌經常自稱是人子，但奇怪的是在保羅的書信中卻隻字不提，其可能原因有二：

（1）人子乃隱晦之辭，但耶穌復活了，祂的身分不再隱晦，祂是實至名歸的神的兒子，是彌賽亞。故保羅不再用之，反而是直接了當地尊稱祂為神的兒子，是主耶穌基督。[3]

（2）人子一辭其實是有亞當之意涵（見下文），故保羅以「末後的亞當」，取代「人子」以稱呼耶穌基督，藉此達到他寫作的神學意旨。

事實上，人子一辭其希臘文是 *ho huios tou anthrōpou*；由於這裏的兩個名詞（*huios* 及 *anthrōpou*）其前都附以冠詞（*ho* 及 *tou*），故可譯作「那人那兒子」。[4]「那人」是指亞當；[5] 而「那兒子」大有可能是回指創世記三章 15 節耶和華神的應許：女人的後裔要傷你的頭所指的，傷魔鬼的頭的後裔，便是活在世上，由馬利亞所生的人子耶穌。

一如上文關於人子的研究所言，[6] 涉及人子的背景及意涵的研討文章為數極多。這課題明顯與但以理書七章 13 至 14 節息息相關。但以理書的作者表明有一位像人子的，駕著天雲而來，並且得著權柄、榮耀和國度。祂管治列國萬民（列國以獸為代表，以對比像人子的一位；見但七 3～12），並將建立一存到永遠的國度。[7] 一如耶穌於馬太福音二十四章 30 節所言：他們要看見人子，有能力，有大榮耀，駕著天上的雲降臨。[8] 學者克羅（Brandon D. Crowe）指出，但以理書七章 13 至 14 節其實是與創世記一章及三章有著重要的神學關係。因為亞當被賦予神的形像，他便能代表神管治萬物，然而，他卻因沒通過測試而失敗。但這位像人子的，卻把以獸為代表的列國征服，全權管治萬民。按此了解，先前亞當所不能達成的，這位像人子的，作為末後的亞當卻達成了。

留意馬可福音二章 10 節耶穌表明：但要叫你們知道，人子在地上有赦罪的權柄此言，在在表明昔日亞當犯了罪，對比作為人子的耶穌，倒有赦罪的權柄。再者，在地上一辭，其大有可能映現著昔日神創造亞當，給他有治理「大地」的權柄。[9] 按此了解，無怪乎學者達尼埃盧（Jean Daniélou）認為這裏的意思，是要表明耶穌作為一理想人，即末後的亞當，祂來了是要在地上重建樂園。[10]

再者，昔日的亞當想擁有神的智能（見創三 5），但這降世為人的人子，對比之下，卻降卑為僕人，以服事世人為己任。祂甚至捨生取義，救贖世人（太二十 28；可十 45）。當然，人子降卑服事世人，後更被釘十架，全在乎祂那全然順從父神的取態。祂的全然順服，鮮明映對著昔日亞當的叛逆；而人子順服的結果，便是祂升為至高，即從死裏復活，升天得榮；對比亞當因著不順從神的話，而令死亡臨到他，也臨到他的後裔，即全人類。

這末後的亞當更進一步為人類開創了一新的紀元（即末世），成就了一新的創造，構建了一羣新人類：教會。換言之，一切信靠祂的人（即在基督裏）都能從死裏復活，如此，祂建立了一羣真正屬神的末世性羣體，得勝罪惡和死亡。

| **靈思小品** |

十字架的作用

主耶穌曾表示，凡跟從祂的人，要背起十字架走上人生的旅程（太十六24）。留意當耶穌背著祂的十字架時，士兵找來一古利奈人，名叫西門，馬太福音二十七章32節表示：就勉強他同去，好背著耶穌的十字架。如此，這人是被迫背十字架的，他必然感到這十字架是極為沉重，難於扛負的。

話説在朝聖之旅中，有一信徒背著自己的十字架。他感到這東西很沉重，他背著背著，走著走著，卻愈走愈慢，不斷被同路人超前。

途中他停了下來自忖：這十字架重得要命，人生的路已不好走，還要背著它，真的是百上加斤。於是，他採取行動，拿起一把斧頭，把十字架砍下一大塊。

砍下一截的十字架背起來的確輕省了，他走得輕快了，也趕上了大隊。

走了片刻，他又自忖：如果我把背著的十字架再砍下一塊，豈不走得更輕快，心情更愉快？於是，他又稍停下來，把十字架再砍下一大塊。

如此一來，十字架的重量鋭減，如今他有心情放慢腳步，欣賞路旁的風景了；花、蝶、鳥、白雲、晴空等，盡入眼簾。他健步如飛，又迎來清風，沁心地颯爽涼快。不久後，他更走在眾人前頭。

忽然，遠方傳來水聲潺潺，一條水流甚急的長河呈現眼前。細看之下，河上沒有橋，河畔也沒有路。

他停了下來，良久想不到對策，不知如何過河。

後面的同路人趕上來了。他們見狀，便把背著的十字架放下來，搭在河上成橋，從容不迫地走在橋上過河。

這人也如法炮製，但問題來了，他的十字架早被大塊大塊地砍下，如今已變得太短，無法成橋。

結果過了河的別人，都朝著目標前行，完成朝聖之旅。他卻只能沮喪地呆站著，苦無對策。

在戚戚回顧中，他痛恨自己早前貪圖便捷，好逸惡勞，竟然痴愚地把本可作為橋梁的十字架破壞。說白了，就是這樣，他把機會及未來都砍掉了。

反省

生命中點點滴滴的難熬時刻，都潛存著重要的意義，為要成就更美好的未來。換言之，飽經滄桑，卻全力以赴，做到極致的人，在未來的莫大危難中仍能勇敢而從容地風雨兼程，迤邐而前。對比下，貪圖享受，不斷與懶惰妥協，養成一種將就舒適生活的習慣，其實是原地踏步，難成大器。

簡言之，這世界不會善待懶惰的人，亦不會辜負努力過的人，只是有時獎勵是靜悄悄的、遲來的。畢竟，努力不一定能換來等量的回報，但如果不努力，則休想有任何回報。你過去的所作所為，思考過的，規劃過的，甚至拼搏過的，造就了今天的你。作為基督徒，不要以為有主的護航便事事亨通，運氣必如影隨形而來。

所以，請不要相信運氣，要相信的，是一份忍耐和堅持，永不言棄。

不斷接受磨礪的生命，是以一顆好奇心面對新的事物，敢於改變現狀，好學不倦。

告訴你一件看來是奇幻的事：當你發現自己在蛻變時，會有一種與嶄新的自己相遇的感覺，情況有點難以置信，更是妙不可言。

畢竟，豐盛的生命，是神人合作的結果。

31 耶穌是得勝的亞當（二）

31.1 保羅筆下末後的亞當

上一章提到保羅在著作中運用「末後的亞當」來形容耶穌，其理念沿自初期教會的傳統，亦闡釋了福音書中多次以耶穌和亞當作對比。接下來是保羅對這一辭的運用。要了解保羅筆下的末後亞當，主要留意以下三處經文：哥林多前書十五章 45 至 49 節；羅馬書五章 12 至 19 節；腓立比書二章 5 至 11 節。[1]

31.1.1 哥林多前書十五章45至49節

其語境乃保羅論及因著基督死而復活，一切在祂裏面的人也同樣地有此經歷。他表明，萬物的生態各有不同，而人類的始祖亞當及其後裔，以人的形狀活在世上。但耶穌作為末後的亞當，祂及一切在祂裏面的人卻以復活的屬靈身體此模式活在永恆裏。在結束這一段時，他表明：我們既有屬土的形狀，即以亞當的、以世人的形體活在地上；也必有屬天的形狀，即因信了主，將來必以復活的屬靈身體此方式活在榮耀裏（林前十五 49）。

在此，保羅力證信徒復活的必然性，皆因這末後的亞當開創了一新的格局，即一個人能從死裏復活，長活在永恆裏的屬靈格局。

31.1.2 | 羅馬書五章12至19節

羅馬書這裏討論到基督所成就的事——讓世人可因信靠祂而得以稱義，同時，保羅指出因昔日亞當的犯罪，引致他的後人，即全人類都陷在罪裏，結果引來死亡的普世性。然而，在神的恩典下，亞當乃是那以後要來之人的預像（羅五 14）；這要來之人無疑便是耶穌，也因著祂一人的義行，即祂的順從，在祂裏面的人也就被稱義得生命了（羅五 18～19）。

在此，保羅力陳，在神的恩典下，先前犯了罪的亞當，其實成為以後那要來之人的預像，其便是耶穌基督。祂堪稱為末後的亞當，把人類必死的厄運逆轉。皆因祂全然的順服（對比亞當的悖逆），建構了一全新的屬靈格局：眾人可稱義得生。

31.1.3 | 腓立比書二章5至11節

這是初期教會一首頗負盛名的經段，被稱「僕人之歌」，或是「基督讚歌」（*Carmen Christi*）。[2] 關於其是否出自保羅的手筆是一具爭論的題目。[3] 然而，儘管其早已存在，但當保羅寫下此經段時，他絕不會不假思索地複製，而是會作出整理，以符合他寫作的意旨。

作者表明耶穌基督本有神的形像（形像原文是 *morphē*，腓二 6），以對比後來祂取了奴僕的形像（腓二 7）。不少學者以此措辭與創世記一章 26 節神以祂的形像造亞當有關。但按《七十士譯本》的譯法，創世記一章 26 節的形像是另一個字眼：*eikōn*；其與 *morphē* 到底是同義詞，還是一意思不同的字眼，學者們並沒有達至共識。當然，如果其是同義詞的話，則這裏明顯是把降世為人的耶穌，與昔日的亞當作對比。但如果不是的話，則單憑此辭，不足以有此證明。[4] 也許因著耶穌本是神的兒子，祂早已有著神的形像，而不是因著祂降世為人，才映現祂有神的形像，故作者避免採用 *eikōn* 一字，以免混淆視聽。反而，作者故意用 *morphē* 一字，以表明耶穌全然是神，[5] 並且映現出祂的先存性。[6]

綜觀上論，單憑此辭，我們難於篤定這裏作者有意把耶穌與亞當（他們都有神的形像）作對比。不過，由於此經段的下文強調了耶穌本與神同等，反而甘心棄權，虛己為人，成為卑賤至奴僕的位分，此舉卻在在凸顯了昔日亞當那渴想攀升的心——他想擁有像神一樣的智慧；二者構成一鮮明的對比。再者，耶穌的降卑，卻換來升為至高的態勢。尤有甚者，祂更因而備受敬拜，父神亦因而得著尊榮。這情況同樣對比了昔日的亞當，他因渴望升高而犯了罪，結果卻墮落了，失去樂園及管治大地的權柄，如是者，他大大虧缺了神的榮耀。

綜上所論，「僕人之歌」內蘊含著虛己為人，全然順服的耶穌，與欲攀高峯，不順從神的亞當，二者構成了強烈的對比，此意識形態倒是明顯的。

31.2 理想的亞當：全然順服的人子耶穌

說到底，新約的作者們表明，活在世上的耶穌那全然順服的生命，是祂成就父神使命，帶來人類新生命的關鍵所在。[7]

首先，作為猶太人，耶穌遵守摩西律法的指示，出生第八天，父母便把祂送到聖殿裏行奉獻禮，並以割禮標示祂是猶太人，亞伯拉罕的後裔。接下來，少年耶穌隨從父母一起上耶路撒冷守逾越節，並且順從父母的教養（路二 51）。

在事奉之始，為了要與世人認同，耶穌接受施洗約翰的水禮（太三 14～15）。[8] 祂更順服聖靈的感動，進入曠野，禁食後被撒但試探，從而得勝（太四 1；可一 12）。[9] 祂深知自己快要捨生取義，多次向門徒預告祂快要發生的不幸：被出賣、受苦及遇害（太十六 21，十七 22，二十 17～19）；但祂仍然順服地走上十架的苦路。在客西馬尼園中的禱告裏，祂向父神表明了祂情願選擇順服父神，甘願飲下苦杯（太二十六 39、42、44）。

後來，在朦朧的黑夜裏，猶大帶著眾兵丁來捉拿祂。祂孤勇地面對審判，被誣告，遭毒打和欺淩，終被釘在十架上，此時的門徒都已四散逃命。

在十字架上，儘管被人調侃，受盡屈辱，人子耶穌仍勇毅地忍受苦難，順服到底；此情景被希伯來書四章15節形容為他也曾凡事受過試探，與我們一樣，只是他沒有犯罪。希伯來書五章8至9節更力證：他雖然為兒子，還是因所受的苦難學了順從。他既得以完全……。[10]

歸結而言，這位在世上自稱是人子的耶穌，果真活出了一個人類始祖亞當本應活出的完美生命。說白了，亞當不能活出的，耶穌作為末後的亞當卻完美地活出來了。

一顆如此全然順服的生命，父神給祂的回饋便是使祂從死裏復活，升天得榮，此舉有如王者的登基（腓二9～11）。此情景可說是與人類始祖亞當的表現天差地別。這一位末後的亞當耶穌，堪稱得勝的亞當，是理想人類的極致版。

| 末了的話 |

效法末後的亞當

把福音書中的耶穌與亞當作對比的早期教父，首推愛任紐（Irenaeus，公元約130～202年）。他強調了耶穌基督的全然順服，逆轉了亞當的背叛。[1] 基督作為末後亞當此真理對活在當下的我們，其應用便是：我們作為這位末後亞當耶穌的跟隨者，我們原本都是昔日亞當的後人，承受了他的罪性，叛逆神地活著。然而，如今卻因著信靠這末後的亞當耶穌基督，從罪中得著釋放，開展了新的生活，這新生活的切入點，便是效法這位末後的亞當耶穌基督，從而活一個順服神的生活。而這一個生活模式，也就是神創造人類時，人類本應活的範式。

效法基督，活一個全然順服的生命

畢竟，基督的順服，不單成就拯救世人的使命，還使父神得著榮耀，堪稱榮神益人。同樣，如果我們能活出一個全然順服神的生命，也必然有此果效，[2] 即不單自己能活一個美好的生命，也同時能為人間帶來幸福。

效法基督：從心意更新變化開始

效法基督，其實是靠著聖靈，習練與復活主同在同行。隨著時間的流轉，主的生命大大影響著我們，其特徵便是我們的思想漸漸更新，價值觀改變，生命因而轉化，就如保羅於羅馬書十二章 2 節所言：……只要心意更新而變化……。在此，學者柯魯斯（Colin G. Kruse）指出，這是一逆轉人類墮落的過程，[3] 即回到犯罪之前的亞當，學習順服神而與神同行，在生活上感應祂的同在，心靈感悟祂的指引，從而從心裏順從祂的教誨。如是者，藉著歲月的磨礪，我們內在生命起了劇變。其結果便是：

（1） 心胸壯大了，眼光豁達了，視野開闊了。[4]
（2） 思維定式變動；變得開明融通。不再經常受困於活在當下的小格局裏；心中所關注的，是生命的大格局。
（3） 內在生命強大了，有能活出美善的生命，更能經受生命的種種考驗。

我們處身於一高端科技的時代，科技帶來很多生活上的方便，看是進步了，但人的品德和內涵卻在低端之處徘徊，品格低落的人培育出同樣品格的下一代，構成了惡性循環。這樣下去，人類的文明必有如夕陽，至終必分崩離析。

效法基督，和祂的生命交融，讓祂那神聖的高風亮節浸染我們，這是離開低端生活的屬靈套路。

| **靈思小品** |

效法基督：親近父神

古往今來，只有歷史中的耶穌，活了一個完美的人生。祂是舉世無雙的完全人，堪足世人敬仰和效法。

耶穌的完全，是在於祂勝過世上任何的試探（來四15）。祂致勝之道是在於祂常常親近父神。留意馬可福音一章35節有言：*次日早晨，天未亮的時候，耶穌起來，到曠野地方去，在那裏禱告。*

這一節顯示，在繁忙的事奉裏，耶穌總必安排時間，在一日之始首先親近父神。接下來，路加福音六章12至16節記錄了耶穌揀選十二門徒。留意經文如此記載：*那時，耶穌出去，上山禱告，整夜禱告神；到了天亮，叫他的門徒來，就從他們中間揀選十二個人，稱他們為使徒。*由此可見，在揀選十二門徒這重要的事上，耶穌絕不怠慢。祂整夜禱告，尋求父神的指引，然後才採取行動。我們可以推想，雖然耶穌貴為神的兒子，在面對重要的事情時，祂仍必親近父神，藉著禱告，與父神感通，明白祂的心意。

繼而，馬可福音六章31至32節記錄了當門徒被差遣往外傳道後，他們聚集到耶穌那裏，將一切所作的事，所傳的道，全告訴耶穌，向他匯報，耶穌就說：「你們來，同我暗暗地到曠野地方去歇一歇。」這是因為來往的人多，他們連吃飯也沒有工夫。他們就坐船，暗暗地往曠野地方去。在此，耶穌和門徒的生活極度繁忙，就是連飯也顧不得吃。作者表明，不單耶穌一人退到曠野，門徒亦然。我們有理由相信，耶穌是要門徒一起退到曠野去禱告父神，以能重新得力。這樣看來，退到曠野親近父神是耶穌日常生活的常態，常態成自然；祂自然而然地經常如此進入禱告裏。這亦是祂要門徒習練的。

也許，最為觸目的，便是約翰福音十七章1至26節的「大祭司的禱告」；此禱告的內容頗長，涉及的範圍包括：讚美父神，求父神守護門徒，求父神保守門徒合而為一的心等，可見這絕對不是一項例行公事；這是在耶穌快要遇害前的禱告——祂至死也不忘禱告。

尤有進者，在被捕前，耶穌帶同三位門徒，一起去客西馬尼園，耶穌向門徒表明，祂旨在要禱告父神(可十四32)。留意這地方是耶穌經常去的，也因為這樣，出賣耶穌的猶大才能早作安排，在這夜深人靜處的客西馬尼，把耶穌捉拿(見約十八1～2)。由此可見，客西馬尼是耶穌經常禱告親近父神的地方。在釘十字架時，耶穌還多次向父神禱告祈求(太二十七46；路二十三34、46)，祂與父神之間的緊密關係，死亡也不能終斷。

為了要門徒學習禱告的功課，耶穌教導門徒以主禱文禱告，藉此表明何謂要先尋求神的國和神的義的禱告（太六9～13、33）。換言之，在耶穌訓練門徒的教室裏，禱告親近父神是其必修的課程。

反省

有曰：「旁觀者清，當局者迷」。活在當下的你，很容易為眼前的格局所困，不能自拔，極感迷亂。這時，請你不要忘記，在我們的信仰裏，為我們提供了一個變身為「旁觀者」的方法，便是進入默想和禱告裏。默想的，是主的話語。禱告的，是愛我們的，也是全能全知的父神。這樣一來，你的心靈變得清新，視野不再模糊，對當下的事大有真相大白之感，被困的感覺也銳減。

你將發現，你的步履變得輕省了，心靈卻踏實了，態度變得積極了，這樣，便能重新出發，活好今天。在此，藉著默想和禱告，隨時隨地，復活主成了我們心靈的家園，我們的生命也不再一樣。意想不到的，便是別人竟然在我們身上，看見基督的身影。

讓我告訴你，主的大愛和大能，能使灰燼重生（參結三十七1～10）。因此，請你不要為別人的薄命而不值，更不用為自己的不幸長太息。如今，請停止為過去的事拉扯，趕快大步向前，祂正在等待著你。

不過，與主同行並不像即時的華麗變身，而是會經歷生命的漸變。一個重要的特徵，便是我們的心變得柔軟了，那怕是小小的道種也可萌芽，簡易的曲調也感動我們的心。換言之，每當我們的心變得固執痴愚時，我們便知道，我們的心又再剝離主的心了。如果我們決定不要再愚昧痴頑，便惟有學習天天跟隨主，讓祂與我們同行了。

最後，與主同行的人，他們的人生舞動著生命的幸福，散發著生命的強大動力，直到永恆，無盡無了。這是你和我所極度嚮往的。

禱告

主啊，我明白祢和我之間，只是一個禱告的距離。求主助我，讓我學習離開人羣，進入祢同在的寧靜裏，好使我能走出困局，心靈得以煥然一新，重新出發每一天。

| 第八部 |

耶穌是基督，是主，是普世救主

32 基督一辭的再定義

新約教會敬拜的對象是耶穌基督（見腓二 10～11），「耶穌基督」此尊稱是名字，也是頭銜，後來「基督」一辭（把「耶穌」一辭省略），更被用作為祂的名字，[1] 此情況維持直到今天。

再者，從耶穌基督而出的信仰，也被稱為「基督教」。事實上，在耶穌基督升天不久，世人也稱呼一切跟隨祂的人為「基督徒」（徒十一 26；彼前四 16）。由此可見，基督一辭是值得我們作深入研究的。事實上，本章的結論便是：新約眾作者以耶穌為基督，其實是把基督一辭定格為：

（1）指大衛的子孫，猶太人的王，也即是那永坐在大衛王座上的一位（見撒下七 12～17）。
（2）是神的兒子，帶來了真正的福音，是人類真正的救主。
（3）是那位預言中的，要來的新的摩西（申十八 15、18～19）；

一位全能的先知，新約神子民的拯救者。

(4) 是舉世無雙的天國真理教師，也即是神智慧的體現（林前一24；西二2～3）。

(5) 是升上高天，永為中保，永活的大祭司（來五10，七22）。

換言之，新約眾作者是按著世上耶穌種種不同凡響的表現，從祂所顯呈出來的眾角色，來定義基督一辭所包涵的意義。此定格也展現了救主耶穌基督的角色和功能是包羅萬有的。在此，我們先從基督一辭的歷史沿革說起。

32.1 | 字義及定義

早於本書第一章，我們已解釋了「耶穌」此名字的用法和意義；至於「基督」一辭，乃音譯自希臘文的 *Christos*，其意即受膏者。

Christos 在新約共出現五百三十一次之多。[2] 其亞蘭文是為 *māšîaḥ*，音譯成希臘文便是為 *messias*。*Messias* 出現於約翰福音一章41節及四章25節。留意「受膏者」來自「膏抹」一辭，[3]「膏抹」的字根有輕輕地抹擦，或是用油塗抹的意涵，而由於其帶有被動意涵，故是指被一有權威人士膏抹。[4]

在古地中海及古代近東一帶，其盛產橄欖油。[5] 人們把此油抹在人的身上，其作用有三：美容、醫治及禮儀。

美容是指整理儀容(見得三3；撒下十二20，十四2)，及為貴賓抹油以表歡迎和尊敬(詩二十三5)。醫治是指把油抹在患者的傷口上，能減輕其痛楚及減低感染風險。禮儀其實是基於一份信念，相信被膏抹後的人物及物件，在神明的護蔭下，得著神明的賦能，成為合用的器皿，以完成所託付的任務。

32.2 | 舊約中的用法：摩西及大衛王朝

承接以上的禮儀理念，以色列人以油抹物件(如會幕及內中的用具，如祭壇和約櫃等，見出二十九36，三十26，四十9～10)；及人物，尤其是祭司(見利四3、5、16，六15、20；民三3)，[6] 一如摩西膏抹亞倫成為祭司(見出二十八41，二十九7)。在此，學者朗文(Tremper Longman III)指出，摩西五經中關於膏抹之舉，大都指著以色列人的祭祀禮儀，其中以膏抹祭司為其重點。膏抹的用意是指給予其能力，[7] 並分別出來，專職服事神。[8] 另一位學者托爾文(Shemaryahu Talmon)指出，被膏抹代表著成為社會上的權威人士，為社會大眾所認受。[9]

一如上文所指，由於膏抹一辭是被動語調，其意味著被膏抹者是被比他更有權威的人士所膏立。從以色列人的角度來看，至高的權威是耶和華神。可見凡被耶和華神所膏立的，此人便得著神的靈的加能賜力(見撒上十六3；賽四十二1)，[10] 這位被膏抹者變成滿有權威的人物，甚至可說是代表神，履行神性的職事。

至於摩西五經以外舊約聖經的作品，膏抹的對象轉折至君王，即由祭禮至皇庭（from cult to court）。這一個轉變，使膏抹的行動不單出現在君王的任命上，更使受膏者，即彌賽亞一辭，與君王結下不解之緣。[11] 舉例如撒母耳膏抹掃羅和大衛為王（撒上九16，十1，十六12～13），其中用作形容掃羅的次數共十五次，大衛更達十六次；又大祭司撒督和先知拿單聯合膏立所羅門（王上一34～35）等。君王被膏立是要表明，耶和華神與以色列的王者有著特殊密切的關係。藉著此膏立的王者，也因著其奉行從神而來的仁義之政，被管治的老百姓將大大蒙福，過著幸福的日子。

除了膏立君王和祭司外，其他人物如先知，其被呼召時也會涉及膏抹的行動（王上十九16），再者，詩篇一○五篇15節更以受膏者形容以色列的族長們，他們都是神的僕人，蒙神揀選，為神所記念和守護。

當以色列人進入王國時期，大衛接續掃羅作以色列人的王。在大衛有能的管治下，國勢如日中天，他可說是被耶和華膏立為王，代表神治理其子民。[12] 由此可見，神要藉著以色列的王者，治理祂的子民，帶來國泰民安的生活，這儼然是神的祝福。

留意「膏抹」一辭常出現於詩篇。[13] 在此，詩篇中的君王詩，其中如詩篇第二篇是最值得留意的。這是因為這一篇詩篇，與詩篇第一篇被不少學者認為是詩篇這經卷的導言。[14] 繼而，這詩篇提及君王是受膏者。而使徒行傳四章23至31節更以之為大衛的詩篇。說到底，最重要的，便是新約的使徒行傳四章25至26節，十三章33節；希伯來書一章5節及五章5節都援引這詩篇；其主要是指出耶穌便是這詩篇中所預言的，為神所膏立的彌賽亞。[15]

在此，朗文指出，詩篇第二篇大有可能是一描述王者登基的詩章；其大概反映了王者的登基慶典，強調了他被神膏立，必得著耶和華神的祝福，能戰勝敵人，盡得尊榮。[16] 再者，這詩章的作用，便是在與敵人對戰之前宣讀出來，以顯示以色列的王是一戰士王者，又因其是被耶和華神所膏立，他必得勝。如此，眾將士的士氣必大增，勝算也提高。[17]

留意詩篇二篇2節有曰：世上的君王一齊起來，臣宰一同商議，要敵當耶和華並他的受膏者。可見這位以色列君王是耶和華的受膏者。世上的任何勢力，謀算要與他為敵者都必敗亡，因為他代表著神，與他為敵等同與耶和華神為敵，無怪乎詩人續稱：那坐在天上的必發笑；主必嗤笑他們。（詩二4）

此外，詩篇十八篇50節也值得留意：耶和華賜極大的救恩給他所立的王，施慈愛給他的受膏者，就是給大衛和他的後裔，直到永遠。此節的首兩句是同義平行結構，表明神所立的王便是受膏者。而這受膏者便是大衛和他的後裔。此理念是來自大衛之約中，神藉著先知拿單對大衛的應許，大衛的兒子（或作子孫），是為神的兒子；其寶座將永存（撒下七14～17）。[18]

33 福音書中的用法

誠然，福音書（尤其是馬太福音）清楚表明，耶穌便是大衛之約中那承受約中祝福，永坐在寶座上的猶太人的王。祂便是那受膏者，即基督（見太一 1，十五 22，十六 16，二十一 9；約四 25～26）。然而，細觀福音書，耶穌本人卻鮮有宣稱自己是彌賽亞，是基督。乍看下，祂好像不雀躍於別人以祂為基督，甚至好像是在迴避被冠以基督的名號。[1] 正因此故，學者們嘗試對此現象作出種種的解說。[2]

33.1 彌賽亞奧祕

最先出現的福音書是馬可福音，其內容經常記述耶穌要求當事人不要為祂的工作宣揚，反而要保持低調，甚至沉默，這便是所謂的「彌賽亞奧祕」（the Messianic secret）。[3] 此稱謂出於學者韋德（William Wrede）對馬可福音的研究心得。他認為「彌賽亞的奧祕」此題旨主宰著整卷馬可福音，全書有關這主題的經文可分為三組：

（1）耶穌命令污鬼不要說出祂的身分。這些經文包括一章25及34節，三章12節。祂也吩咐被醫好的人及門徒不要告訴別人祂所行的神蹟，如八章30節，九章9節。

（2）耶穌用比喻作出教導，把神國的福音隱藏；見四章1至13節。

（3）雖然門徒跟隨耶穌多時，聽過耶穌的教導及見過祂所行的神蹟，仍然不明白祂的身分；見六章52節，八章17節。

在了解耶穌要求別人隱藏其彌賽亞身分的原因時，我們有以下的研判：

（1）除了馬可福音外，其他的福音書同樣潛存著隱藏的彌賽亞此理念；例如馬太福音八章4節記錄耶穌在治好長大痲瘋的病人後有此言：耶穌對他說：「你切不可告訴人……。」再者，馬太福音中耶穌五篇論述中的第三篇：比喻篇（太十三1～54），其中出現的六個比喻，同樣強調了神國的隱蔽性。繼而，馬太福音十七章9節當耶穌和門徒離開登山變像的地方時，耶穌有此言：人子還沒有從死裏復活，你們不要將所看見的告訴人。另一個明顯的例子是路加福音九章21節所記的，當彼得宣認耶穌是基督時，作者表明：

耶穌切切地囑咐他們，不可將這事告訴人。

（2）馬可福音中常常以愚頑來形容門徒等人，而因著門徒的不信及愚頑，耶穌對他們作出多番的責備（可四40，六52，八16～21）。由此可見，所謂的彌賽亞奧祕，大有可能是因為門徒的屬靈眼界不濟，才會不明白耶穌那彌賽亞的身分。

（3）尤有甚者，耶穌面對著猶太的權貴，如文士和法利賽人等，這些人都衝著祂而來。為了避免進一步豎立敵人，祂便盡可能隱藏其彌賽亞的身分（例如祂大幅度地採用比喻教學法等）。說白了，彌賽亞奧祕，即把彌賽亞的身分隱藏起來，其實是耶穌對付其敵人的策略而已。祂進退有據，張弛有道。

（4）由於基督這詞彙，對於當代的猶太人來說，一如上文所指出，是帶著濃厚的政治色彩，耶穌因而避免以彌賽亞自稱，以免引起別人對祂的身分和使命有所誤會。

事實上，在耶穌基督的年代，雖然羅馬帝國的政治大氛圍是相對平靖，內戰稍歛，老百姓生活算是鬆一口氣，然而，帝國的國情仍是忽夷忽險，巴勒斯坦更是暗流四湧，加利利及猶大地經常出現一些心中踴動著國族復興的熱血分子，他們常激發百姓躁動，單看猶太史家約瑟夫的記述已可見一斑。在他所撰寫的《猶太戰爭史》（*The Jewish War*）裏，我們會發現耶穌時代的稍前和稍後，都有不少這類的人物出現。他們自命是救世主，其勢頭有如猶太人所企望的，那要來的彌賽亞，鼓動猶太人起來革命，推翻現存轄制著他們的政府；其中一些例子如下：

（1）公元六年，羅馬政府設立了一稅制，引起了猶太人的不滿。一名叫猶大的加利利人發動羣眾，起來以暴力反抗政府。此人的兩個兒子，於公元四六至四八年先後被處決，第三個兒子名叫馬拿勘（Menahem），他便是公元七〇年，猶太人大規模與羅馬政府衝突的其中一位發起人。[4]

（2）公元五〇年左右，加利利又有一名叫猶大的（乃當時被大希律殺死的強盜之兒子希西家的後人），在加利利省內的塞佛瑞斯城（Sepphoris；距離拿撒勒只數哩路）引發暴動。[5]

（3）約在同一時間，在猶大地的一牧羊人叫埃斯東奇斯（Asthronges），連同其眾兄弟在猶大地起義；又因其是牧羊的，與大衛的出身一樣，很快便被人擁為王者；他也自封為猶太人的王。[6]

（4）公元約六〇年代後期，一名叫巴基奧拉（Simon bar Giora）者起義。他以王者的態勢統領猶太軍隊，四處征討，甚至把以土買一帶打下來，戰功彪炳。他以解放族民，使其得著自由為口號，更鑄造錢幣，標示其赫赫戰功，是實至名歸的王者。在此，我們可以說，在第一世紀時，此人的表現，堪稱極具彌賽亞的特色。在公元七〇年猶太人與羅馬軍隊的交戰中，他更是一核心人物。而當羅馬軍隊把叛亂平定後，被捉拿的巴基奧拉更因被定罪為猶大人的王而遭處決。[7]

留意使徒行傳五章34至37節，著名猶太拉比迦瑪列在公會中發言，他指出在他之前有兩個動亂的個案，第一個個案是：從前杜達起來，自誇為大，附從他的人約有四百，他被殺後，附從他的全都散了。第二個個案是：此後，報名上冊的時候，又有加利利的猶大起來，引誘些百姓跟從他；他也滅亡，附從他的人也都四散了。在此，迦瑪列的言下之意是，以上的動亂既不是出於神，即其發起人都不是從神而來的真彌賽亞，革命終必灰飛煙滅。因此，公會對彼得等人進行打壓，其實是莫須有的行動（徒五38～39）。

細察以上所枚舉的眾領導革命者，他們都或多或少以王者自居。說白了，因為這樣才能引發猶太羣眾的響應，與他們共謀起義的大事。

綜觀上論，學者史特勞斯（Mark L. Strauss）對彌賽亞此稱號有此解說：「⋯⋯此頭銜帶有政治和依靠武力的含意，⋯⋯猶太人廣泛期望祂去摧毀以色列的敵人，重新收復其地理疆界。」[8] 另一位新約學者賴特（N. T. Wright）亦有此看法：「彌賽亞的主要工作，便是解放以色列人，使其真正能成為創造主神的子民。要能達到此目的常涉及軍事行動，此舉被看作為從法院而來的審判。」[9] 因著彌賽亞此頭銜附帶著以上極其濃厚的政治軍事意涵，其是最有可能成為在世的耶穌之所以盡可能避免公開自稱自己是彌賽亞的主要原因。

畢竟，從約翰福音七章27節猶太羣眾在議論耶穌到底是否基督時，有人主張：我們知道這個人從哪裏來；只是基督來的時候，沒有人知道他從哪裏來。其言下之意是，耶穌既是約瑟的兒子，祂便不是彌賽亞了，因為彌賽亞是沒有人能知道祂的出處的。由此可見，活在世上作為人子的耶穌，要當時猶太人相信祂便是彌賽亞也有其難度。到了約翰福音七章42至43節時，作者更記錄了在討論源頭這題旨上，羣眾因著耶穌是否基督而大起爭論。觀此，耶穌便索性避而不談自己是基督。

33.2 ｜ 時而隱世，時而展現的彌賽亞

與此同時，若仔細地檢視福音書中有關的課題，我們不難發現福音書的作者在某些地方，故意表示耶穌便是基督，且看以下幾個明顯的個案：

(1) 約翰福音一章20至34節：施洗約翰表明他不是基督。這裏的情況是耶路撒冷的猶太公會派了代表，即祭司和利未

人等人前來約翰那裏，要他清楚表明自己的身分。約翰當面否認他本人是基督。繼而，代表們便質詢他既然不是基督，何以竟敢擅自為族人施洗。約翰的回答是，他要為那在他以後來的一位作見證。那要來的一位大人物，便是接受他洗禮的耶穌。其證據便是聖靈降在耶穌身上，標誌著祂便是那要來的一位。歸結而言，施洗約翰清楚地表態，他本人絕對不是基督，在他以後來的一位才是；這人便是有聖靈降臨在其身上為證的耶穌。[10]

（2）約翰福音四章25節：其記錄了耶穌在撒馬利亞城內的敍加井旁，與一婦人談話。在討論彌賽亞的來到時，耶穌表明：這和你說話的就是他！（約四26）

（3）馬太福音十六章16節：在該撒利亞腓立比時，耶穌問門徒祂本人是誰。彼得有此宣認：你是基督，是永生神的兒子。留意馬可福音八章29節及路加福音九章20節把彼得之言，先後精簡地寫為：你是基督，及是神所立的基督。[11]

（4）約翰福音十一章27節：死了兄弟拉撒路的馬大對耶穌有此宣認：主啊，是的，我信你是基督，是神的兒子，就是那要臨到世界的。留意此宣認是在耶穌向她表明：復活在我，生命也在我，信我的人雖然死了，也必復活；凡活著信我的人必永遠不死之後（約十一25～26）。

（5）馬太福音二十四章23至31節（又可十三21～27）：這一段是屬於馬太福音中五篇耶穌論述中的最後一篇，即橄欖山論述（太二十四1～二十六2）。在此，耶穌以聖殿被毀為預表，預言末世祂再來之前，假基督及假先知勢必湧現，門徒務必小心辨識其真偽。耶穌的言下之意是，祂本人才是真正的基督。

（6）馬太福音二十六章63節：大祭司在盤問被捕的耶穌時，耶穌卻保持緘默。如是者，大祭司惟有以其大祭司的身分，要求耶穌起誓，務必回答他的質詢：我指著永生神叫你起誓告訴我們，你是神的兒子基督不是？耶穌的回答是：你說的是（太二十六64；原文是「如你所說的」）；馬可福音十四章61節同樣有此記述。[12]

（7）馬太福音二十六章68節：耶穌已被入罪，被兵丁們作弄和虐打，並如此調侃：基督啊！你是先知，告訴我們打你的是誰？此話亦反映了耶穌是因為祂承認自己是基督，才被定罪。

再者，在某些情況下，耶穌似乎在暗中提述自己便是基督；如馬可福音九章41節：凡因你們是屬基督，給你們一杯水喝的，我實在告訴你們，他不能不得賞賜。這裏耶穌指出未來如果有人因為知道門徒是屬基督的，因而善待門徒，這些人將得賞賜；其言下之意，祂本人便是門徒所屬的基督。在另一個場合，祂教導門徒：也不要受師尊的稱呼，因為只有一位是你們的師尊，就是基督。（太二十三10）再一次，耶穌言下之意，祂本人是師尊，是基督。

雖然在世的耶穌盡量隱藏祂那彌賽亞的身分，以免引起猶太人的誤會和錯解，然而，在某些地方，祂的身分卻是昭然若揭的，明顯是因為當時的人都震撼於耶穌的神能，在情不自禁下，歡喜若狂地宣揚祂是基督（見可一 44～45 及七 24、36～37）。

33.3 適當的時候展示彌賽亞身分

畢竟，福音書都同時記載了耶穌的受洗，而其重中之重，便是其都共證著一重要事件：聖靈如鴿子從天降在耶穌身上（太三 16；可一 10；路三 22；約一 32）。此舉措的意義有三：

（1）聖靈賦能與耶穌。
（2）耶穌是父神所揀選的。
（3）象徵了從父神而來的膏抹：耶穌是受膏者。

接下來，父神更肯定祂是神的愛子（太三 17；可一 11；路三 22），意即是說，祂就是大衛恩約中那永坐在大衛御座上的大衛子孫。從血脈上看，耶穌的家譜實可追溯至大衛，這也是馬太福音和路加福音中耶穌的家譜所舉證的（見太一 1 及路三 32）。當然，約翰福音中並沒有耶穌的家譜，但全書的焦點，明顯是要舉證耶穌是基督，是神的兒子，就如作者於約翰福音二十章31節所力陳的：但記這些事要叫你們信耶穌是基督，是神的兒子……。[13]

總的來說，在不適當的時候展示耶穌那彌賽亞的身分，並不能增加當時的人對耶穌的認識。其實，耶穌因著自知其彌賽亞的身分，一直專注於履行祂救贖世人的職事。對於別人是否以彌賽亞作為祂的頭銜，反而不是祂所關注的。[14]

在此，我們可以說，耶穌不是不清楚知道自己是彌賽亞，是基督。但為了避免被當代猶太羣眾誤會，祂情願稍作保留，卻以自己的言行舉止，說明作為真正彌賽亞其應有的角色和功能，這樣一方面可以糾正族人的思想（起碼糾正祂的門徒），另一方面也能避免因誤會而帶來的麻煩，以致妨礙祂所要達成的彌賽亞使命：拯救普世人類。

說到底，當耶穌捨身於十架，從死裏復活，多次向門徒顯現，然後榮升高天後，耶穌作為人類真命的救主，是要先受苦，後才得榮耀讓這個真相得以全然展示。這樣，祂那彌賽亞的身分已無隱藏的必要。如是者，初期教會都毫不猶疑地敬拜及宣認祂，尊稱祂為主耶穌基督。

| 末了的話 |

生命在乎不斷地領悟

認識基督，明白屬靈的奧祕事是一生之久的功課，是一趟信心之旅。信心之父亞伯拉罕的人生是我們的學堂。

耶和華神曾應許亞伯拉罕，他的後裔必多如天上眾星。他相信，並且開始了信心之旅（創十二 1～4）。

這旅程充滿考驗。在饑荒時，他和妻子避難於埃及，妻子差點兒被埃及王奪去。然而，在千鈞一髮之際，神的保守和介入使他與妻子能全身而退（創十二 10～20）。這經驗必然使他更珍惜與妻子的感情，更相信神是時刻守護著他的，信心亦因而益增。

年邁的妻子把婢女夏甲下嫁亞伯拉罕，以為這樣，亞伯拉罕便能從婢女得著兒子，從而成就應許（創十六 1～4）。結果反而引來家庭的不和，夏甲的被逐，亞伯拉罕被逼放棄夏甲的兒子流離於外（創十六 4～16），此事件明顯告訴亞伯拉罕，人的方法只有成事不足，敗事有餘；還是單單信靠耶和華神為上。

也許最可怕的，便是神要他把獨生子以撒殺掉，然後獻上為祭（創二十二 1～10），此舉明顯違反常理和倫常。然而，這一次亞伯拉罕已因過去經歷過數不盡的歷練，不再憑己意想，按己意行。

留意神應許他的後裔將多如繁星，但那時，他和妻子已年邁，再加上數十年過去了，他仍然無子；後來這看來是荒天下之大謬的應許竟然能實現，但如今神要求他把獨生兒子以撒獻上為祭，是另一個荒天下之大謬；然而，這一次亞伯拉罕看懂了。

憑著過去的經驗，尤其是他對耶和華神的認識，他相信縱然以撒死了，神大可叫他從死裏活過來（來十一19）。

亞伯拉罕的傳奇故事告訴我們，人生中的每一個人物，不論是陌生人還是親人，是敵人還是友人，是遠方的來客還是眼前的愛人；人生中的每一件事，不論是有幸還是不幸，它們的出現，都盛載著意義。問題是，我們能否從中有所感悟，我們是否以神的角度詮釋之。

換言之，在我們的生命旅途上，不論是人或事的點點滴滴，其都是獨一無二的存在，並且是與自我了解、操練信心、磨勵人生和生命成長息息相關。

猶記得多年前從香港往加拿大升學，憧憬著畢業後能有所作為，未幾找到一份在大學裏跟教授進行科研的工作。大概過了一年，教授突然告訴我們，科研必須剎停，因為政府已停止資助此項目。

因著這突發的不幸，促使我深度反省人生。我在想，我在把一天中的黃金時間（即朝九晚五），給了我的上司，以換取生活費。難道我便是這樣活我的一生？這問題使我徹夜難眠，心中極度糾結。現在回望，這忽然臨到的危機，反而成為我報讀神學，後來成為宣教士的轉捩點。

華人作家李思圓有此感悟：「正是這些突如其來的瞬間，讓你體會了世間的百態，生命的無常和活著的珍貴。」

生命何其珍貴，我決定要認真地為信仰而活。從此，我活得更踏實、安心和肯定。

事情發生，我們大都無法選擇，但我們可以選擇如何面對和詮釋。

換句話説，我們內在生命的格局，決定了事件過後對我們所產生的結局。

如果我們看對了，也按著看對後的狀態活下去，必能與一個更好的自己不期而遇。端此，不論是夷是險，或順或逆，活著便是不斷的領悟，好叫我們讀懂人生，認識基督的大能和大愛，尤其是祂的全方位守護。這正是神在祂的恩典裏，讓我們在這世上活這一生的意義所在。

| 靈思小品 |

鯊魚的傳說

在魚類中，只有鯊魚是沒有魚鰾的（一個內充氣體的囊狀器官，用以調節魚在水中的沉浮，抵消外來水壓）。

話說神創造了天地和海洋，覺得海洋太冷清，於是便造了不同的魚類，好增加其活力。在海洋中游泳，要保持身體平衡和抵禦海水的壓力，於是神在創造魚類後，在其身體內附以魚鰾。

只是頑皮的小鯊魚極其好動，早便溜走了，不知所蹤。神知情後，決定容許這事發生，好讓小鯊魚吃吃苦頭，有所經歷。

過了好些日子，神招集了眾魚，想知道他們活得如何。

未幾，神問羣魚：「沒有魚鰾的鯊魚在嗎？」

就在這時，一條精壯的大魚出現了。牠更表示：「我便是鯊魚。」

眾魚大吃一驚，追問鯊魚：「你沒有魚鰾，如何能活下去？」

鯊魚回答：「感謝創造主，祂沒有給我魚鰾。為了要保持身體的平衡，減少海水的壓力，我惟一可以做的，便是不讓自己停下來，不斷地游動，這樣，反而鍛煉出我這壯大的生命。」

神微笑著說：「好一條堅毅的鯊魚，苦難造就了你。」

神向眾魚宣告：「請看看鯊魚，牠是我創造中的傑作。」

反省

鯊魚久歷磨練，才鍛煉出強而有力的生命。昔日神的子民以色列人蒙難，這是神容許的，好叫他們能因而痛改前非，並且磨礪出一個更強大的生命。昔日的以色列人是如此，今天神的教會亦然。

我們必須終生學習，埋頭苦幹，刻苦經營，才能闖出一片天，在這高度競爭的年代突圍而出，活一個更好的自己。靠著大能的主，你我都能做到。

禱告

主啊，雖然教會經歷了不少外面而來的逼迫，教會內部又面對人性軟弱的衝擊，但我深知道這一切都是祢容許的，好叫祢的子民能汲取教訓，生命得著成長，建構更紮實的生命工程。

34 | 新約教會對基督的詮釋

34.1 | 耶穌是基督，鐵證如山

對於初期教會來說，整體而言，起碼有七大要事，最具說服力篤定耶穌便是彌賽亞：

(1) 路加福音二章 8 至 14 節記下當耶穌出生時，天使向牧羊人宣告祂降生的好消息，其稱為「榮耀頌」（*Glory in Excelsis Deo*）；其中的一句：因今天在大衛的城裏，為你們生了救主，就是主基督。（路二 11）我們相信，這一首「榮耀頌」的詩歌，早已廣泛流傳於初期教會。其證明了早於耶穌出生，天使天軍在傳揚這大喜的信息時，已公開表明耶穌是基督，並且祂是大衛的後人，因祂是在大衛的城，即伯利恆出生。

（2）一如上章所指出，當百年難得一遇的先知施洗約翰出現時，別人問他是否基督，他二話不說地否認了（約一 20）。在此，當曠野的風在呼嘯著，他意氣昂揚地呼喊著一重要的信息：在他後來的一位，地位卻遠比他大（可一 7）。當他遇見耶穌時，更毫不猶疑地指著祂說：看哪，神的羔羊，除去世人罪孽的！（約一 29、36）約翰還作證指出，他曾目擊耶穌在受洗時，聖靈的降臨和父神肯定祂的情景（約一 31～34）。最後，他更將跟隨他的門徒，介紹給耶穌（約一 35～37）。在此，我們可以說，作為耶穌開路先鋒的施洗約翰，他的職事並不是要為基督保駕護航，而是要作一個重要的基本功夫：證明耶穌是那要來的彌賽亞。[1]

（3）耶穌接受約翰的洗禮時，聖靈無限無量地降在祂身上（約三 34；又路四 1、14），更有天父的發聲，肯定祂是神的愛子（太三 16～17；約一 33～34）。也因著祂接受了聖靈，故在五旬節時，祂便把自己擁有的聖靈賜下，成就了五旬節聖靈降臨的創舉，正如當時的彼得向在場者所力言的：他既被神的右手高舉，又從父受了所應許的聖靈，就把你們所看見所聽見的，澆灌下來。（見徒二 33）[2] 按以上的分析，我們得見有兩次聖靈的降臨，沒有第一次便沒有第二次。

（4）耶穌廣行神蹟，經常醫病和趕鬼等，使不少人相信祂便是基督。[3] 留意約翰福音七章 31 節描述當時已有猶太羣眾被耶穌的神蹟所説服：但眾人中間有好些信他的，說：「基督來的時候，他所行的神蹟豈能比這人所行的更多嗎？」[4] 再者，彼得早於馬太福音十六章16節已向耶穌表明：你是基督，是永生神的兒子。繼而稍後五旬節聖靈降臨時，他向眾朝聖者宣講：神藉著拿撒勒人耶穌在你們中間施行異能、奇事、神蹟，將他證明出來，這是你們自己知道的。（徒二22）由此可見，彼得及初期教會在回想在世耶穌所行的那極多的神蹟奇事後，確認祂便是神所派來的基督。

（5）在耶穌所顯的神蹟中，有兩個是直接指向祂的神性，堪稱神顯：在水面上走和登山變像（可六45～52；太十七1～8），其使在場的門徒等人大感震驚，不知所措（可六50；太十四26，十七6），如此必然留下深刻的印象，一如在殉道前彼得的回憶錄中有曰：我們從前……乃是親眼見過他的威榮。他從父神得尊貴榮耀的時候，從極大榮光之中有聲音出來，向他說：「這是我的愛子，我所喜悅的。」我們同他在聖山的時候，親自聽見這聲音從天上出來。（彼後一16～18）在此，彼得明顯是回指耶穌登山變像的事件。彼得所言代表了一事實：門徒等人在回想耶穌的神顯時，其感受深刻，更歷歷在目，心中肅然起敬，尊耶穌為主為基督。

（6）耶穌從死裏復活，更多次向眾使徒顯現，眾使徒都是在場的目擊證人，正如保羅於哥林多前書十五章4至8節所力證的：又照聖經所說，第三天復活了，並且顯給磯法看，然後顯給十二使徒看；後來一時顯給五百多弟兄看，其中一大半到如今還在，卻也有已經睡了的。以後顯給雅各看，再顯給眾使徒看，末了也顯給我看……。由此可見，耶穌的死而復活鐵證如山，不容置喙。在神學的意義上，復活之舉證明父神為耶穌平反（見徒二36）：巡撫彼拉多錯判了祂，祂枉屈而死；祂的確是如祂生前所承認，也被門徒所公認的，是神的兒子，是基督（太十六16，二十六63～64）。祂是神所選派和膏立的，正如彼得在聖靈降臨時向眾朝聖者所力陳的：大衛並沒有升到天上，但自己說：主對我主說：你坐在我的右邊，等我使你仇敵作你的腳凳。故此，以色列全家當確實地知道，你們釘在十字架上的這位耶穌，神已經立他為主，為基督了。（徒二34～36）

（7）復活主多次向門徒顯現。按路加的記載，其竟長達四十天之久（徒一1～3），旨在教導門徒等人，關於神國的種種真理，尤其是舊約中一切關於祂的預言，就如路加福音二十四章44至45節所表述的：耶穌對他們說：「……摩西的律法、先知的書，和詩篇上所記的，凡指著我的話都必須應驗。」於是耶穌開他們的心竅，使他們能明白聖經。換言之，透過復活主多番親自的解說，門徒等人便能清楚地知道，祂便是預言中末世將出現的彌賽亞。

34.2 | 使徒行傳中，兩大使徒的舉證

細觀使徒行傳中多篇的講章，我們不難發現，宣講者都相信，不少舊約的經段，都是指著耶穌基督而說的。也許，這理解是來自如上文所言的，復活的主在向門徒顯現時作出的教導（見路二十四27、44～46）。舉一些例子，如彼得於使徒行傳二章16至21節引用約珥書；於二章25至28節及34至35節徵引大衛的詩章；於三章22至23節援引摩西於申命記十八章15至18節所預言的：一位像摩西一樣的人物將出現。

在此，我們聚焦於兩位耶穌的得力門徒——彼得和保羅對耶穌是基督的公開見證。

先看來自彼得的宣講：

(1) 神藉著拿撒勒人耶穌在你們中間施行異能、奇事、神蹟，將他證明出來……。（徒二22）這裏的對象是來自各地守節的朝聖者，他們都是猶太人。

(2) 這耶穌，神已經叫他復活了，我們都為這事作見證。（徒二32）

(3) 你們殺了那生命的主，神卻叫他從死裏復活了；我們都是為這事作見證。（徒三15）這裏的對象，是在聖殿所羅門廊內的猶太羣眾。

(4) 神怎樣以聖靈和能力膏拿撒勒人耶穌，這都是你們知道

的。他周流四方，行善事，醫好凡被魔鬼壓制的人……。（徒十 38）對象是羅馬軍官百夫長哥尼流及其家人；他們都是外邦人。

（5）第三日，神叫他復活，顯現出來；不是顯現給眾人看，乃是顯現給神預先所揀選為他作見證的人看，就是我們這些在他從死裏復活以後和他同吃同喝的人。（徒十 40～41）對象同樣是哥尼流等人。

然後來看來自保羅的宣講：

（1）神卻叫他從死裏復活。那從加利利同他上耶路撒冷的人多日看見他，這些人如今在民間是他的見證。（徒十三 30～31）對象是在彼西底的安提阿城中，在會堂裏聚會的猶太人和一些素常敬畏神的外邦人。

（2）因為他已經定了日子，要藉著他所設立的人按公義審判天下，並且叫他從死裏復活，給萬人作可信的憑據。（徒十七 31）對象是雅典人。

34.3 初期教會尊崇耶穌是主

基於以上的種種理解和理由，初期教會都一致地尊崇在世的耶穌為「主耶穌基督」（或「基督耶穌」），[5] 此稱呼也標示著兩大重點：

（1）基督徒乃從耶穌基督而出的，是一羣末世性的，彌賽亞的跟隨者。這不單是教會這屬靈羣體中的成員被外人稱呼為基督徒（徒十一 26），更因為耶穌的十二門徒，持續地作在世耶穌所作的。而耶穌升天而去後，他們更成為耶穌的代言人，推行耶穌所吩咐他們的大使命（太二十八 19～20）。

（2）教會這羣體所尊崇及敬拜的，是主耶穌基督。這一點使他們由原本來自猶太教的彌賽亞羣體（看似只是一發生在猶太教內的信仰復興運動），漸漸地剝離敬拜耶和華神的猶太教而自成一格，發展神速，遍及羅馬帝國全地，遠遠超越猶太教。

留意一方面基督（即彌賽亞）源自猶太教受膏君王的理念，此乃其持續部分；但另一方面，基督徒尊耶穌為基督，這一點與猶太教極力反對耶穌便是基督，構成了一絕對無法逆轉的對立，最終導致基督教與猶太教全然割裂。

抑有進者，初期教會更奉耶穌基督為三位一體的聖子（太二十八 19；林後十三 14），並且奉主耶穌基督的名醫病趕鬼（徒三 6）、給門徒施洗（徒二 38，八 16，十 48）、禱告及聚會（太十八 19～20），甚至無論做甚麼，或說話或行事，都要奉主耶穌的名。（西三 17）教會在集體聚會中敬拜尊崇祂，向祂禱告祈求，[6] 更在結束時祈求祂祝福神的子民（腓四 23）等，此等現象的出現，都成了順理成章的事。

再者，留意在最後的晚餐中耶穌向門徒表明：從今以後我必不再喝這葡萄酒，直到我和你們在父的國裏喝新酒的那一天。（太二十六 29，《新譯》）稍後，祂再向門徒應許：我在磨煉之中，常常與我同在的就是你們。父怎樣把王權賜給我，我也照樣賜給你們，叫你們在我的國裏坐在我的席上吃喝，又坐在寶座上審判以色列的十二支派。（路二十二 28～30，《新譯》）端此，門徒等人都期待有一天，他們將與主重聚，並且共赴彌賽亞的盛會，慶祝他們成為終極的得勝者。學者彼斯德（J. Priest）指出，這便是約翰於啟示錄十九章 9 節所預告的，在天上出現的羔羊婚宴。[7] 這一盛會的特點是：

（1）羔羊象徵彌賽亞。

（2）一切被邀的賓客（啟十九 9）和新婦（啟十九 7）代表了神的子民（即教會）；他們都有分於這盛會。

（3）其共同慶祝這末世性筵席，表明最終的得勝者是屬於那被殺，卻死而復活的羔羊（見啟五 6）[8] 及那些至死忠心的，彌賽亞的跟隨者（啟二 10）。

35 重新定格基督一辭

一如上文所言，在兩約中間，猶太的知識分子對於彌賽亞的觀念極富政治性，但其說法很多元，莫衷一是，可見彌賽亞一辭所指的具體意涵，還未能清楚定格。這樣，彌賽亞的實際身分和功能，則仍有很大詮釋空間，容讓初期教會為之注入重要的元素，從而為之重新定格。換言之，隨著時間的流轉，在耶穌復活升天後，祂真正的身分得以真相大白。如是者，初期教會按著他們對耶穌的認識，從而對猶太人那彌賽亞之觀念作出修正，並且清楚地認定，耶穌便是那要來的彌賽亞。

35.1 三位學者的解說

在此，三位知名的新約學者說得好：學者鄧雅各表示，如果說耶穌基督好像活出了一個合乎彌賽亞的形像，倒不如說祂是在打造一全新的彌賽亞形像。[1] 馬歇爾（I. Howard Marshall）指出，耶穌基督把猶太人所期望的彌賽亞，藉著祂的教導和行動，即祂的生平事迹，清楚地説明何謂基督，為之重新定格。[2] 查斯特（Andrew Chester）也有類似的説法；他表示，耶穌的生平呈顯了真正的彌賽亞是怎樣的模樣。[3]

簡言之，耶穌基督匯集了猶太人及外邦人所期望的，人類終極的救主於一身。雖然祂以人子的方式活在世上，但骨子裏，祂是神的獨生愛子。祂那屬靈能力的表現，超越了任何猶太人的先知，因祂不單是大能的先知，更是全能的先知。祂作為真理的教師，猶太人的拉比，其智慧之言遠遠拋離任何當代的教師和知識分子，一如祂經常要求羣眾有耳可聽的，就應當聽（太十一15，十三9、43），[4] 祂時而出格的言論，往往使人拍案叫絕。

祂是絕世的拉比，是神智慧的體現（林前一24）。

再者，耶穌那磅礴的神性氣場震懾了當代的人，也使一切跟隨祂的人嘖嘖稱奇，認定祂是神惟一的獨生愛子（太十四33），是天國的君王。祂既親民，也愛民，堪稱布衣君王，施行仁義之政，恩澤全世界。在心靈上祂有赦罪的權柄，使人從罪中得著釋放。在肉身上，祂醫病、趕鬼和濟貧，盡顯祂那慈悲憐憫的心腸。祂升天而去後，祂的門徒羣體：教會，持續了祂的福音使命，以福音濟世。祂更預言，祂必在榮耀中強勢回歸，完成祂對其子民的終極拯救及審判世界。[5] 如此表現，其結論便是耶穌是基督，是猶太人所期望的彌賽亞，也是世人所期盼的救世主。祂為普世人類帶來了真正的好消息（即福音），成就了神早已為普世人類所預備的，全備的救恩。

一如本書上文所闡釋的，雖然我們可以把耶穌的角色，分成不同層面地考量，如君王、先知、拉比、神的兒子、人子和末後的亞當等，藉此深度認識祂，然而，我們亦發現，因著耶穌是集這麼多功能和角色於一身，初期教會便以基督，即彌賽亞此頭銜來尊稱祂，藉此展呈祂的包羅萬有。

35.2 | 祂是主耶穌基督

新約教會不單奉耶穌為基督，並且經常尊稱祂為主耶穌基督[6]（羅一3、7，十三14；林前一3，十六23；林後一2，十三14；加一3，六18；弗一2、3、17，六23；腓一2，四23；西一3；帖前一1，五28；帖後一2，三18；提前一2，六14；提後一2；門3、25；雅一1；彼前一3；彼後三18；猶21、25）。[7]

「主」（*kurios*）一辭一般是僕人對主人的尊稱（見太二十四45～48，二十五18～26等），表示主人對僕人是有絕對的擁有權。再者，此辭亦常被用作為人與人之間的稱呼，等同於今天我們常用的「先生」一字（sir；見約四11、15、19）。儘管如此，其亦帶有對方是一崇高及備受敬重的人物之意涵。[8] 留意此辭在公元一世紀時，被外邦人用作形容神明，強調神明擁有超凡的權威。[9] 也因此故，住於外邦各地的教會自然明白耶穌基督被尊為「主」的用意。

總的來說，新約教會宣稱耶穌基督是「主」，其強調了：[10]

一、祂是神（約二十28；腓二6、9～11），這是基於大概在公元前二世紀成書的《七十士譯本》，其在翻譯「耶和華」（即神的名字）時，常以「主」一字替代之。[11] 學者費茲米亞（Joseph A. Fitzmyer）認為，稱呼神為「主」最先出現在操希臘語的猶太人當中。[12] 這一點也許解釋了何以《七十士譯本》以「主」一字來替代耶和華的名字。[13]

在此，值得留意的是「主」一辭，其希伯來文是 *ʾăḏōnāy*，其亞蘭文是 *maryah*。而保羅在哥林多前書十六章22節的書末結語時說主啊，願你來！（《和合本 2010》；*marana tha*；our Lord, come）是音譯自亞蘭文。此措辭無疑是指著耶穌基督的再來而言，其大概是來自操亞蘭文的信眾，在敬拜時向主發出期盼祂再來的呼聲。然而，保羅卻在以外邦人為「主」的哥林多教會寫下此言作為全書的結束，足見此措辭已廣泛流傳於各地的教會。

一言以蔽之，耶穌基督被奉為「主」，已成為猶太信徒及外邦信眾之間的共同信念和信仰宣言。[14]

在此，最值得留意的是，保羅在援引舊約聖經時，經常以「主」一辭，取代本來是「耶和華」的名字，且看以下一些例子：

（1）羅馬書：四章8節引用詩篇三十二篇1～2節；十章16節引用以賽亞書五十三章1節；十五章11節引用詩篇一一七篇1節。

（2）哥林多前書：三章20節引用詩篇九十四篇11節。

（3）哥林多後書：六章17至18節引用以賽亞書五十二章11節。

按保羅書信中的用法，「主」一辭在在等同於舊約「耶和華」此名字。理由是明顯的：保羅及其他新約作者大都引用當代流行於帝國各地、用希臘語譯成的舊約聖經《七十士譯本》。這一點，也同時表明新約的眾作者，都接受以「主」一辭，來代表舊約的耶和華神，其亦可用來形容耶穌基督。

如是者，當保羅於羅馬書十章9至10節寫道：你若口裏宣認耶穌為主，心裏信神叫他從死裏復活，就必得救（《和合本2010》），其表明了普世教會所宣認的，便是以耶穌為神，祂成為了宣認者敬拜的對象，此乃人是否得救的一個普世性基準。

二、祂從死裏復活，並且升天得榮，儼然是宇宙及教會最高的掌權者，即萬主之主（徒十36；羅十12，十四8；林前八6）。

三、祂是審判的主，末日的終審由祂主持，世間上無人倖免（林前四5；提後四1、8；啟二十二20）。

四、信徒藉此認信，表明其所效忠的對象：耶穌是「主」。

其中尤以外邦的信徒，更藉此表明他們不再敬拜偶像，轉而皈依基督（林前八6；提前六15）。

在此，值得留意馬太福音十二章8節耶穌的一句：因為人子是安息日的主。主一辭原文排於句子最前方位置，故是強調的。由於安息日是耶和華神特為其子民而設，如今耶穌卻表明作為人子的祂，是安息日的主，其言下之意，便是祂的地位，與設立安息日的耶和華神是等同的；這便是安息日的主的意涵。

在此，初期教會的尊稱「主耶穌基督」，表明了耶穌作為彌賽亞，是萬主之主，是惟我獨尊的，更是有如昔日耶和華神之於以色列人，是獨一的神，就如腓立比書二章9至11節所表明：所以，神將他升為至高，又賜給他那超乎萬名之上的名，叫一切在天上的、地上的，和地底下的，因耶穌的名無不屈膝，無不口稱耶穌基督為主，使榮耀歸與父神。另一實例便是多疑的門徒多馬，在復活的耶穌向他作出證明後，他不禁有此認信：我的主！我的神！（約二十28）在此，主是等同於神的意思了。

原本，對於信主的猶太人來說，「耶穌」乃人的名字，「基督」乃「耶穌」的頭銜。故耶穌基督意即耶穌便是基督，即祂便是彌賽亞。但到了外邦之地，外邦信徒不一定有此區分，他們大有可能以耶穌基督一辭，代表了他們所敬拜的神。[15] 當然，這並不表示，外邦各地的教會完全不知道耶穌基督一辭，是指原本活在世上，名叫耶穌的拿撒勒人，他死在十字架上，卻死而復活，證明祂是被神膏立的彌賽亞。因為這一要點，在保羅所傳的福音中必然有所說明，外邦的信眾也必聽過。只是耶穌作為被神膏立的救世主，已是一不爭的事實，故其索性以耶穌基督一辭，不論頭銜還是名字，指向這位他們所篤信和敬拜的至高神。由此可見，耶穌基督儼然是宇宙間一個至高無上、擁有宇宙全權的尊名。[16]

36 包羅萬有的基督

總的來説，耶穌作為基督，此尊稱顯出祂的包羅萬有；[1] 其所涵蓋的有以下的身分和角色：

（1）祂是先知，宣告神國的來到，呼籲人們要悔改，要從心裏遵行神的心意。祂更廣行神蹟奇事，醫病趕鬼濟世，顯出其擁有莫大的神性力量。

（2）祂是拉比，教導人如何活一個神子民的生命。祂的教導，極具屬靈權威及穿透力，亦為律法的真義，帶來新視野。因著祂的教導，猶太教的復興在即。

（3）祂是救主，是末後的亞當，藉著全然順服父神，他是得勝的亞當；藉著死在十架上為人贖罪，祂確立了新的恩約，啟動了新約的紀元。

（4）祂是神的兒子，祂從死裏復活，此舉意義重大，表明祂果真是神的兒子，復活表明死亡被征服，其賦予一切跟隨祂的人有永生的盼望。自此，門徒羣體，即教會，往普世傳揚以祂為中心的信息，是為真正的福音。

(5) 祂是升上高天的大祭司，如今在父神右邊代求，繼續祂那中保的工作，並且差下聖靈，與教會同在。

(6) 祂是以色列的王，騎著驢駒子榮進耶路撒冷，同行者都高呼祂是大衛的子孫，慶祝救恩快臨到以色列。尤有甚者，祂更預言末日祂必再來，並且是在莫大的威榮中駕臨，盡顯祂是萬王之王，萬主之主。那時，祂要把一切邪惡力量消弭淨盡，並且審判世界及拯救一切屬於祂的子民（包括信主的猶太人和外邦人）。

(7) 祂是新的摩西，集先知、君王及祭司於一身。再者，昔日摩西未能領導以色列人進入迦南應許之地，耶穌卻帥領其子民進入永恆的榮耀裏，得著永恆的基業。祂將與神的子民一起坐著為王，實現亞當本來所應達成的：管治世界。

正如本書上文所指出的，耶穌的名字意即拯救者。正是人如其名，祂不單是人類的救主，更是基督，是末世神所揀選和膏立，那要來拯救普世人類的一位。簡言之，這一位被神特選膏立的耶穌基督，祂的多重身分，表明了祂是全能的救主，祂帶來了全備的救恩。[2]

最後，從基督的身上及作為，我們的結論是：基督所帶來的救贖計劃，是算無遺策，一應俱全。

| 末了的話 |

追趕生活的危機

路加福音二十四章32節有此記載：他們彼此說：「在路上，他和我們說話，給我們講解聖經的時候，我們的心豈不是火熱的嗎？」在此，復活主與門徒同在同行，回憶這段日子，門徒的感受是：沿途有主，心中火熱起來。這是主那強大生命力所使然。

生活的「生」，我們沒有任何選擇餘地；例如我們生在何家、生於何時何地等，其都是命定的。不過如何「活」，倒是有選擇的餘地。

在這些年間，我選擇了在教學之餘，走到家宅附近的海旁大道，放空一下，清空自己的雜念。對著無邊的大海，藍天白雲，心靈頓時豁然開朗，思潮也起伏。就是這樣，海旁成了我神學和生命反思的溫牀，更成為感應復活主與我同行的地方；很真實，更妙不可言。

在此，我有以下的一段感悟：

人生有如進入遊樂場，面對不同的機動遊戲，我們有很多選擇。

熱門的如「過山車」、「摩天輪」、「旋轉木馬」和「小火車」等。

坐「過山車」的人大都是尋找刺激和興奮感，車速飛快，高低落差極大，那種離心的游離感把人推向極處。坐車者看不見風景，只在飛車；雖然有友人在一起，但都是零交流，坐車者大都舉起雙手狂呼，曾目睹有人還哭叫起來，卻與別人無關；沒有眼神的交流，沒有言語的溝通，沒有可觀的風景，只等待那晃間的飛快完結，然後下車，感覺颯爽。

多年前，在一次旅行中和友人進了遊樂場，更一時興起一起坐「過山車」。這是我畢生的第一次。

下車後，友人對我說：

「你面色蒼白，目光呆滯；你怎麼了？」

站在那裏驚魂甫定的我，感覺既彆扭亦麻木，一時語塞，只有苦笑著搖搖頭。不過，此後我告別了「過山車」。

想要回想其過程，卻怎樣也想不起，也許因時間久了而朦朧，也許因為過分驚嚇，心理機制把它自動從記憶中刪除。

「小火車」便好得多了。此車目的是休閒地遊園，讓你悠然自得，與友人交談，共同欣賞風景。火車的笛聲，和走在軌道上的轟隆轟隆聲合著節奏，走著走著。

迎著風，你可以隨心地拍照，定格在沿途的風景和旁邊的友人，實在舒心。

還記得所經過的地方，先是那綠油油的草坪，繼而是星羅棋佈的小樹叢，還有那小橋流水，兩岸長滿了透白稍紅的櫻花，好一個旖旎的櫻花園，想起來也心曠神怡。

我們都活在城市裏，你和我都是城市人。我們每天都在追趕生活。是否追上難於定論，肯定的是今天追畢還有明天，明天復明天，這便構成了我們的生活。

城市人都在坐「過山車」，在追趕生活。我們無視風景，與別人擦身而過，心變得盲目和煩亂，甚至是信仰——我們對所相信的耶穌基督，都只有表層的相識，更有人形容我們的信仰是「十里闊，一寸深」。如此，當生命的考驗驀然而至，我們都倒塌了，並且倒塌得很大（太七 27）。

城市的生活，快來快去，感覺卻是支離破碎。

我們不妨稍停下來，調整生活節奏，考慮轉登「小火車」，好好細味這生之旅，不再錯過沿途父神為我們精心炮製的人和事。更重要的，是感應復活主的同行，以致我們可以邊欣賞景物，邊和祂交心，讓祂開解心中的鬱結，開闊眼界，指點人生。

談到與復活主同行，情況使人憂慮。因為我們這活在當下的城市人，大都因著生活繁忙，世務纏身，心靈空間幾等於零，把復活主擯於生活的局外。於是，我們雖自認是基督徒（即基督的跟隨者），卻沒有能力活出基督徒應有的生命。

我們和祂的關係如果不是疏離，便是若即若離。

然而，沒有祂，不論我們如何努力追趕生活，終必迷失在時光快車中。

末了，請不要「瞎跑人生」；請不要成為「鍋上水煮蛙」。

願我們心中有主，踏實地經歷祂的同行，火熱的心自來。

| **靈思小品** |

耶穌基督，宇宙的總歸，我們的所有

對於新約的眾作者來説，舊約前瞻性地預言耶穌基督的出現，新約卻見證著那歷史性的耶穌：祂全然應驗了舊約的預言，並且成就救恩於當下。祂活了一個完美的人生，祂閃亮的生命，成為一切跟隨祂的人的典範。祂也必再來，把神的國全然實現於地上。觀此，聖經是以耶穌基督為中心的。

在此，嘗試考量以下兩個神學推論：

一、宇宙萬物及人類的出現，是基於父神對聖子的大愛。換言之，這是一個愛的創造，在基督裏達成的。

活在世上的聖子耶穌，早已存在於永恆的過去。祂與聖父同活在榮耀裏（見約十七5），並且彼此相愛（約十五9），融通契合為一（約十30）。留意在禱告父神時，在世的聖子耶穌有此言：*因為創立世界以前，你已經愛我了。*（約十七24）又按歌羅西書一章16節所言，愛子不單是創造主，萬有都*是為他造的*，[1] 其意思便是「基督站在宇宙的末端，是宇宙的目標」。[2] 在此，我們可以説，早於永恆的過去及萬有被造之先，聖父與聖子已有此議定，便是父神因著極愛聖子，為聖子創造了宇宙萬物（參來一2），又按著父神的恩典，創造了人類（弗一

3～4）。

觀此，神的計劃算無遺策，更是有層次的，而救贖計劃是神創造計劃的重要部分。神的創造計劃，是祂為愛子精心設計的永恆計劃奧祕的所在。這是一個愛的行動：父神愛聖子及愛世人。而聖子降世為人，是執行這愛的計劃其中一項關鍵行動。且看保羅於提摩太前書三章16節的信仰宣言：大哉，敬虔的奧祕，無人不以為然！就是神在肉身顯現，被聖靈稱義，被天使看見，[3]被傳於外邦，被世人信服，被接在榮耀裏。

這首詩體的信仰宣言，大概流行於當時的教會。[4]保羅引用之，旨在表明，本是高於諸天之上的真神耶穌，竟然成了肉身。祂的其人其事，實乃信仰的亮點，是極大的奧祕。祂是我們的焦點所在，也是惟一的焦點。

二、宇宙萬物及人類的存在，旨在榮耀創造這一切的父神。這物質宇宙出現的原因，便是父神在愛裏創造了人類，目的是代替祂管理大地。而當人類墮落後，祂便派遣愛子在既定的日期，成了肉身，活一個完美的人生，同時成就救恩，[5]拯救墮落的人類，使一切被父神在創世以先揀選的人，成為祂的兒女，好使他們與愛子同得永恆的基業（見羅八17；弗一11）。稍後，愛子更從死裏復活，升天得榮，成為宇宙的主，統管萬有，在在展現父神和聖子那諸般的智慧和恩義的極致（弗一9），從而彰顯聖父的榮耀（參弗一3～14）。

以上兩項神學推論有以下兩個共同點：

（1）從神學意義看：耶穌基督是我們信仰的焦點，是打開宇宙之謎、人類生命意義的命門。

（2）從歷史角度看：祂必再駕臨世間，終結人類的歷史。那時，世人都必目睹祂極致的榮耀，王威的浩盪，好一個強勢的回歸。祂要拯救其子民，一個都不少；也要審判萬民，無一能倖免。

末了，在宇宙的舞台上，上演著三位一體神創造萬物和成就救恩的愛的故事。這是惟一的劇目，也是神得著至大榮耀的焦點所在。

反省

耶穌基督是宇宙存在的理由，是我們信仰的核心，更是我們與父神建立關係的紐帶。我們作為祂手所造的人，也是被祂揀選的子民，其責任便是要見證祂的奇妙及奇妙的大作為（彼前二9）。我們活著便是為此。讓我們專注於祂，認識祂，效法祂的樣式，經驗祂的同在同行，正是：悠悠我心，人生路遠；有主同行，樂此不倦。

禱告

感謝父神和主耶穌的大愛和揀選，我有幸成為父神的兒女，天國的子民。我願一生追求認識榮耀的主，勤讀聖經，每天習練與復活主同在同行，直到與主面對面相見的那一天。

第八部附錄一 ｜ 舊約中的受膏者，從大衛說起

耶和華神應許大衛，他的後裔必永遠坐著為王（見撒下七12～13）。平情而論，歷史上大衛的兒子是為所羅門。他接續大衛作王，乍看下，他應該是大衛之約中那承繼國位、建造聖殿的君王。然而，後期的所羅門因為好大喜功，大興土木，建聖殿及他自己的殿宇，以致勞民傷財，民怨四起。再者，因著要與各國建立邦交貿易，以致他娶了各外邦女子為妻，結果把偶像及異教也引進國內。最後，他死後國土旋即崩裂為二，由此可見，他不是大衛恩約中那位永坐在寶座上的大衛子孫。[1]

從所羅門王開始一路走來，南北兩國的眾君王都未能實現理想王者的角色，他們都不是這位受膏為王的神的兒子。更可悲的是，自以色列國亡家破，其被擄成亡國奴，並且經過強大的巴比倫、波斯及希臘等王朝，都仍未能復國。如是者，被擄後的以色列人，其信念演變成：

（1）大衛之約中永坐在大衛寶座上的王者，也就是君王詩中

所描述的，[2] 被耶和華神膏立的那得勝敵人的王者尚未出現。

(2) 百姓都期望，只有神才能拯救其族民，使他們有永久的振興。

(3) 此振興是要在人類歷史的終末才會出現，是為末世。[3]

(4) 振興是藉著神親身，又或者是祂所派的特使介入方能達成。

按以上的理解，那真正的受膏者，即彌賽亞，是一末世性人物，祂是真正實現大衛之約中所應許的，永坐在大衛寶座上的神的兒子。[4] 各先知對這末世性人物均有不同的演繹。首先是以賽亞先知，其指出大衛家將得著復興（賽四 2，九 6，十一 1，十六 5 等），此人物乃神的僕人，蒙神揀選，並且充滿神的靈之能力，[5] 他不亢不卑地傳揚真理，直到外邦之地（賽四十二 1～4）。由此可見，神所關注的，不只是以色列國族的振興，更是普世人類得著復興。這一點，在但以理書有更進一步展現。但以理事奉外邦諸王（包括巴比倫及波斯），他經驗到神的工作，同樣發生在外邦的國民中。但以理書中的四大異象，所概括的是普世列國的命運，可見神的計劃，同時包括世上列國。再者，在人類歷史的盡頭，神藉著一位像人子的人物，介入人類歷史。他駕著天雲而來，表明他是一戰士神（warrior-God），[6] 他與列國爭戰，終把被喻作四獸的列強征服，從而建立一永存的國度。此理念呼應著大衛約中那永坐在寶座上的一位。

再言以賽亞書；先知表明，為了拯救神的子民，從神而來的受膏者是真命的救主。祂受欺壓、受苦，甚至受死成了贖罪祭，為要救贖神的子民（賽五十三 1～12）。此舉措振興了神的子民，其情況有如一次新的出埃及（賽四十 3～4，四十三 16～20）——藉著這位從神而來的受膏者，神的子民得著拯救。再者，祂所傳揚的，是好消息，即福音——貧窮人得著幫助，為奴的得著釋放。祂使神子民愁心變舒心（賽六十一 1～3），祂是一位末世性人物，此末世的後續，便是一新天新地的開始（賽六十六 22）。

抑有進者，以西結先知安撫被擄之民，表明神必興起一王，來自大衛家；祂必將分裂的國家合一，並且成就牧人君王的職事，一如作者於以西結書三十七章 24 至 25 節所力陳的：我的僕人大衛必作他們的王；眾民必歸一個牧人……我的僕人大衛必作他們的王，直到永遠。這裏的大衛（又何三 5；耶三十 9；摩九 11 等）不是指死去的大衛將復活，而是指一從大衛家中出現，也即是一位被神膏立，有如大衛的理想君王。按此了解，雖然以色列的領袖不濟，只知牧養自己（見結三十四 8），使百姓如掠物地被捕獵和受苦，但神將在大衛家興起一牧人君王，成就牧養百姓的天職。

繼而先知撒迦利亞力證未來將出現兩位受膏者（亞四 14），一位是如所羅巴伯的政治性領袖，一位是如大祭司約書亞的宗教性領袖，是神的受膏者。所羅巴伯的政治性受膏者是沿自大衞家，約書亞的宗教性受膏者是來自撒督家。[7] 此看法大概是基於以結西書三十七章 24 至 28 節（強調了大衞家）及四十三章 18 至 27 節（聚焦於撒督家）的提示。[8] 兩位受膏者同時出現意味著未來以色列人的復興，應該在政治上和宗教上齊頭並進。

留意以上撒迦利亞先知對神的受膏者之說法，也影響到後來兩約中間的猶太文獻對彌賽亞的看法，即認為會出現兩位末世性彌賽亞，即所謂「受膏者是一對的」（twin anointed）的理念；[9] 一位帶來政治性復興，來自大衞家；另一位帶來宗教性復興，來自亞倫家，使神的子民得著拯救（《禧年書》〔*Book of Jubilees*〕三十一 12 ～ 20；《猶大遺訓》〔*Testament of Judah*〕二十一 2 ～ 5、15 等）。[10] 有部分猶太作品更顯示，是天使把魔鬼打敗，而不是彌賽亞（如《摩西啟示錄》〔*Apocalypse of Moses*〕）。另有拉比亦主張，受膏者其實是指一共同體而非某一位人物，故其是指著「餘民」，即一切忠虔者而言。[11]

尤有進者，一些充滿國族主義思維的作品，更把舊約中耶和華是元帥——一戰士的形像，注入受膏者中（如《禧年書》二十三 30）。整體而論，兩約中間的猶太文獻，其直接提及彌賽亞是誰及其工作性質的為數甚少。對於彌賽亞的職事，大家並沒有達至共識。問題是，他們的作品看似很有系統，骨子裏卻只是各施各法，自圓其說而已。[12] 換言之，正如猶太學者紐斯納（Jacob Neusner）所指出的，當耶穌出現時，猶太人並沒有對彌賽亞的工作及角色達至共識。[13] 學者朗文亦有此呼應：

「到了第一世紀，舊約聖經並沒有為其繪製出一幅彌賽亞的藍圖。」[14] 這一點，可能反映出兩約中間，甚至到了公元一世紀耶穌的時代，並不是所有的猶太人都殷切期望彌賽亞的出現。[15]

畢竟，從另一個角度看，不同的看法也不一定是相互排斥。[16] 綜觀舊約及兩約中間有關受膏者的教導，雖眾說紛紜，但其都聚焦於以下三大要項：

（1）如果各人所期望的神所特派的受膏者果真出現，他將是一王者，[17] 是來自大衛家的。[18] 這一點，從約翰福音七章42節所記的，當代猶太人對基督出處的說法得著證實：經上豈不是說「基督是大衛的後裔，從大衛本鄉伯利恆出來的」嗎？[19]

（2）他出現的時間是為末世，[20] 即一新紀元的開始；這一點，從五旬節聖靈降臨時，彼得向在場的朝聖者所指出的，即一在末後的日子此片語得著證實（徒二17）。

（3）他出現將帶來以色列國族的振興，一如門徒追問復活後的耶穌：主啊，你復興以色列國就在這時候嗎？（徒一6）[21]

在此，學者甘明斯（S. A. Cummins）總結兩約中間直到耶穌的時代，猶太人對彌賽亞的期望便是：「其是一末世性的救主及王者，他將拯救其子民脫離異族的轄管，從而引進一新紀元」。[22] 正因此故，兩約中間出現的猶太人所發起的政治性革命，領導人物都自命是從神而來的受膏者，即彌賽亞。此理念更極盛一時，特別是公元前兩世紀中葉的馬卡比革命時期。[23] 儘管到了公元一世紀，仍然有不少革命運動，其領導者都自稱是猶太人的王，其冒起便是要擺脱羅馬帝國的轄制及當地政府的管治。[24] 端此，在世的耶穌沒有高調地自稱是彌賽亞，其原因不是因為祂不是彌賽亞，乃是由於此稱呼充滿政治味道，耶穌不願意別人因而誤會祂，以為祂是一國族主義者，旨在帶動革命性的復國運動。

代跋：常存盼望的重要

你們心裏不要憂愁；你們信神，也當信我…… 我去原是為你們預備地方去。我若去為你們預備了地方，就必再來接你們到我那裏去……。（約十四 1～3）

耶穌快要離世升天，正是離別在即，門徒實在依依不捨，心中盡是憂愁，但主耶穌卻應許他們，祂此去絕對不是棄他們而不顧。有朝一日，祂必再來，接他們到永遠的榮耀裏。事實上，耶穌這應許，成為門徒畢生的盼望，使他們能歷盡艱辛，攻堅克難，成就福音使命。

新冠肺炎狂襲普世，帶來人間不少苦楚，我們也活得困苦。一些我們認識的友好也不幸染病，有些還不治離世，死亡離我們從來沒有這麼接近，因此，心中常存盼望也是前所未有地重要。也許，我們可以從以下的故事得著啟迪：

二十世紀初美國出現了一位平民作家，筆名歐亨利（O. Henry）。

他平生活得坎坷；他母親早逝，父親酗酒，他也患上了這惡習。他也曾入獄，藉著寫小說掙錢養活在外的小女兒。

他寫了很多短篇小說，故事的特點是結局總是出人意表，卻絕不矯情，情節合情合理。文章風格平實無華，並且語含幽默，在在反映當代中下階層生活的艱苦。

他以一篇叫《最後一片葉子》(*The Last Leaf*)的短篇小說聞名於世。故事發生在紐約格林威治村，一個貧困、聚居了不少平民畫家的地方。

在區內的一所小樓中，住了三位畫家。樓上的是一對相依為命的年青女畫家，一位患了嚴重肺結核病。另一位，即她的室友，努力地照料和鼓勵她。樓下住了一位潦倒的老畫家。

有一天，患了重病的女畫家拉開窗簾，看窗外的風景時，發現對面牆壁上長著長春藤，由於這時已是寒冬，長春藤上只留下數片葉子，其他的都掉在地上枯萎了。此情景使病人心靈更為沉重。

她對室友說：「我的生命便好像對面的長春藤，當最後一片葉子掉下來時，便是我離世的日子。」

室友努力地勸她不要想得這麼消極；室友更把事情與樓下的老畫家分享，他們便一起力勸病人不要胡思亂想。但她求死的心意已決，勸告看來無效。

一天晚上，室外風雨交加，室友心裏極度擔心，心想那數片葉子哪裏能夠承受這麼大的風雨？必然熬不過而掉下。

到了早晨，病人撥開窗簾，看看窗外的長春藤，竟然還有一片葉子掛著。她便對室友說：「長春藤上只留下一片葉子，可見是在告知我大限快到，只等最後一片葉子落下，便是我生命的終結。」

繼而，又來了一個狂風暴雨夜；到了翌晨，病人又再望窗外，怎料那一片葉子仍然掛在長春藤上。

這時，病人開始有所醒悟，她反省自己的自暴自棄，反不如這片葉子的求生意志，她也因而連累室友日夜為她操心，實在慚愧。於是，她便重拾生趣，挺身昂首，誓要打敗病魔而活下去。

結果，她漸漸地好起來；那老畫家卻病逝了。

原來在風雨交加的那個晚上，老畫家獨個兒找來長梯，拿了畫具，攀上牆壁上，在那長春藤處畫上一片葉子。他畫功精湛，維肖維妙，無怪乎那片畫上去的葉子總不會掉下來。他也因而染上風寒，從此一病不起，與世長辭。

不過，他留下的一片葉子，卻帶給了女病人生存的盼望，使她重獲新生。

反省

人在困難和苦澀的日子中極需要盼望，才能有力量支撐下去。也許，作者歐亨利心中也在尋找這一片不會掉落的葉子，好成為坎坷歲月中的盼望。

在此，基督的死而復活，成為我們人生終極的盼望，有如那一片永不掉下來的葉子；這盼望是永不磨滅的。

主必再來，祂要翻新世界，為我們重建那失落的樂園（啟二十二 1～4）。這是聖經的應許，是必不落空的，一如啟示錄的作者約翰在結束寫作時的盼望之言：主耶穌啊，我願你來！（啟二十二 20）因著這盼望，我們必須抖擻精神，好好地活在當下，成就一個更好的自己。

禱告

求主耶穌給我永不動搖的信心，滿懷盼望地等候祢的再來。這盼望帶給我生趣，也成為我心中的力量，好讓我以最好的狀態活在當下，宣揚祢的美善，見證祢的作為。

註釋

自序

1. 被譽為飛得最高和最遠的一種大鷹。

第 1 章

1. 耶穌的希伯來文是 *yəšū*，其乃約書亞（*yəhôšūac*）此名字的縮寫。
2. "... was extraordinarily popular in Palestinian Judaism for national reasons ..." Martin Hengel and Anna Maria Schwemer, *Jesus and Judaism*, trans. Wayne Coppins (Waco: Baylor University Press, 2019), 298.
3. 如馬太福音二十七章 16 節的「巴拉巴」，原名是「巴拉巴耶穌」（見《呂譯》;《新譯》作「耶數巴拉巴」）；又使徒行傳十三章 6 節出現的假先知「巴・耶穌」。
4. 有一說法指出此城人口只有約四百；見 Mark Allan Powell, *Fortress Introduction to the Gospels* (Minneapolis: Fortress, 2019), 4。
5. "All four evangelists are concerned to tell the story of Jesus and to spell out his significance ..." Graham Stanton, *The Gospels and Jesus* (Oxford: Oxford University Press, 2002), 103.
6. 彼得可說是馬可福音背後的作者；馬太寫了馬太福音，約翰也寫了約翰福音；"Sometimes around 7 C.E. at the latest, Christians began writing full scale narrative

accounts of Jesus, which quickly became widely read and influential for all subsequent centuries of Christian history," Larry W. Hurtado, *Lord Jesus Christ: Devotion to Jesus in Earliest Christianity* (Grand Rapids: Eerdmans, 2003), 346。

7. 此乃相交（*koinōnia*）一字所指的，分享關乎耶穌的種種。
8. "... these four books have been more carefully investigated and more closely scrutinized than any other narrative works in history." Powell, *Fortress Introduction to the Gospels*, 55.
9. "The Gospels were written in order to produce authoritative guides to the story of Jesus as a companion to Israel's sacred literature," Michael F. Bird, *The Gospel of the Lord: How the Early Church Wrote the Story of Jesus* (Grand Rapids: Eerdmans, 2014), 275.
10. 「妥拉」意即指引、教導（instruction）。
11. 但路加大有可能是屬於早已相信猶太教，被稱為素常是敬畏神的一羣外邦人（God fearers）。
12. 新約書卷以路加福音的篇幅最長，其次是使徒行傳。
13. E. Randolph Richards, "Reading, Writing, and Manuscripts," in *The World of the New Testament*, ed. Joel B. Green and Lee Martin McDonald (Grand Rapids: Baker, 2013), 350～351；書信中作者會用紅色墨汁署名（見加六 11），其大概是用氧化鐵的粉末炮製而成。
14. 此字後來演變成英語的「紙張」（paper）一字。
15. 時至今天在蘇丹尼羅河流域一帶仍可見此植物；Merrill C. Tenney ed., *The Zondervan Pictorial Encyclopedia of the Bible* (Grand Rapids: Zondervan, 1975), 4: 589。
16. "The evidence ... indicates that a usable lifetime of about 100 to 125 years was common and can reasonably be considered the norm," George W. Houston, *Inside Roman Libraries: Book Collections and Their Management in Antiquity* (Chapel Hill: University of North Carolina Press, 2014), 120 ～ 121; Craig A. Evans, "Longevity of Late Antique Autographs and First Copies," in *Scribes and Their Remains*, ed. Craig A. Evans and Jeremiah J. Johnson (London: T & T Clark, 2020), 17～87.
17. 製作過程的描述來自 Pliny, *Nat. Hist.* XIII, 63～83。

18. 即“book roll”，長約十五呎；Richards, “Reading, Writing, and Manuscripts,” 354；另一說法是三十多呎，剛巧是路加福音及使徒行傳的篇幅；見 Stanton, *The Gospels and Jesus*, 80。
19. 新約中的腓利門書、約翰二及三書，及猶大書，字數在三百字左右，顯出了其是寫在一張蒲草紙上。
20. Richards, “Reading, Writing, and Manuscripts,” 355；其被稱為抄本（codex）；*ABD*, VI: 1004。
21. 見 Richards, “Reading, Writing, and Manuscripts,” 361 的表列；這文章是在二〇一三年出版。
22. 由於寫作的困難，不少人請了代筆人（*amanuensis*）代行之；當代著名的猶太歷史家約瑟夫（Josephus），其巨著便是由代筆人寫成的。新約的部分書卷也是由代筆人撰寫。其中最明顯的是保羅的加拉太書（見加六 11）及羅馬書（見羅十六 22；代筆人名叫德丟）。
23. 見哥林多前書四章 17 節；彼得前書五章 12 節。
24. Richards, “Reading, Writing, and Manuscripts,” 360.
25. 其他寫作的原因見 Arthur G. Patzia, *The Making of the New Testament: Origin, Collection, Text and Canon* (Grand Rapids: IVP, 2011), 64～66。
26. 有關的一些圖片見 G. K. Beale and Benjamin L. Gladd, *The Story Retold: A Biblical-Theological Introduction to the New Testament* (Downers Grove: IVP Academic, 2020), 20, 24, 222, 442, 444。

第 2 章

1. 見 *NIDNTT*, 2: 107～115；*TDNT*, II: 707～737。
2. *NITDB*, 2: 630.
3. 此刻文的引述見 *NITDB*, 2: 631。
4. 例如龐貝古城（Pompeii）是以維納斯女神（Venus）為守護神；Bruce W. Longenecker, *In Stone and Story: Early Christianity in the Roman World* (Grand Rapids: Baker, 2020), 67。

5. 見路加福音二章 1 節。
6. 關於他的事迹及羅馬治世的介紹見 Donald Kagan, Steven Ozment and Frank M. Turner, *The Western Heritage* (New York: Macmillan, 1979), 160～186。
7. "The Augustan period was one of great prosperity ..." Kagan, Ozment and Turner, *The Western Heritage*, 166.
8. 此回憶錄見 Kagan, Ozment and Turner, *The Western Heritage*, 167 的引述。
9. 關於君王敬拜的沿起見李志秋：《新約書信詮釋》(香港：天道書樓，2016)，頁 182～185。

第 3 章

1. 其用作翻譯希伯來文 ***bāśar*** 一辭；見 Bird, *The Gospel of the Lord*, 9。
2. "... it is the prophetic vision of Isaiah, with the glad tidings of Yahweh's reign, the end of the exile, and Israel's restoration ... forms the immediate background of gospel on the lips of Jesus, in the preaching of the early church ..." 見Bird, *The Gospel of the Lord*, 13。
3. 詳參 Michael F. Bird, *Jesus and the Origins of the Gentile Mission* (London: T & T Clark, 2006), 26～45。
4. 又參路加福音四章 18 節，七章 22 節，十章 21 至 22 節，十四章 13、15 至 24 節，十六章 19 至 31 節等。
5. "The Gospel is about God, plain and simple ... God incarnate who takes on sin and death and wins," Carla Swafford Works, *The Least of These: Paul and the Marginalized* (Grand Rapids: Eerdmans, 2020), 153.

第 4 章

1. 這些經文包括創世記十八章 1 至 2 節，十九章 1 節；約書亞記五章 13 至 15 節；士師記十三章 3 節。
2. "This temporary appearance foreshadows the incarnation ..." Vern S. Poythress, *Theophany: A Biblical Theology of God's Appearing* (Wheaton: Crossway, 2018), 67; "Angels who function as messengers prefigure Christ as the final messenger," 70.

3. "... wisdom ... is a capacity of the hidden God," Walter Brueggemann, *Theology of the Old Testament: Testimony, Dispute, Advocacy* (Minneapolis: Fortress, 1997), 343；又詳參頁 333～358。
4. John H. Walton, *Ancient Near Eastern Thought and the Old Testament: Introducing the Conceptual World of the Hebrew Bible* (Grand Rapids: Baker, 2006), 279.
5. 人格化智慧的作品見箴言一章 20 至 33 節，八章 1 節至九章 11 節；約伯記二十八章；《便西拉智訓》二十四章；《巴錄書》(*The Book of Baruch*)三章及《所羅門智訓》七至八章等。
6. 留意馬太福音中的耶穌，被塑造為一極有智慧的拉比，可說是智慧的體現，其中尤以是當中有五篇耶穌的論述，在在顯出祂是智者(sage)。
7. "Wisdom, according to this remarkable poem, occupies an intermediate place between God and the world of creation," Brueggemann, *Theology of the Old Testament*, 342.
8. 關於猶太人人格化智慧的出處之討論見 Seth A. Bledsoe, "Can *Ahiqar* Tell Us Anything about Personified Wisdom?" *JBL* 132 (2013): 119～137。
9. 其他描述智慧神性的猶太文獻見《以諾一書》(*1 Enoch*)八十四章 2 至 3 節；以諾二書(*2 Enoch*)三十三章 4 節；《所羅門智訓》九章 4、10 節等；留意《以諾一書》八十四章 2 至 3 節更以智慧在神寶座之旁，給予神意見；亦見 Richard Bauckham, *Jesus and the God of Israel: God Crucified and Other Studies on the New Testament's Christology of Divine Identity* (Grand Rapids: Eerdmans, 2008), 166。
10. "In Col 2:2～3 the writer again like wisdom and mystery to Christ," Brueggemann, *Theology of the Old Testament*, 346.

第 5 章

1. 其他的經文有：約書亞記二十三章 14 節；列王紀下二十章 19 節；以賽亞書四十章 8 節等。
2. "... poetic language is used that depicts the word as if it were a distinct entity," Thomas R. Schreiner, *New Testament Theology: Magnifying God in Christ* (Grand Rapids: Baker, 2008), 255.

3. “Some of these ideas were surely in the mind of John when he identified Jesus Christ as the Word,” John N. Oswalt, *The Book of Isaiah 40～66* (Grand Rapids: Eerdmans, 1998), 446～447.
4. *Logos* 的意思包括了「理性」(reason)及「話說」(word)；可被定格為“... the outward Revealer of the inward mind of God,” Matthew Barrett, *Canon, Covenant and Christology: Rethinking Jesus and the Scriptures of Israel* (Downers Grove, IVP, 2020), 149。
5. 作者因而提出了道成肉身的神學理念(Incarnational Theology)。
6. 留意《所羅門智訓》九章 1 至 2 節的一句：「神啊，你……用你的話和你的智慧，創造了萬物和人類。」
7. 除了 *logos*(即耶和華的說話)及智慧外，有些學者認為舊約出現的耶和華的使者，在某些情況下其實是神在肉身的顯現，其也看作為獨一的耶和華神的延展；詳參 James A. Borland, *Christ in the Old Testament: Old Testament appearances of Christ in Human Form* (Chicago: Moody, 1978)；Andrew Malone, *Knowing Jesus in the Old Testament?: A Fresh Look at Christophanies* (Nottingham: IVP, 2015)；Vern S. Poythress, *Theophany: A Biblical Theology of God's Appearing* (Wheaton: Crossway, 2018)。
8. “... personification or hypostabilization of aspects of God himself,” Bauckham, *Jesus and the God of Israel*, 14.
9. “... high Christology was possible within a Jewish monotheistic context ...” Bauckham, *Jesus and the God of Israel*, 3.
10. “this inclusion of Jesus in the identity of God, the decisive step of so including him was made at the beginning of Christology.” Bauckham, *Jesus and the God of Israel*, 19.
11. “... the inclusion of Jesus in the unique divine identity ... was ... even before any of the New Testament writings were written, since it occurs in all of them.” Bauckham, *Jesus and the God of Israel*, 19.
12. 足見耶穌的死，震動了天、地及陰間三界；關於馬太福音二十七章 52 至 53 節詮釋上的困難，見 K. L. Waters, “Matthew 27:52～53 as Apocalyptic Apostrophe: Temporal-Spatial Collapse in the Gospel of Matthew,” *JBL* 122/3 (2003), 489～515 的闡釋。

13. 在當代，婦女的地位低微，如果作者要編造耶穌復活的見證，理應找來耶穌的門徒才是。可見作者是實話實説；説白了，福音書記錄最先目擊空墳墓的是婦女們，其實是一項反證，耶穌不是只是死了和埋葬了，祂真的是復活了。

第 6 章

1. " God's pre-eminent heavenly servants, higher and closer to Him than all the rest of creation, " P. G. Davis, " Divine Agents, Mediators, and New Testament Christology, " *JTS* 45 (1994), 480.
2. " ... is the channel through which all others must establish a relationship with God. " Davis, " Divine Agents, " 482.
3. Peter Stuhlmacher, *How to Do Biblical Theology* (Eugene: Pickwick, 1995), 9.
4. " ... which the canon not only unfolds but finds its justification and purpose, " Barrett, *Canon, Covenant and Christology,* 21.
5. 耶穌的故事起初以口傳方式流傳，然而，當事件的目擊者一一淡出歷史舞台時，第二代的信徒必須有寫下來的版本，以作傳承，這無疑構成了四福音出現的主因；" ... the Gospels were written at the end of the first generation and at the beginning of the second generation of Christian, " Bird, *The Gospel of the Lord,* 273。

末了的話　與復活主聯上

1. "The Christian Canon is ... a dynamic vehicle by which the risen Lord continues through the Holy Spirit to guide, instruct, and nourish his people, " Brevard S. Child, *The Church's Guide for Reading Paul: The Canonical Shaping of the Pauline Corpus* (Grand Rapids: Eerdmans, 2008), 26.

第 7 章

1. 留意路加福音二十三章 4、14 及 22 節共三次表明彼拉多對受審的耶穌的判辭是：祂並沒有犯任何的罪（又太二十七 23；可十五 14）；約翰福音八章 46 節耶穌更直接挑戰與他為敵的猶太人（見約八 37）：你們中間誰能指證我有罪呢？

（又來四 15）

2. “Prophet, messianic claimant, exorcist/healer, holy man/Hasid, shaman, magician, teacher/rabbi, sages, peasant spinner of tales, clever wordsmith, revolutionary, establishment critic, friend of social outcasts, a liberal Jew ahead of his time,” Hurtado, *Lord Jesus Christ*, 55.
3. Craig S. Keener, *A Commentary on the Gospel of Matthew* (Grand Rapids: Eerdmans, 1999), 61.
4. “Nor did the wise king die altogether; he lived on in the teaching which he had given.” Stanton, *The Gospels and Jesus*, 147.
5. “... Matthew became the favorite Gospel rendition of Jesus in many early Christian circles,” Hurtado, *Lord Jesus Christ*, 340.
6. 按猶太規例，約瑟並不是耶穌的生父，而是養父，此情況是否仍然支持耶穌是大衛之後，其討論見 Caleb T. Friedeman, “Jesus' Davidic Lineage and the Case for Jewish Adoption,” *NTS* 66 (2020), 249～267；創世記十五章 2 至 3 節是最早期出現的關於收養兒子此做法的記錄。
7. 事實上，在當代，君王都被稱為神的兒子，有如我們稱呼君王為天子。
8. 此言反映了但以理書七章 13 至 14 節那像人子的一位得著權柄的背景。
9. 此字的研究及用法參 Hurtado, *Lord Jesus Christ*, 337～338。
10. 詳見Robin Routledge, *Old Testament Theology: A Thematic Approach* (Downners Grove: IVP, 2008), 140～141。
11. “His intellect, wisdom, and volition,” G. K. Beale, *A New Testament Biblical Theology: The Unfolding of the Old Testament in the New* (Grand Rapids: Baker Academic, 2011), 383.
12. 在研究神的形像的神學意涵時，學者古格亞（Chris Kugler）有兩項發現：（1）按巴勒斯坦猶太人傳統的看法，形像是指地上代表著天上神明的神像，故人有神的形像是指人類是天上耶和華神在地上有形有體的像，其代表著神管治大地；此乃物理（physical）的看法。（2）按上古希羅的哲學觀，神的形像是指人個體中最高的元素：靈魂；故其是指有著神的屬性，此乃屬靈（spiritual）的解法；詳見 Chris Kugler, *Paul and the Image of God* (New York: Fortress Academic, 2020), 31～

109；但二者並不一定相互排斥。

13. " As *imago Dei*, then, humanity in Genesis 1 is called to be the representative and intermediary of God's power and blessing on earth, " J. Richard Middleton, *The Liberating Image: The* Imago Dei *in Genesis 1* (Grand Rapids: Brazos, 2005), 121; " ... humankind is to function as a kind of surrogate for God within the created world, ruling and taking care of it, " Christopher B. Hays, *Hidden Riches: A Sourcebook for the Comparative Study of the Hebrew Bible and Ancient Near East* (Louisville: WJK, 2014), 71.
14. 詳參 Beale, *A New Testament Biblical Theology*, 383, fn. 4。
15. 創世記一章 26 節的管理及 28 節的治理，有制服敵人的用意；Bruce K. Waltke and Charles Yu, *An Old Testament Theology: An Exegetical, Canonical, and Thematic Approach* (Grand Rapids: Zondervan, 2007), 220。
16. 蘇雪林：《逝水年華》(武漢：長江文藝，2015)，頁 6～7；她對樂園的描寫如詩似畫，使人賞心悅目。
17. " ... instead of subduing, Adam became subdued by the creation itself (a serpent), " Beale, *A New Testament Biblical Theology*, 384.
18. 此情況可以説是神與人立約，這約的內容是，神匡扶人作王管治世界，人卻要服膺於神的權柄。但人卻選擇違反承諾，把約破壞。他受罰被逐，其實是自招的。
19. 耶穌基督便是這理想人及完全人。祂全然順服，也完成任務，進入安息，即是在父神寶座的右邊坐下來(見來一 13，八 1，十 12)，並帶領一切在祂裏面的人進入安息。

第 8 章

1. 這解釋了路得記的存在，其作用主要是要顯示，大衛的曾祖母是摩押人，從而解釋了何以後來大衛逃亡時，要帶同家屬投靠摩押王。
2. 也有可能是排行第七，見歷代志上二章 13 至 15 節。
3. 一如先前的眾士師，他們因為得著耶和華靈的臨格，得著了能力，成就了救援百姓、擊潰強敵的基業。
4. 這可能是因為古代近東文化相信音樂是有驅邪的作用；也許，因著家中已有七位兄長，在家園發展極度有限，以致大衛在耶和華的靈之引領下，遠走他鄉發展，因而走上參軍的征途。

5. 經文提及約拿單和米甲，即掃羅的兒子和女兒都深愛大衛（撒上十八1、3、20、28，二十17）；在古代近東文化中，「愛」大有可能是表示全然效忠的意思。
6. 二者的比較表列見 Michael B. Dick, "The 'History of David's Rise to Power' and the Neo-Babylonian Succession Apologies," in *David and Zion: Biblical Studies in Honor of J. J. M. Roberts*, ed. Bernard F. Batto and Kathryn L. Roberts (University Park: Eisenbrauns, 2004), 5。
7. "... David defeated all of the nations around Israel and established a wide-ranging empire over them all," *ABD*, II: 32.
8. "Geographically, it stood roughly between Israel and Judah ..." *ABD*, II: 37.
9. "... he as human king is willfully submitting himself to Yahweh as divine king ..." John T. Willis, "David and Zion in the Theology of the Deuteronomistic History: Theological Ideas in 2 Samuel 5～7," in *David and Zion: Biblical Studies in Honor of J. J. M. Roberts*, ed. Bernard F. Batto and Kathryn L. Roberts (University Park: Eisenbrauns, 2004), 139.
10. "The term shepherd is a conventional metaphor in the ancient world for king, indicating the responsibility of the king to guard, feed, nurture, and protect the flock ..." Willis, "David and Zion in the Theology of the Deuteronomistic History," 135.
11. 因此，新約眾作者所引用的舊約經文，應驗在耶穌基督的事，大有可能是基於這裏耶穌的教導。
12. 他於使徒行傳二章27節已有引用。

靈思小品　愛神，最大的誡命

1. 申命記六章3至9節更成為會堂敬拜中猶太人的信仰宣言。

第9章

1. 留意馬太福音十九章23至24節顯示，「神的國」、「天國」是同義詞；又「進天國」、「進神的國」及「得救」也是同義詞。

2. 見 Donald A. Hagner, *The New Testament: A Historical and Theological Introduction* (Grand Rapids: Baker Academic, 2012), 201。
3. 主要是與當代猶太人所期望的，末世彌賽亞所帶來的，以耶路撒冷為中心，有如大衛王朝如此強大的國度截然不同；詳參 Robert Foster, "Why on Earth Use 'Kingdom of Heaven'? Matthew's Terminology Revisited," *NTS* 48 (2002), 487 ～ 499。
4. "Eschatological hope in Matthew includes heaven's rule coming to earth." David L. Turner, *Matthew* (Grand Rapids: Baker Academic, 2008), 42.
5. 詳參 Craig A. Evans, *Matthew* (Cambridge: Cambridge University Press, 2012), 186 的分析。
6. 新約形容百夫長是頗為正面的；Turner, *Matthew*, 232, fn. 8。
7. "Am I to come and heal him?" R. T. France, *The Gospel of Matthew* (Grand Rapids, Eerdmans, 2007), 154.
8. 此考驗的情況，與下一個個案（太十五 22～28）耶穌考驗一迦南婦人的信心相若。
9. "... she belonged to the pagan people who opposed Israel in the OT," France, *The Gospel of Matthew*, 246.
10. 也許，她接觸過猶太教，也聽過耶穌的事迹，從而認識主；留意馬太福音四章 24 節已表明耶穌的名聲，甚至遠傳至敍利亞一帶。
11. 馬太福音八章 28 節表明此地叫加大拉，此差異的處理方法見 Turner, *Matthew*, 249～250。
12. 猶太文獻表示，在終審來到之前，鬼是可以自由地虐待人類的；見 Charles B. Talbert, *Matthew* (Grand Rapids: Baker, 2010), 163。
13. 見 W. F. Albright and C. S. Mann, *Matthew: A New Translation with Introduction and Commentary* (New York: Doubleday, 1971), 188；其稱為 "doublet"；又 David Hill, *The Gospel of Matthew* (Grand Rapids: Eerdmans, 1981), 255～256。
14. 筐子比籃子容量為大；見 Evans, *Matthew*, 307。
15. 留意馬太福音十五章 29 節說明了這神蹟發生在加利利的海邊，而當耶穌進行廣泛的醫病濟世行動後，人們的反應是：他們就歸榮耀給以色列的神。「以色列的神」此措辭在新約只出現於此，其映現著發言者大有可能是外邦人，才特稱耶穌的作為，是應該把榮耀歸於「以色列的神」；Ulrich Luz, *Matthew 8～20*, trans. James E. Crouch (Minneapolis, Fortress, 2001), 344。

第 10 章

1. 又以西結書三十七章 26 節；希伯來書八章 8 至 12 節。

第 11 章

1. 木匠（*tektōn*）一辭，大有可能是指一建築工人，其工作包括以石頭、木塊，或其他建築材料建造房屋等；Joachim Gnilka, *Jesus of Nazareth: Message and History* (Grand Rapids: Baker Academic, 1994), 69。
2. 引自 Gnilka, *Jesus of Nazareth*, 69。
3. 留意馬可福音六章 3 節，拿撒勒人都以耶穌為木匠。
4. 詳見 James R. Harrison, "Beneficence to the Poor in Luke's Gospel in Its Mediterranean Context: A Visual and Documentary Perspective," *ABR* 65(2017), 40～42。
5. "... suggests that they could afford only a poor person's sacrifice," Bruce W. Longenecker, *Remember the Poor: Paul, Poverty, and the Greco-Roman World* (Grand Rapids: Eerdmans, 2010), 117, fn. 17.
6. 關於耶穌為大祭司這主題，見下文有關的闡論。
7. 《馬加比一書》（*1 Maccabees*）一章 34 節，二章 44 及 48 節。

第二部　附錄一

1. 參 Walter Brueggemann, *Solomon: Israel's Ironic Icon of Human Achievement* (Columbia: University of South Carolina Press, 2005), 69。
2. "... they expected the ultimate salvation not from practical political measures but from the ultimate intervention by God," Gnilka, *Jesus of Nazareth*, 45.

3. 可稱之為「末世性彌賽亞君王」；呂紹昌：《以賽亞書（卷一）》（香港：天道書樓，2014），頁 365。
4. Jamie A. Grant, *The King as Exemplar: The Function of Deuteronomy's Kingship Law in the Shaping of the Book of Psalms* (Atlanta: Society of Biblical Literature, 2004), 66.
5. 參 Gunnel André, " Walk, Stand, and Sit in Psalms 1.1～2, " *VT* 32, no. 3 (1982), 327。
6. " ... this is a hope based in the kingship law as the ideal of monarchic rule, " Grant, *The King as Exemplar*, 67.
7. 張永信：《但以理書注釋》（香港：宣道，1994），頁 277～278。
8. 亞當卻敵不過蛇（代表野獸）的誘惑，犯罪而墮落。
9. 至於像人子的，與至高者的聖民關係，其討論見張永信：《但以理書注釋》，頁 279～281。

第 12 章

1. *ABD*, VI: 128.
2. 詳參 *TDNT*, VIII: 351 的討論。
3. 君王手中握著王杖，其代表了神明所賦予的權力，使其能公義地執法；Thomas L. Leclerc, *Introduction to the Prophets: Their Stores, Sayings, and Scrolls* (New Jersey: Paulist, 2007), 22。
4. *ABD*, VI: 128.
5. 耶穌的生平，是介乎羅馬的君王奧古斯都（公元前 27～公元 14 年）和凱撒提庇留（公元 14～37 年）之管治期間；Gnilka, *Jesus of Nazareth*, 26。
6. 登基為王後被尊為奧古斯督。
7. Dio Cassius, *Hist.* 51.20; Tacitus, *Ann.* 4.37.
8. " ... lauds Augustus as the greatest rulers, " Gnilka, *Jesus of Nazareth*, 26.
9. *ABD*, VI:133.
10. " Octavian would be lord not simply of the Roman Empire but also, in some respects, of the whole realm of nature, " Nicholas Perrin, " The Imperial Cult, " in *The World of the New Testament: Cultural, Social, and Historical Contexts*, ed. Joel B. Green and Lee Martin

McDonald (Grand Rapids: Baker, 2013), 126.

11. 「由於羅馬人一般認為崇拜在世的君王是不可接受的，因此他們崇拜的是在世君王的守護靈，而非君王本身。」李志秋：《新約書信詮釋》，頁 183。

12. 路加福音三章 1 節稱他為凱撒提庇留；在他統治期內彼拉多被派任巡撫，耶穌基督便是在其任內受審被判釘十字架。

13. 見 Dio Cassius, *Hist.* 59.26～28。

14. 留意彼得後書一章 16 至 18 節彼得再重述山上變像的情況，可見對他的影響實在深長久遠。

15. 也許，我們可以説：耶穌的本性是神的兒子；我們憑著恩典成為神的兒女，君王被稱為神的兒子只因他是王。

第 13 章

1. "... John presents Jesus' divine sonship as unique, an emphasis especially evident in the Johannine use of *monogenēs*," Hurtado, *Lord Jesus Christ*, 363.

2. 七大神蹟是為：(1)變水為酒(二 1～11)。(2)醫治大臣之子(四 46～54)。(3)醫治久病不愈者(五 1～18)。(4)餵飽五千人(六 1～14)。(5)履海(六 16～21)。(6)醫治生來瞎眼的人(九 1～7)。(7)使拉撒路復活(十一 1～44)。

3. 對 *sēmeia* 的檢視和分析可參 Willis Hedley Salier, *The Rhetorical Impact of the Sēmeia in the Gospel of John* (Tübingen: Mohr Siebeck, 2004)；Loren L. Johns and Douglas B. Miller, "The Signs as Witnesses in the Fourth Gospel: Reexamining the Evidence," *CBQ* 56 (1994), 519～535。

4. "The return of the deceased to early life, ending in death again, can be a portrait of redemption only in view of Christ, who has experienced the ultimate resurrection from the dead and who is the guarantor of eternal life," Gnilka, *Jesus of Nazareth*, 134.

5. 留意儘管約翰福音三章 13 節及六章 62 節，作者以「人子」形容耶穌，但其都是映現人子是先存的。

6. 關於耶穌先存性見下文有關的討論。

7. 張永信：《新約深度行：歷史及神學導論》（香港：宣道，2019），頁321～322。
8. “... correspondence between the impression and the seal that made it ...” Gareth Lee Cockerill, *The Epistle to the Hebrews* (Grand Rapids: Eerdmans, 2012), 94.
9. “... exact imprint of God's very being ...” Cockerill, *The Epistle to the Hebrews*, 94.
10. 見使徒行傳二章33至35節，五章31節，七章55至56節；羅馬書八章34節；歌羅西書三章1節；彼得前書三章22節。
11. 但留意哥林多前書八章7節的一句：但人不都有這等知識……；觀此，可能的情況是，上文是保羅引用受書人的說法，而他於八章7節作出澄清和糾正。
12. “... that was universally shared within the Christian community,” in Roy E. Ciampa and Brian S. Rosner, *The First Letter to the Corinthians* (Grand Rapids: Eerdmans, 2010), 385.
13. 因為神的像是指「完全的像」（complete likeness），強調了愛子與神在身分上的一致性；Margaret Y. MacDonald, *Colossians, Ephesians* (Collegeville: Liturgical Press, 2000), 58。
14. 一如箴言八章22至23節中那人格化了的智慧，也是有先存性的；見 Raymond E. Brown, *The Gospel According to John I～XII* (New York: Doubleday, 1966), cxxiii。
15. 研究道與基督的關係稱為 Logos Christology，見 Craig S. Keener, *The Gospel of John: A Commentary*, vol. 1 (Peabody: Hendrickson, 2003), 339～363。
16. “Through drawing on Genesis John pushes back behind the act of creation to the being of the divine Logos with God in the beginning,” John Painter, “Johannine Literature: The Gospel and Letters of John,” in *The Blackwell Companion to the New Testament*, ed. David E. Aune (Oxford: Wiley-Blackwell, 2010), 354.
17. “Logos is the divine principle of life and work,” Udo Schnelle, *Theology of the New Testament*, trans. M. Eugene Boring (Grand Rapids: Baker Academic, 2009), 688.
18. 留意啟示錄十九章在描述主的再來時，作者指出祂的名稱為神的道(啟十九13)。
19. “... it was nevertheless an unprecedented step forward to equate the *Logos* with a God-man.” Craig L. Blomberg, *New Testament Theology* (Waco: Baylor University Press, 2018), 585.

20. 作者強調道的先存性和神性，這一點是要解釋及證明在世耶穌自稱是神的兒子是名實相符的；Frank J. Matera, *New Testament Theology: Exploring Diversity and Unity* (Louisville: Westminster John Knox, 2007), 263～266。
21. Gnilka, *Jesus of Nazareth*, 132.

末了的話　智慧何求

1. "In Col 2:2～3 the writer again links wisdom and mystery to Christ," Brueggemann, *Theology of the Old Testament*, 346.

第 14 章

1. "... which are simply poetic expressions for human being," John Goldingay, *Old Testament Theology: Israel's Gospel*, vol. 1 (Downers Grove: IVP, 2003), 823.
2. 出現於以西結書凡九十三次。
3. "an individual within the created order," *ISBE*, IV: 574.
4. "... mere human status before God or his lofty privilege as the man singles out from the rest ..." *ABD*, VI: 137.
5. 見 C. L. Seow, "The Rule of God in the Book of Daniel," in *David and Zion: Biblical Studies in Honor of J. J. M. Roberts*, ed. Bernard F. Batto and Kathryn L. Roberts (Winona Lake: Eisenbruns, 2004), 235；又 *TDNT*, VIII: 408～420。
6. 關於啟示文體的簡介，見張永信：《啟示錄注釋》(香港：宣道，2008)，頁 328～340。
7. 啟示文體中，天使常扮演中介的角色，其工作包括傳遞異象和解釋異象，使人能明白之。
8. 其大致可分為三種見解；見張永信：《但以理書注釋》，頁 349～351。
9. Seow, "The Rule of God in the Book of Daniel," 239～240 主張至高者的聖民是同時指天使和地上神的子民；然而，至高者的聖民要受苦(見但七 25)之描述不合乎天使的情況。
10. 另外還有在《所羅門智訓》中，「人子」一辭共出現三次；見 *ABD*, VI:140。

11. " ... used Dan. 7 to produce a Son of man who functions as a messianic figure ... " *ISBE*, IV: 575.
12. *ISBE*, IV: 576.
13. 馬太福音共三十次；馬可福音十四次；路加福音二十五次及約翰福音十三次。
14. 惟一的例外是約翰福音五章 27 節。
15. " The most natural way of constructing the double definite article is that it speaks of the son of a particular man, namely Adam, who is called *ho anthrōpos* in Genesis 1～2 LXX, " Joel Marcus, " Son of Man as son of Adam, " *RB* 110.1 (2003), 38.
16. " ... suggesting that it referred to a well-known entity, " *ISBE*, IV: 576.
17. 這即是耶穌從來沒有說：「我，作為人子……」。
18. Gnilka, *Jesus of Nazareth*, 258.
19. 又參 Brandon D. Crowe, *The Last Adam: A Theology of the Obedient Life of Jesus in the Gospels* (Grand Rapids: Baker Academic, 2017), 41。
20. 此句及此處人子的作王，大有可能便是馬太福音二十八章 18 節耶穌表示他得了權柄之背景；黃鴻興：《馬太福音》(香港：天道書樓，2016)，頁 650。
21. 坐下來亦表示耶穌大祭司的工作已大功告成，不用再如世上的祭司一樣，天天站著事奉；詳見希伯來書十章 11 至 12 節。
22. 這一點已足以構成褻瀆罪，因為耶穌自命有神性。
23. 馬太福音二十六章 64 節；馬可福音十四章 62 節；路加福音二十二章 69 節。
24. 對於大祭司等人來說，這便構成褻瀆的罪，但對於讀者來說，耶穌卻是實話實說。
25. 此句及此處人子的作王，大有可能便是馬太福音二十八章 18 節耶穌表示他得了權柄之背景；黃鴻興：《馬太福音》，頁 650。
26. " ... the title is used of the present earthly activities of Jesus as revealer and judge, " *ISBE*, IV: 578.
27. 詳參「人子在新約中的意義」，張永信：《啟示錄注釋》，頁 345～356。
28. 對於人子的研究，近期的見 Benjamin E. Reynolds, ed. *The Son of Man Problem: Critical Readings* (New York: T & T Clark, 2018)。

第 15 章

1. "... Christ rising to render judgment on his accusers," John B. Polhill, *Acts* (Nashville: Broadman, 1992), 208.
2. 其作用等於「我」、「本人」等；"circumlocution for 'I' or 'Me'," *ISBE*, IV: 579。
3. 留意《伊格那丟致以弗所人書》(*Epistle of Ignatius to the Ephesians*)二十章 2 節指出耶穌是同時被稱為人子和神的兒子；《十二使徒遺訓》(*Didache*)十六章 8 節亦然。
4. 保羅所採用的「末後的亞當」，大有可能是有取代了「人子」的作用。詳參下文有關的討論。

靈思小品　王者再臨，永存盼望，作好準備

1. 《丟格那妥書》五章 1～2、5 節；又參 Paul Foster, "The Epistle to Diognetus," *ET* 118 (2007), 162～168。
2. 這也是彼得前書的重要主題，受書人是一羣客旅和寄居者(見彼前一 1，二 11)；可稱為「第三族類」，第一族類是猶太人，第二是外邦人，第三便是基督徒。

第 16 章

1. "... apparently was the most common way for the unresponsive populace to view him," Darrell L. Bock, *Jesus According to Scripture: Restoring the Portrait from the Gospels* (Grand Rapids: Baker, 2002), 594.
2. 有關先知此角色的舊約背景見本部附錄二及附錄三。
3. *ABD*, V: 496；詳參 *TDNT*, VI; 781～861。
4. "... he is some kind of prophet returning, such as John, Elijah or Jeremiah," Goldingay, *Old Testament Theology*, I: 820.
5. 因為耶穌基督是「更強的一位」(the stronger one)；France, *The Gospel of Matthew*, 97。
6. 故此，大部分人都以他為憑聖靈行神蹟的先知；Keener, *A Commentary on the*

Gospel of Matthew, 56。

7. " ... the ideas that Jesus was some kind of prophet has gained the most widespread agreement, " Nijak K. Gupta, *A Beginner's Guide to New Testament Studies: Understanding Key Debates* (Grand Rapids: Baker, 2020), 21.
8. 一如以利亞的那行神蹟的能力，見列王紀上十七章 13 至 16 節、17 至 24 節，十八章 36 至 38 節、41 至 45 節；耶穌堪稱全能的先知，祂是先知的極致。
9. " The Spirit that he received in baptism would be understood in a Jewish context as the spirit that made one a prophet, " *ABD*, V: 498.
10. Christopher Rowland, " Prophecy and the New Testament, " in *Prophecy and the Prophets in Ancient Israel*, ed. John Day (London: T & T Clark, 2010), 413.
11. 猶太的拉比文獻有說，自從最後的一位先知瑪拉基之後，再沒有先知出現，但如果神的靈再出現在其子民中，其是要表明新的紀元來臨了；見 Rowland, " Prophecy and the New Testament, " 411～412。
12. Floyd V. Filson, *The Gospel According to St. Matthew* (San Francisco: Harper & Row, 1960), 117；這一點最為重要，因其成就了救恩，更頒下了向普世傳天國福音的使命（而不是只傳給以色列人）；詳參 John P. Meier, *Law and History in Matthew's Gospel* (Rome: Biblical Institute Press, 1976), 64～65。
13. Keener, *A Commentary on the Gospel of Matthew*, 177.
14. 留意彼拉多在被迫把耶穌釘十字架時，他形容耶穌為義人（太二十七 24）。
15. " ... transcending the traditional understanding of the law promulgated by the religious leaders, " Turner, *Matthew*, 158; " ... in both of his teaching and deeds, he lifted the OT to a higher plane, " Grant R. Osborne, *Matthew* (Grand Rapids: Zondervan, 2010), 182; Robert Banks, " Matthew's Understanding of the Law: Authenticity and Interpretation in Matthew 5:17～20, " *JBL* 93 (1974), 231.
16. 端此，耶穌成全律法的意思，便是指把律法的本意顯出來： " bring to its intended meaning, " Donald A. Hagner, *Matthew 1 ～ 13* (Nashville: Thomas Nelson, 1993), 106。

17. "*amēn*," *LKGNT*, 13.
18. 「阿們」一辭共出現兩次，有強調的作用。
19. "His speech resembles the authoritative divine pronouncement of the prophets: Thus says the Lord, prefaced as it is with the solemn 'Truly truly I say to you'," Rowland, "Prophecy and the New Testament," 413.
20. "... Jesus as a prophet tend to point to distinctive features of his ministry, such as his miracles and his teaching about judgment," Gupta, *A Beginner's Guide to New Testament Studies*, 22.
21. 哥拉汛的考古發掘見 Zeev Yeivin, "Ancient Chorazin Comes Back to Life," *BAR* 13/5 (1987), 22～36。

第 17 章

1. 可稱為「抨擊性演說」；詳參 *ABD*, 2: 193；又見羅馬書二章 2 及 17 節；此修辭法是假設現場出現一人物，講者以他為對象，與他對話、爭辯、或指斥，藉此顯出講者言之成理。
2. 路加福音十一章 39 至 52 節有六禍；其處境及對象都不同，但內容有相似之處。
3. "*hupokritēs*," *TDNT*, VIII: 559～571；又此字用法可能有自欺欺人的意涵。
4. 見馬太福音二十三章 13、15、23、25、27、29 節。
5. "*koniaō*"，字義是「使成為白色」；其乃完成時態，*LKGNT*, 69；故有強調的作用；這裏是指在逾越節前一個月，以石灰粉（white-plaster）在墳墓上劃上白色的標誌；見 Samuel Tobias Lachs, "On Matthew 23:35～38," *HTR* 68 (1975), 385～388。
6. W. D. Davies and D. C. Allison, *Matthew* (London: T & T Clark, 1997), 3: 300～302.
7. 留意當時要求殺死耶穌的耶路撒冷羣眾，向巡撫彼拉多揚言：他的血歸到我們和我們的子孫身上。（太二十七 25）按此了解，耶路撒冷被毀的刑罰是他們自招的，可說罪有應得。
8. 又參詩篇一一八篇 6 節。
9. "... a change of heart that will come during the period of the church's mission," John

Nolland, *The Gospel of Matthew* (Grand Rapids: Eerdmans, 2005), 953.

10. 詳參張永信：《無可比擬的福音：羅馬書注釋（下冊）》（香港：宣道，2018），頁 62～67。
11. 見第十六章有關的解釋。
12. "*paliggenesia*," *LKGNT*, 58；參 Fred W. Burnett, "*Paliggenesia* in Matt. 19:28: A Window on the Matthean Community?" *JSNT* 17 (1983), 60～72；J. D. M. Derrett, "*Palingenesia* (Matthew 19:28)," *JSNT* 20 (1984), 51～58；D. C. Sim, "The Meaning of *Paliggenesia* in Matthew 19.28," *JSNT* 50 (1993), 3～12；*TDNT*, I: 686～689。
13. 有關的經文見但以理書七章 9、13 至 14、18 至 27 節；哥林多前書六章 2 節；啟示錄二章 26 至 27 節，三章 21 節，二十章 6 節。這裏可能涉及當代的一個觀念：宇宙被天庭所管治，天庭的成員以天使為主，神卻是其主席，更是惟我獨尊（因祂是獨一的神）。若是如此，則耶穌的應許，便是門徒等人將成為天庭的成員，在天國裏參與神的管治。
14. 此題旨見哥林多前書四章 8 節，六章 2 節；以弗所書二章 6 節；啟示錄一章 6 節，三章 21 節，二十章 4 至 6 節。
15. 見但以理書七章 26 至 27 節；又路加福音十二章 32 節，二十二章 28 至 30 節。
16. 其概念便是回到神起初創造天地，本來是把樂園交給亞當和夏娃管治。換言之，他們二人代表著神，成為王者，管治這被造的世界。藉此，神國的王權因而得著彰顯，祂也因而得著榮耀。可惜後來二人犯罪失職。然而，門徒等人將實現神創造人類的初心。
17. 前者是陽性辭，後者是陰性辭。
18. "Over time the interchangeability became more pronounced," Nolland, *The Gospel of Matthew*, 669.
19. 如 Blomberg、France、Hagner、Keener、Morris 及 Turner 等。
20. Filson, *The Gospel According to St. Matthew*, 187.
21. 留意以賽亞書三十八章 10 節亦出現「陰間的門」一辭；其是指著死亡而言。
22. D. A. Carson, "Matthew," in *The Expositor's Bible Commentary, vol. 8: Matthew, Mark, Luke*, ed. Frank E. Gaebelein (Grand Rapids: Zondervan, 1984), 370.

23. 也許，「陰間的門」旨在對比 19 節彼得被給予天國的鑰匙，即成為天國的門的把關人。亦有一説法，把「門」（gate）解釋為「看守門戶者」（gatekeeper）。

末了的話　你的眼界，決定你的全世界

1. 王悦：《格局》（南京：江蘇鳳凰文藝，2020），頁 59。

第 18 章

1. 但以理書七章 13 至 14 節除外，但其內容也極其簡短。
2. 但留意早於馬太福音九章 14 至 15 節，施洗約翰的門徒問耶穌何以祂及祂的門徒不禁食時，耶穌以新郎及賓客為喻來回答，説明了將有一天，新郎要離開，到時才禁食；此言暗示了祂將受害離世。
3. 這裏表明祂遇害的時間是在逾越節期間。
4. 大概是在迦百農彼得的家中（見可二 1；又一 29～33）。
5. "... that no ancient authors seek to deny it. Jesus' later detractors, including later rabbis and the hostile gentile writer Celsus, acknowledged Jesus' healings and exorcisms ..." Craig S. Keener, *Christobiography: Memory, History and the Reliability of the Gospels* (Grand Rapids: Eerdmans, 2019), 338.
6. 拒絕耶穌的猶太人亦有此民間説法，見約翰福音八章 48 節，十章 19 節。

第四部　附錄一

1. 留意馬太福音十七章 9 節所看見的一辭的詮釋。
2. 馬可福音九章 3 節並沒有這一句；由此可見，本書作者在此強調了耶穌的神性，而不是祂的衣服。
3. "*lampō*"，黃錫木，《原文新約輔讀》（香港：基道，1994），頁 43。
4. 留意啟示錄一章 16 節形容異象中的人子，是面貌如同烈日放光。猶太文獻亦有形容彌賽亞將如太陽照耀；希羅傳統對神明亦有類似的描繪；見 Evans, *Matthew*, 321。
5. 馬可福音九章 3 節更表示地上漂布的，沒有一個能漂得那樣白。

6. 對於在場的門徒，這是前所未見的；“The disciples see Jesus as they had never seen him before,” Donald A. Hagner, *Matthew 14 ～ 28* (Grand Rapids: Zondervan Academic, 2015), 493；不少學者認為這裏與摩西於出埃及記二十四章，以及三十三至三十四章的經歷有關；見 Evans, *Matthew*, 320。
7. Turner, *Matthew*, 417 則認為這有可能表示神的子民在末世時也將有此榮耀。
8. 見 Craig L. Blomberg, *Matthew* (Nashville: Holman Reference, 1992), 263。
9. 他們有可能是指耶穌、摩西及以利亞三人；但也有可能是指著所有人，Osborne, *Matthew*, 648；這一點增加了門徒的恐懼。
10. “The glory of the Lord will be seen in the cloud”，引自《馬加比二書》(2 *Maccabees*) 二章 8 節。
11. 這是 Hagner, *Matthew 14～28*, 494 的見解。
12. 此句之前又有「看哪」一辭；“... stresses the vividness of the scene,” Osborne, *Matthew*, 647。
13. Blomberg, *Matthew*, 264.
14. *phobeomai.*
15. “*sphodra,*” *GAGNT*, 55.
16. “... to emphasize the exclusive focus upon Jesus,” Hagner, *Matthew 14～28*, 495.
17. “The success of the disciples will be completely connected to the extent that they center on Jesus alone,” Osborne, *Matthew*, 648.
18. 馬可福音六章 51 節則表示眾人的反應是「十分驚奇」。
19. “The focus of this passage is primarily on Jesus' identity and authority ...” Jeannine K. Brown, *Matthew* (Grand Rapids: Baker, 2015), 171；可見這一段落的高潮，是敬拜主耶穌；Carson, “Matthew,” 345。
20. 神斥責風浪的經文見詩篇一〇四篇 7 節，一〇七篇 29 節，一一四篇 3 節等。
21. 也許，耶穌不及自然界中的狐狸和飛鳥，有著自己的棲息處，但祂卻主宰著自然界；“He may have less shelter than the beasts and birds of nature, yet he is nature's master,” Carson, “Matthew,” 214。
22. Blomberg, *Matthew*, 233 更主張「十二」代表了以色列的十二支派。

23. Luz, *Matthew 8～20*, 315.
24. 這裏可能是呼應著詩篇一三二篇 15 章；列王紀上十七章 9 至 16 節；列王紀下四章 42 至 44 節的經文；即神對其子民在食物上的供應，是豐足無缺的。
25. 留意馬太福音二十一章 14 節表示耶穌在聖殿裏也有醫病之舉，但只是一概述。
26. 其反映出作者稅吏馬太對稅務問題尤感興趣，故有此記述。
27. Josephus, *Ant.* 16.172, 18.312；公元七〇年後，該撒命令猶太人同樣要納此稅給希臘的神明，這當然引起猶太人的反應；見 Josephus, *Jewish War*, 7.218～229；又 Edward J. Carter, "Toll and Tribute: A Political Reading of Matt 17:24～27," *JSNT* 25.4 (2003), 414。
28. 本書有此記述，間接支持了其是寫於公元七〇年之前。
29. France, *The Gospel of Matthew*, 665；又參 Sara Mandell, "Who Paid the Temple Tax When the Jews Were under Romans Rule?" *HTR* 77 (1984), 223～232。
30. 在可能範圍內，耶穌都順應猶太人的習俗而行，如在安息日進會堂敬拜（太十二 9），施捨（太六 1～4），禱告（太六 5～15）。
31. "*stater*," "A silver coin equal to 4 drachma," *LKGNT*, 53.
32. 見 Talbert, *Matthew*, 217；其他的個案見 Luz, *Matthew*, 2:428, fn. 49。
33. 足見耶穌及其門徒等的生活氛圍，與一般巴勒斯坦的百姓一樣，生活僅可餬口；Luz, *Matthew*, 2:418。
34. 包括約翰福音共約二十個個案，詳見 Gnilka, *Jesus of Nazareth*, 114, fn. 73。
35. 另一個案在約翰福音十一章 17 至 44 節，祂使死了已四天的拉撒路復活。

第 19 章

1. 此章可稱為「門徒差遣的論述」（the commissioning discourse）。
2. "*apostolos*"，詳參 *TDNT*, I:407～408；*TLNT*, 1:187～188。
3. 又馬太福音五章 18 至 20 節記錄了在格拉森一地蒙耶穌釋放的、之前被鬼附的人。他懇求耶穌收他為徒，卻被耶穌婉拒。
4. 路加福音獨有的經文。
5. 如亞迦布（徒十一 27～30，二十一 1～14）、西拉（徒十五 32）及腓利的四個女兒（徒二十一9）。

6. “... Holy Spirit, Spirit of the Lord, Spirit of Jesus, showing that it is the exalted Christ who is thought of as active in the prophetic event (Acts 16:6～7, 20:23, 21:4),” *ABD*, V: 499.
7. 如是者，舊約的先知傳統，與新約出現的先知，其是有著持續性的部分；“In fact, prophets and prophecy form a primary common denominator and line of continuity between the Hebrew Bible and the Christian Scripture,” *ABD*, V: 501。
8. 到了初期教會的文獻《十二使徒遺訓》（*Didache*；公元95年），其同樣表明，真先知必須要是要言行一致；見《十二使徒遺訓》十一章10節。

末了的話　言行一致，有德有能

1. 大城市如羅馬、以弗所及哥林多等；小城市如歌羅西、老底嘉等。
2. 甚至猶太教的官方也受其影響，以致採取了非常的行動；見馬太福音二十七章63節。

第四部　附錄二

1. 其包括三個地域：（1）美索不達米亞（即今伊拉克），（2）埃及，（3）敍利亞巴勒斯坦；Victor H. Matthews, *The Hebrew Prophets and Their Social World: An Introduction* (Grand Rapids: Baker, 2012), 2。
2. “The world was suffused with the divine. All experience was religious experience, all law was spiritual in nature; all duties were duties to the gods; all events had deity as their cause ...” John H. Walton, *Ancient Near Eastern Thought and the Old Testament: Introducing the Conceptual World of the Hebrew Bible* (Grand Rapids: Baker, 2018), 47.
3. “... the gods as a group formed a divine assembly or council,” Thomas L. Leclerc, *Introduction to the Prophets: Their Stories, Sayings and Scrolls* (New York: Paulist, 2007), 19.
4. 以色列人亦有類似的天上議會的説法，見列王紀上二十二章19至23節；約伯記一章6至9節；詩篇二十九篇1節，八十二篇1節，八十九篇5至8節；新約則見希伯來書十二章22至24節；聖會中只有耶和華是真神，祂是獨一無二宇宙的主，其他成員是天使；詳見張永信：《新約深度行》，頁2～3。

5. 其稱為"intermediaries"，參 Leclerc, *Introduction to the Prophets*, 18。
6. 精簡的概述見 Reinhard G. Kratz, *The Prophets of Israel* (Winona Lake: Eisenbrauns, 2015), 11～17。
7. "technical diviner," *ABD*, V: 477.
8. 他也可能是亞捫人，見 *ABD*, V: 477；約書亞記十三章22節稱他為術士。
9. "... individuals who fulfilled functions similar to those of some of Israel's prophets," *ISBE*: IV: 989.
10. "... these foreign counterparts had a major influence on Israel's false prophets," *ISBE*: IV: 989；真假先知的面對面對壘，見耶利米書二十八章1至17節。
11. 亞甲文有此稱號；*ABD*, V:478；此名稱反映了靈媒的出現，主要是出於人的求問；*ABD*, V: 496。
12. *ABD*, V: 480.
13. 也是來自亞甲文；*ABD*, V: 480。
14. 觀兆的一種便是察看羊的肝臟，即觀其顏色及條紋記號，藉此了解神明的心意；見以西結書二十一章21節；Matthews, *The Hebrew Prophets and Their Social World*, 17；Leclerc, *Introduction to the Prophets*, 18。
15. "... lost conscious control of their bodies and speech," Matthews, *The Hebrew Prophets and Their Social World*, 18.
16. 見列王紀上十八章26節；列王紀下三章15節。
17. 又或者是進行醫病驅魔等迷惑眾生的神怪事件。
18. 巴力(Baal)是一掌控風暴的神，乃非利士所敬奉的主神明；其圖像見 Leclerc, *Introduction to the Prophets*, 45。
19. 事實上，大部分異教的神諭，其都有模糊的成分："Oracles were generally ambiguous," *ABD*, V: 497。
20. 詳見 *ABD*, V: 496；又"In some cases, the trance may have been brought by drugs, physical deprivation, or music," Matthews, *The Hebrew Prophets and Their Social World*, 18。

21. 不少學術研究顯示，以色列先知的起源，是與古代近東及阿拉伯文化有關。然而，學術界仍沒有足夠證據，證明其有直接的關係；C. Hassell Bullock, *An Introduction to the Old Testament Prophetic Books* (Chicago: Moody, 1986), 14。
22. R. K. Harrison, *Introduction to the Old Testament* (Grand Rapids: Eerdmans, 1969), 742.
23. "... the prophets were men who, by definition, stood in a special relationship with God ..." Harrison, *Introduction to the Old Testament*, 747.
24. 「舊約的啟示，是一種透過先知的啟示。」傅理曼：《舊約先知書導論》，梁潔瓊譯（台北：華神，1986），頁 3。
25. J. G. McConville, *Deuteronomy* (Downers Grove: IVP, 2002), 302.
26. "It envisages a succession of prophets, as and when the Lord deems it right," McConville, *Deuteronomy*, 303.
27. 這樣，先知的脈絡便能綿延不絕；傅理曼：《舊約先知書導論》，頁 16。
28. "... vouches for the authenticity and unbroken transmission of the teaching," Kratz, *The Prophets of Israel*, 5.
29. "... true prophets must conform to the ideal prophet, Moses," Leclerc, *Introduction to the Prophets*, 55.
30. 占卜的做法見 Leclerc, *Introduction to the Prophets*, 28。
31. 又參利未記十九章 26、31 節，二十章 6、27 節。
32. 外邦異教的通靈方式，大都被譴責；"... their activities are either condemned or ridiculed," Martti Nissinen, "Comparing Prophetic Sources: Principles and a Test Case," in *Prophecy and The Prophets in Ancient Israel*, ed. John Day (London: T & T Clark, 2010), 17。
33. 傅理曼：《舊約先知書導論》，頁 9。
34. 後來的先知以利沙被稱為神人；見列王紀下五章 8、20 節，十三章 19 節。
35. 先見又出現於歷代志上二十一章 9 節，歷代志下九章 29 節，十二章 15 節，二十九章 25 節等，他們是一羣為君王謀劃獻計的人，主要工作是使君王明白神的心意；其與先知之分別，見 Harrison, *Introduction to the Old Testament*, 742～744 的討論。

36. 關於先知的不同稱呼見 David T. Lamb, " 'A Prophet instead of You' (1 Kings 19.16): Elijah, Elisha and the Prophetic Succession," in *Prophecy and The Prophets in Ancient Israel*, ed. John Day (London: T & T Clark, 2010), 176。
37. 又可能再加上先知在受感時載歌載舞的表現，有助軍心，能提高士氣；詹正義：《撒母耳記上（卷一）》（香港：天道書樓，2001），頁319。
38. 先知制衡君王的權柄，也出現於各異族文化中，見 Matthews, *The Hebrew Prophets and Their Social World*, 21。
39. 留意撒母耳記上十章5節描述有一羣先知出現，他們都受感而說預言；學者稱這裏的現象為先知運動，其是與上古的戰爭和敬拜有關；詳見Walther Eichrodt, *Theology of the Old Testament* (Philadelphia: Westminster, 1967), I: 309～338；他們後來得著撒母耳的監督和指導，撥亂反正，成為撒母耳的弟子；見撒母耳記上十九章20節。
40. 經典的例子便是以利亞傳承以利沙，參列王紀上十九章19至21節；列王紀下二章9至12節。
41. "The basis of the prophetic teaching is the Law of Moses, revealed at Mt. Sinai ..." Kratz, *The Prophets of Israel*, 4。
42. 詳見傅理曼：《舊約先知書導論》，頁22。
43. "... the prophets stood outside that institution ..." Matthews, *The Hebrew Prophets and Their Social World*, 19.
44. "... they are not primarily political agents in any direct sense and rarely urge specific policy," Brueggemann, *Theology of the Old Testament*, 625；例外的有但以理，其身分是巴比倫的術士，即君王身邊的智囊及顧問（見但一19～21，二25～27，四8等）。
45. 其中一經典例子見先知迦得之於大衛王，見撒母耳記下二十四章11至14節。按撒母耳記上三十章8至10節，以色列的君王在出戰前，是應該求問耶和華神的旨意，因為耶和華神才是爭戰的主，祂領軍必然得勝。
46. 其中如以利亞和以利沙，其帶動了北國以色列的宗教復興；Bullock, *An Introduction to the Old Testament Prophetic Books*, 15。

第四部 附錄三

1. 耶和華神的主動性，解釋了儘管有時先知不願意，也不能不說；“... prophets on occasion are compelled to speak, even against their will,” Brueggemann, *Theology of the Old Testament*, 630。
2. “... history makes the man, and that was true with the prophets,” Bullock, *An Introduction to the Old Testament Prophetic Books*, 17.
3. 這一項表明，先知之所以發出責備的信息，是被神催迫的。此舉一方面表明先知並非自薦；另一方面，其所傳講的，是有屬靈權威的。
4. 至於先知的信息其口傳和筆錄的關係，精簡的討論見 J. Gordon McConville, *Exploring the Old Testament: A Guide to the Prophets* (Downers Grove: IVP, 2002), xv ～xvi。
5. 端此，先知是有男有女的，因其靈感是來自神，不是他/她本人，即與性別無關；關於希伯來人的女先知研究詳見 H. G. M. Williamson, “Prophetesses in the Hebrew Bible,” in *Prophecy and the Prophets in Ancient Israel*, ed. John Day (London: T & T Clark, 2010), 65～80。
6. Matthews, *The Hebrew Prophets and Their Social World*, 20.
7. “... he left the imprint of his own personality upon the divine word,” Harrison, *Introduction to the Old Testament*, 756.
8. 當然，先知如何得著靈感的討論是極多的；詳見 Harrison, *Introduction to the Old Testament*, 751～757。
9. Harrison, *Introduction to the Old Testament*, 752.
10. 大致可分為講預言（fortelling）和講真道（forthtelling）兩種。
11. 端此，先知們提出了以色列作為一恩約羣體，其理想的表現是怎樣的；“... proclaiming the ideals of the covenant,” Matthews, *The Hebrew Prophets and Their Social World*, 20。
12. 孤兒寡婦代表了以色列社會中最弱勢的羣體，其常被忽視及欺壓；見以賽亞書一章 23 節；耶利米書七章 6 節，二十二章 3 節；以西結書二十二章 7 節；撒迦利亞書七章 10 節；瑪拉基書三章 5 節等。

13. 關於先知審判信息的研究詳見 Claus Westermann, *Basic Forms of Prophetic Speech* (Louisville: Westminster, 1991), 129～209。
14. "... that would insure divine blessing instead of destruction," Harrison, *Introduction to the Old Testament*, 757.
15. 例如五旬節聖靈降臨時，在聽取彼得的宣講後，有大批朝聖者信主；見使徒行傳二章 1 至 41 節。
16. "... prophets appear as proclaiming the world of Yahweh to kings and authorities, often in political or religious crises," Nissinen, "Comparing Prophetic Sources: Principles and a Test Case," 16.
17. "... not only respond to crisis, but by their abrupt utterance, they generate crisis," Brueggemann, *Theology of the Old Testament*, 624.
18. 如藉著一些象徵性的身體語言表達；見以西結書四章 4 至 7 節；耶利米書十三章 1 至 11 節，十九章 1 至 2 節，二十八章 10、12 節；使徒行傳二十一章 10 至 11 節。
19. 其可稱為「危機管理」(crisis management)，見 Matthews, *The Hebrew Prophets and Their Social World*, 20。
20. 例如鼓勵被擄的以色列人仍有希望，將來神必眷顧他們，重振他們的國族，見 Gerhard von Rad, *Old Testament Theology* (San Francisco: Harper and Row, 1965), 2: 263～277。
21. "The names of the prophets, and where they are from, and where they died and how, and where they lie," *ABD*, V: 502.

第 20 章

1. 有些經文，祂自稱是夫子（*didaskalos*，即「老師」；見太二十三 8，二十六 17～18）；有些被不同人士尊稱為拉比（見約一 38、49）；有些是別人稱為先生和夫子（見太九 11，十二 38，十七 24，二十二 16、24、36 等）。
2. Ben Witherington III, *The Jesus Quest: The Third Search for the Jew of Nazareth* (Downer Grove: IVP, 1995), 161～196；留意有學者把耶穌與當代的犬儒學派（cynics）作映

對，見 Gupta, *A Beginner's Guide to New Testament Studies*, 22～24。

3. 五篇論述共約三百八十節，佔全書超過三分之一的篇幅；Hurtado, *Lord Jesus Christ*, 332。
4. 耶穌在被重重圍困下仍能突圍而出，盡顯祂的智慧，"Wisdom thought was fully capable of reasoned reflection upon the most complex phenomena"；參 B. L. Mack, "The Christ and Jewish Wisdom," in *The Messiah: Developments in Earliest Judaism and Christianity*, ed. James H. Charlesworth (Philadelphia: Fortress, 2010), 198。
5. 關於拉比和智者在上古及以色列人中的起源及發展見本部附錄一。
6. 留意馬太福音十三章 54 節人們的反應是：他們都希奇，說：「這人從哪裏有這等智慧和異能呢？」智慧顯出耶穌乃智者拉比；異能表示祂乃大能的先知。
7. 例如在會堂裏（太四 23，十三 54），在農村（太九 35，十一 1），在約但河外（太十九 1～3），在路上（太二十 17～19），在橄欖山上（太二十四 1～2），在聖殿的外院（太二十一 23），在房子裏（太十三 36～52），在船上（太十三 1～3），甚至在客西馬尼園被捉拿的一刻（太二十六 55），都成為祂的流動教室。
8. 這一點無疑提升了福音書作者們所記的，關於耶穌的事蹟的精準性；"... it is quite likely that Jesus' disciples accurately remembered and transmitted his teachings," Keener, *A Commentary on the Gospel of Matthew*, 26。
9. 拉比是猶太人的精神導師，其地位無可取代；留意此言：「猶太社會只一天沒有拉比，整個社會機能就要癱瘓」；引自馬文．托卡雅：《猶太智典〈塔木德〉》，林郁編（新北：布拉格文創社，2015），頁 289。
10. 關於加利利及拿撒勒的背景及文化生態，見 Hengel and Schwemer, *Jesus and Judaism*, 285～295 的介紹。
11. "In all Gospels, Jesus possesses unlimited, unsurpassed teaching authority," Hengel and Schwemer, *Jesus and Judaism*, 375.
12. 正典之外有《雅各原始福音》及《多馬嬰孩福音》（*The Infancy Gospel of Thomas*），記錄了耶穌從五到十二歲時的一些事迹，內容誇張；大概受了諾斯底主義影響，作者也屬偽名，故不被納入正典。
13. "... the unbroken line of descent from Adam was interrupted," Wayne Grudem,

Systematic Theology: An Introduction to Biblical Doctrine (Grand Rapids: Zondervan, 1994), 531.

14. "The work of the Holy Spirit in Mary must have prevented ... the transmission of sin from Mary," Grudem, *Systematic Theology*, 531.
15. 一如耶穌於馬太福音十六章13節問門徒：人說我人子是誰？又於15節再問門徒：你們說我是誰？
16. 鮑維均：《路加福音（卷上）》（香港：天道書樓，2008），頁158。
17. 鮑維均：《路加福音（卷上）》，頁163。
18. "Luke may have intended his readers to see in this incident a supernatural display of wisdom," Robert H. Stein, *Luke* (Nashville: Broadman, 1992), 122.
19. 當耶穌開始事奉時，約是三十歲（路三23），即是在十八年後。

第21章

1. 因作者本人如文士一樣，善於教導（見太十三52）；有學者甚至認為馬太福音是一本教會年曆儀節指南（lectionary），見G. D. Kilpatrick, *The Origins of the Gospel according to St. Matthew* (Oxford: Oxford University Press, 1946)。
2. 五篇論述的主題是：倫理、使命、天國奧祕、社羣和末世論；John Yueh-Han Yieh, *One Teacher* (Berlin: Walter de Gruyter, 2004), 237。
3. 馬太的五篇論述，是要與摩西的五經作對比，而前者勝過後者，見Dale C. Allison, Jr., "Jesus and Moses (Mt. 5:1～2)," *ET* 98 (1987), 203～205的討論。
4. 留意登山寶訓中大部分經文，都是關於耶穌重新詮釋摩西的律法；可見摩西乃律法的頒佈者，耶穌卻是其詮釋者。
5. "The most well-known block of material ..." Hurtado, *Lord Jesus Christ*, 333.
6. 留意馬太福音中的山（包括登山寶訓，登山變像和頒佈大使命所約定的山），此字之前都有冠詞（*to horos*），此結構大有可能是指同一座山。
7. "These mountains references, especially the one here in Matt 5:1, are part of the evangelist's Moses typology ..." Evans, *Matthew*, 98.
8. "It was obviously a major aim of the author to present Jesus as the authoritative

teacher for readers," Hurtado, *Lord Jesus Christ*, 332.

9. 智慧文獻中的「有福」之宣言，大有可能是呼應著創世記一章 28 節所表明的，神賜福人類的始祖亞當和夏娃；留意猶太人認為「智慧」和「創造」有著密不可分的關係。
10. "... the convergence of Torah and wisdom eventuated in the interpretive practices of rabbinic Judaism," Brueggemann, *Theology of the Old Testament*, 689.
11. "It is the perverse handling of the Torah that Jesus castigates," Gnilka, *Jesus of Nazareth*, 218.
12. 事實上，馬太福音五章 17 至 48 節是要說明耶穌如何詮釋妥拉；Hurtado, *Lord Jesus Christ*, 333。
13. 見上一章有關的討論。
14. 有古卷作七十二位。
15. 又約翰福音十九章 4 節。

第 22 章

1. "In antiquity no one could successfully appear publicly as speaker and teacher without rhetoric ... In antiquity, no speaker could forgo the art of speaking if he wanted to convince his hearers," Hengel and Schwemer, *Jesus and Judaism*, 398.
2. Schnelle, *Theology of the New Testament*, 686.
3. 即馬太福音五章 1 節至七章 29 節，十章 5 節至十一章 1 節，十三章 1 至 54 節，十八章 1 節至十九章 2 節，二十四章 1 節至二十六章 1 節；其共有三百八十節，篇幅佔馬太福音約 35%。
4. 在採用比喻式教導後，祂便退到曠野去（太十四 13），然後離開加利利地，轉而到泰爾、西頓傳道（太十五 21），這樣做明顯是要盡可能避免與猶太教的宗教領袖起衝突。祂便可繼續專注於門徒訓練。這行動同樣顯出祂的智慧。
5. Jerome, *Comm. Matt.* 18.33.
6. 見 Hengel and Schwemer, *Jesus and Judaism*, 417, fn. 97。
7. "... such an abundance of parables ascribed to a single teacher is very uncommon in

the early Jewish sphere," Hengel and Schwemer, *Jesus and Judaism*, 419.

8. 如箴言十二章1節，十五章1、2、4節，十六章1節，二十章13節，二十一章5節，二十九章2節等。
9. 如箴言十六章6節，十七章4節，二十二章1節，二十三章6節，二十四章1、25節，二十六章1節等。
10. "The basic wisdom saying is usually composed of two lines in parallelism, a common feature of Proverbs 10～31," *ABD*, VI: 921.
11. 也可說是何謂神的義，即那超過文士和法利賽人的義者；Stanton, *The Gospels and Jesus*, 301～302。
12. "The kingdom of God ushers in a new order, which is not to be the order of possessions, gain, wealth, and contempt for humankind any longer," Gnilka, *Jesus of Nazareth*, 171.

第23章

1. 因為信息（message）和信差（messenger）二者有不可分割的關係。
2. 耶穌教導貧窮者要信靠神，此類教導與舊約的智慧文學作品一致；"The text has a wisdom orientation and thus has its parallels in wisdom literature and in Psalms (Job 38:41, Ps 104:10ff)," Gnilka, *Jesus of Nazareth*, 177。
3. 卻因而活得舒坦，不為憂慮所困，"reflecting freedom from self-tormenting worry are those of a free and happy person ... a serene person who feels safe in God's security," Gnilka, *Jesus of Nazareth*, 177。
4. Hengel and Schwemer, *Jesus and Judaism*, 377.
5. "... the calling of followers is an expression of his messianic authority in which he dares to act as God himself," Hengel and Schwemer, *Jesus and Judaism*, 382.
6. 明顯地作者是在參考馬可福音後，將耶穌的教導增補進去，擴充而成；Hurtado, *Lord Jesus Christ*, 332。
7. 留意 Keener, *A Commentary on the Gospel of Matthew*, 53 認為明白主的教導是馬太福音的重要題旨（參太九13，十二7，十三14～15、23、51，十五10、16，

十六9、11～12，十七13，二十二29，二十四15、39）。

8. Ben Witherington III, *Matthew* (Macon: Smyth & Helwys, 2006), 9, 274；而後者取代前者，其製成品便是福音書；又 Turner, *Matthew*, 355。
9. 此言的詳細研究見 Benjamin Jerome Hubbard, *The Matthean Redaction of a Primitive Apostolic Commissioning: An Exegesis of Matthew 28: 16～20* (Missoula: Scholars Press, 1974)。
10. 在希羅世界，凡偉大的賢人哲士，其門生都會記下他們的説話，並且將之發揚光大（如蘇格拉底，我國的孔子）。在此，耶穌亦然，在祂死後，祂的門徒把福音普傳，廣建教會。馬太福音及其他流傳於當代的福音傳統，證實了耶穌的眾門徒確實把祂的精神傳承下去，並且使之大發異彩。
11. 其可稱為旅程記述（travel narrative）；參 Hurtado, *Lord Jesus Christ*, 343。
12. "... a wise man ... a teacher of the people," Josephus, *Ant.* 18.63～64.
13. 例如祂常用的一句：我實實在在的告訴你……，此措辭是沒有任何猶太拉比採用過的；詳見 Keener, *A Commentary on the Gospel of Matthew*, 54, fn. 169。
14. "... presenting the life and teachings of Jesus as revelatory wisdom from God," Witherington, *Matthew*, 8.
15. "the embodiment of Wisdom and Torah," Brown, *Matthew*, 6.
16. 留意保羅於哥林多前書一章24節更力陳：基督總為神的能力，神的智慧。
17. Witherington, *Matthew*, 18.

末了的話　古賢先哲的示範

1. "Epictetus insisted that a philosopher should teach morality by actions of virtue, not simply words of rhetoric, so he often pointed to his own life as an example," Yieh, *One Teacher*, 232；蘇格拉底更被指將倫理引入學習哲學的課程中：Diogenes Laertius, *Lives of Eminent Philosophers* (Cambridge: Harvard University Press, 1989), 1.14。
2. "... ancient philosophy was not simply the pursuit of wisdom ... It was also a way of life, a manner of living that characterized by the pursuit of truth ..." John T. Fitzgerald, "Greco-Roman Philosophical Schools," in *The World of the New Testament: Cultural, Social, and*

Historical Contexts, ed. Joel B. Green and Lee Martin McDonald (Grand Rapids: Baker Academic, 2013), 137.

3. "... to live prudently in the face of life's challenges and demands," Fitzgerald, "Greco-Roman Philosophical Schools," 137.
4. 而在亞里士多德後，哲學才成為一種認知活動（intellectual activities），即趨理論化；Fitzgerald, "Greco-Roman Philosophical Schools," 139。
5. 柏拉圖：《柏拉圖對話錄》，郭雅晴譯（重慶：重慶出版社，2020），頁 89。

第五部　附錄一

1. *ISBE*, IV; 1074.
2. 詳細關於家庭成了上古的教育中心之研究，見 Carole R. Fontaine, "The Sage in Family and Tribe," in *The Sage in Israel and the Ancient Near East*, ed. Leo G. Perdue and John G. Gammie (Winona Lake: Eisenbrauns, 1990), 155～164。
3. 馬文．托卡雅：《猶太智典〈塔本德〉》，頁 249。
4. *ISBE*, IV; 1075.
5. 如埃及法老的博士和術士（出七 11）及巴比倫王尼布甲尼撒王的術士和弄法術的（但一 20，二 2）等。
6. "... were surely for the privilege class, which was educated for vocations in the state and in the economy," Brueggemann, *Theology of the Old Testament*, 684.
7. 由於此字乃陰性辭，故人格化了的智慧常被稱作「智慧婦人」（Lady Wisdom），參 Brown, *The Gospel According to John I～XII*, cxxii-cxxiii。
8. 關於此辭的字根及其意義的討論，見 *TDNT*, VII: 476～492。
9. 此說法見出埃及記二十八章 3 節。
10. 新約惟一的智慧文獻雅各書，其中的三章 15 至 17 節同樣表示，與神的智慧對立的，是被稱為不是從上頭來的，乃是屬地的，屬情慾的，屬鬼魔的，其使人嫉妒和分爭；但從上頭來的智慧卻是清潔、和平、溫良和柔順等。
11. "... wisdom teaching came to be identified with the Torah. A recognition of this convergence is commonly assigned to Ben Sirach ..." Brueggemann, *Theology of the Old*

Testament, 689.

12. "The blessing of humanity in Gen 1:28 is correlated with wisdom," *ABD*, VI: 924.
13. 與神在西奈山立約的以色列人都已死（除了迦勒和約書亞），這是一羣在曠野出生的新生代。
14. 可見其是實用性智慧（practical wisdom）。
15. 詳細的分析見 Beale, *A New Testament Biblical Theology,* 66～73。
16. *ISBE*, IV: 1082.
17. "Later rabbinic tradition speculated that Solomon wrote Canticles in his youth, Proverbs in his maturity, and Ecclesiastes as a cynical old man," *ISBE*, IV: 1078.
18. "Deplorable social conditions and poverty occurred in greater intensity during the period of the monarchy," Gnilka, *Jesus of Nazareth,* 175.
19. 還有另外兩本非正典的著作，即《便西拉智訓》及《所羅門智訓》，也屬於猶太人的智慧文學作品。
20. 詩篇的包括一、三十二、三十四、三十七、四十九、七十三、九十篇等；見 William Sanford LaSor, Davis Allan Hubbard and Frederic William Bush, *Old Testament Survey: The Message, Form, and Background of the Old Testament* (Grand Rapids: Eerdmans, 1982), 545。
21. "... wisdom and creation are mirror images of each other," *ABD*, VI: 924；關於自然啟示和特殊啟示之間的關係，見 Steven J. Duby, *God in Himself: Scripture, Metaphysics, and the Task of Christian Theology* (Downers Grove: IVP, 2019), 59～77 的討論。
22. "... that what is given as true arises in lived experience rightly (wisely) discerned," Brueggemann, *Theology of the Old Testament*, 681.
23. 這一點保羅於羅馬書一章 19 至 20 節亦有言及。
24. "The doctrine of fear of God indicates that the wisdom experience has an unmistakable religious quality," *ABD*, VI: 925.
25. 猶太文獻尚有《塔木德》（Talmud）一書，其把公元前五○○年至公元五○○年之間的猶太拉比名哲教導編撰而成，堪稱猶太人聖經的後續，儼然是猶太傳統智慧的總其成，見馬文．托卡雅：《猶太智典〈塔木德〉》一書的介紹。

26. Fitzgerald, " Greco-Roman Philosophical Schools, " 135.
27. 見 Laertius, *Lives of Eminent Philosophers*, 1.12。
28. 詳見 Fitzgerald, " Greco-Roman Philosophical Schools, " 136。
29. 我國的先賢也是如此，例如萬世師表孔子，其以高尚的人格見稱；例如古希臘之蘇格拉底，其為了堅持自己所傳揚的真理，甚至捨生取義被殺害等。留意馬太福音中的耶穌，被塑造為一極有智慧的拉比，可說是智慧的體現，同樣強調了祂的言行一致。

第 24 章

1. *ISBE*, 3: 961.
2. 他也許是族長；賴建國：《出埃及記（卷上）》（香港：天道書樓，2005），頁 106；關於葉忒羅有多個名字的討論及研判，見 Douglas K. Stuart, *Exodus* (Nashville: B & H, 2006), 99, fn. 146。
3. " Moses is at home ... because he has come at last to a people who worship the God of his fathers, " John I. Durham, *Exodus* (Waco: Word, 1987), 22.
4. 一如他向摩西建議設立千夫長和百夫長等領袖，以協助摩西管理百姓事宜；見出埃及記十八章 13 至 27 節。
5. " Their role ... would be to mediate or intercede as priests between the holy God and the wayward nations of the world ... " Eugene H. Merrill, *Kingdom of Priests: A History of Old Testament Israel* (Grand Rapids: Baker, 2008), 98.
6. 見 *ISBE*, 3: 961～962。
7. 用雙手按在羊的頭上，意即轉移；" The two-hand ceremonial ... serves a transference function: to convey, by confession, the sins of Israel onto the head of the goat, " Jacob Milgrom, *Leviticus* (Minneapolis: Fortress, 2004), 171。
8. 禱告的內容見 Mark F. Rooker, *Leviticus* (Nashville: B & H, 2000), 220～221。
9. John E. Hartley, *Leviticus* (Waco: Word, 1992), 241.
10. 有傳統指出沿路上，此羊被羣眾吐沫和苦待，以表示羣眾厭惡罪惡，顯出其真誠的悔改；Rooker, *Leviticus*, 220。

11. 留意利未記十六章22節的這一句：這羊要擔當他們一切的罪孽，帶到無人之地。
12. 其事前亦要有多番的準備工夫；事後亦然；見利未記十六章6至29節。
13. Milgrom, *Leviticus*, 172.
14. Hartley, *Leviticus*, 241.
15. " Purgation and elimination rites go together ... Exorcism of impurity is not enough, its power must be eliminated, " Milgrom, *Leviticus*, 72.
16. 一如詩篇一〇三篇12節的一句：東離西有多遠，他叫我們的過犯離我們也有多遠！又以賽亞書五十三章4及6節。
17. " From this time on the high priest became more prominent, " *ISBE*, 3: 962.
18. 留意歷代志下十九章8至11節及二十六章17至20節中的兩個個案顯示祭司的職權極大。
19. 制度亦有改變，例如大祭司的職事本是一生之久(見民三十五25、28)，其也是世襲的(見民二十五11～13)，但這些做法都不復再。
20. 見《馬加比一書》二章1節，十章65節。
21. *ISBE*, 3: 962.

第25章

1. 見 *ISBE*, 3:963。
2. 民間也潛存著極多的不滿，如公元六六至七〇年的猶太革命之戰中，居於耶路撒冷的大祭司及其家屬都被革命分子趕逐甚至殺害，藉此宣洩心中的憤慨；*ISBE*, 3: 963。
3. 詳參 D. R. Catchpole, "The Answer of Jesus to Caiaphas, Matt 26.64," *NTS* 17 (1970/71), 213～216。
4. " *horaō*, " *GAGNT*, 90.
5. 詳參張永信：《新約深度行》，頁321～322。
6. 他被宣告為「你的神是王」(Your God is king)，引自 James W. Thompson, *Hebrews* (Grand Rapids: Baker, 2008), 145。

7. 詳參馮蔭坤：《希伯來書（卷上）》（香港：天道書樓，1995），頁410～411；又Douglas W. Kennard, *Messiah Jesus: Christology in His Day and Ours* (New York: Peter Lang, 2008), 355～356。
8. 這是一個訴諸沉默（argument from silence）的論證，是一個很普遍的釋經法。
9. 留意作者從來沒有主張耶穌便是麥基洗德；Kennard, *Messiah Jesus*, 358。
10. Kennard, *Messiah Jesus*, 358.
11. 此邏輯乃傳統祭禮法則（traditional cultic rule）；參 Gareth Lee Cockerill, *The Epistle to the Hebrews* (Grand Rapids: Eerdmans, 2012), 310。
12. "*sumpatheō*," Kennard, *Messiah Jesus*, 360.
13. 見列王紀上八章11節，十三章1節；歷代志下二十九章11節；Thompson, *Hebrew*, 196。
14. **在右邊坐下**早於希伯來書一章13節已有言及；其也是常被新約作者們所援引（見徒二34），彌賽亞詩章詩篇一一〇篇1節所預言的一位，未來將出現的一位全勝的王者，是為彌賽亞。
15. 祂所成就的，是大祭司的角色及其所獻的祭，"... Jesus fulfilled all the expectations ... not only in the Old Testament sacrifices, but also in the lives and actions of the priests who offered them," Grudem, *Systematic Theology*, 626。

第26章

1. **先鋒**（*archiereus*）一辭又可指領導及始創人，見 *TDNT*, I:487～488；Cockerill, *The Epistle to the Hebrews*, 137。
2. 其詮釋見 David Peterson, *Hebrews and Perfection: An Examination of the Concept of Perfection in the "Epistle to the Hebrews"* (Cambridge: Cambridge University Press, 1982), 155。
3. **中保**（mediator）意即「耶穌保證此新的約必然實現」；Peter T. O'Brien, *The Letter to the Hebrews* (Grand Rapids: Eerdmans, 2010), 488。
4. 其理據是：受苦者是神的兒子，凡因他受苦而受益者，也因而成為能進入榮耀裏的神的眾子；F. F. Bruce, *The Epistle to the Hebrews* (Grand Rapids: Eerdmans, 1964),

44。

5. Cockerill, *The Epistle to the Hebrews*, 390～391.
6. Grudem, *Systematic Theology*, 626.
7. "He always prays for us according to the Father's will, so we can know that his requests will be granted," Grudem, *Systematic Theology*, 628.
8. Cockerill, *The Epistle to the Hebrews*, 611.
9. 正因此故，希伯來書十二章 1 至 3 節此段被命名為「基督我們的榜樣」(Christ our Example)，見 Leon Morris, "Hebrews," in *The Expositor's Bible Commentary*, ed. Frank E. Gaebelein (Grand Rapids: Zondervan, 1981), 133。
10. O'Brien, *The Letter to the Hebrews*, 523.

第 27 章

1. James D. G. Dunn, *Jesus Remembered* (Grand Rapids: Eerdmans, 2003), 655.
2. 一如卡森(D. A. Carson)所指出的，「在古代世界，臨別講論往往與某種形式的禱告連在一起」；卡森：《約翰福音》，潘秋松譯(South Pasadena：麥種，2007)，頁 851。
3. Edward W. Klink, *John* (Grand Rapids: Zondervan, 2016), 706.
4. "... expressing his complete dependence on the Father even in this crucial hour," Andreas J. Köstenberger, *John* (Grand Rapids: Baker, 2004), 482.
5. 其主題是為自己禱告；卡森：《約翰福音》，頁 855。
6. Klink, *John*, 706；以上三段亦有著一些共同的題旨；見 Klink, *John*, 712。
7. 這是因為魔鬼是世界的王(見約十二 31，十四 30，十六 11)，門徒還要活在世上，必然受盡其攻擊；Köstenberger, *John*, 495；Klink, *John*, 721。
8. 又路加福音二十二章 3 節。
9. 留意稍後作者於約翰壹書五章 18 至 19 節言及那惡者要謀害一切從神而生的人，信徒因而也應保守自己。
10. "... it pervades the entire section," Köstenberger, *John*, 497.
11. 例如門徒爭論誰為大(可九 33～34)，也彼此不和(太二十 24)，猶大更打算出賣耶穌等（路二十二 3～6）。

12. 在日後保羅的教導中，教會的合一也是極為重要的；詳參張永信：《新約深度行》，頁 297～302。
13. "The coordination between unity and love is paralleled by exhortations to fraternal love and harmony in Jewish testamentary literature," Köstenberger, *John*, 498, fn. 72.
14. 再者，這割裂和充滿敵意的世界，是何等需要能使其合一的愛的福音；Gerald L. Borchert, *John 12～21* (Nashville: B & H, 2002), 206。
15. "To follow the way of the Lord ..." Borchert, *John 12～21*, 204.
16. "... will so sanctify believers that they will be equipped for service of God," Köstenberger, *John*, 496.
17. 留意羅馬書八章 26 節保羅更表明，聖靈也為信徒禱告；意思是聖靈也參與保守門徒的工作。
18. "*paraklētos*"，見約翰福音十四章 16、26 節，十五章 26 節，十六章 7 節；其字義是「從旁喊叫」，故有「從旁協助」的意思，其有法律意涵；見 D. R. de Lacey, "Jesus as Mediator," *JSNT* 29 (1987), 101～121；*TDNT*, V: 800～810。
19. 挽回祭（*hilasmos*），其討論見 *EDNT*, 2: 186；Colin G. Kruse, *The Letters of John* (Leicester: Apollos, 2000), 75～76。
20. Kennard, *Messiah Jesus*, 367.
21. "... Jesus speaks to the Father in our defense when we sin ... is to secure that mercy ..." Kruse, *The Letters of John*, 73～74.

第 28 章

1. 啟示錄五章 6 節中的七角、七眼和七靈，代表了祂的無所不能、無所不知及無所不在。

第 29 章

1. "... is expected to deliver Israel from the exile, thereby bringing about the New Exodus and the restoration of the covenant," Sungho Choi, *The Messianic Kingship of Jesus: A*

Study of Christology and Redemptive History in Matthew's Gospel with Special Reference to the Royal-Enthronement Psalms (Eugene: Wipf & Stock, 2011), 151.

2. *TDNT*, 4:862.
3. 「……包括以猶太基督徒為主要讀者羣的地區」，德席瓦爾：《21 世紀基督教新約導論》，紀榮智、李望遠譯（新北：校園，2013），頁 264；又參 Evan, *Matthew*, 6 的討論。
4. 詳見 Dale C. Allison Jr., *The New Moses: A Matthean Typology* (Eugene: Wipf & Stock, 2013), 143～146。
5. 經文的對照表列見 Allison, *The New Moses: A Matthean Typology*, 142。
6. 見 *Deut. Rab.*, 11:10。
7. 詳參 Wayne A. Meeks, "Moses as God and King," in *Religions in Antiquity: Essays in Memory of Erwin Ramsdell Goodenough*, ed. Jacob Neusner (Leiden: Brill, 1970), 354～371。
8. "These mountains references, especially the one here in Matt 5:1, are part of the evangelist's Moses typology ..." Evans, *Matthew*, 98.
9. "Just as Jesus began his ministry on a Mosaic note ... now he concludes his earthly ministry on a similar note." Evans, *Matthew*, 484；又 Kenton L. Sparks, "Gospel as Conquest: Mosaic Typology in Matthew 28: 16～20," *CBQ* 68 (2006), 651～663。
10. "In the time of Moses, when the people needed food in the wilderness, God have them manna-namely, bread. When the people were also clamoring for the fish they ate in Egypt, God have them quail." Pablo T. Gadenz, *The Gospel of Luke* (Grand Rapids: Baker, 2018), 175.
11. "... this episode is intended to have some sort of typological connection to Exodus 24 and 33～34, passages that describe Moses' ascent up Mount Sanai ..." Evans, *Matthew*, 320；又 Donald A. Hagner, *Matthew 14～28* (Dallas: Word, 1995), 494。
12. 留意耶穌是在摩西所定下的逾越節設立主餐，以啟動祂所立的恩約（太二十六17～30）。

第 30 章

1. Seyoon Kim, *Paul and the New Perspective: Second Thoughts on the Origin of Paul's Gospel* (Tübingen: Mohr Siebeck, 2002), 194～208.
2. 不少教父有此看法；又參 Robert A. Guelich, *Mark 1 ～ 8:26* (Nashville: Thomas Nelson, 1989), 39；張永信：《馬可福音（卷上）》（香港：天道書樓，2010），頁 98。
3. D. R. Johnson, "The Priority of the Son of Man Sayings," *WTJ* 47 (1984), 95～96.
4. 見本書第三部有關人子的討論。
5. "The most natural way of constructing the double definite article is that it speaks of the son of a particular man, namely Adam, who is called *ho anthrōpos* in Genesis 1～2 LXX," Joel Marcus, "Son of Man as son of Adam," *RB* 110.1 (2003), 38.
6. 見本書第三部。
7. 詳參張永信：《啟示錄注釋》，頁 348～351。
8. 又馬太福音二十六章 64 節；馬可福音十四章 62 節；路加福音二十二章 69 節。
9. "... would emphasize the earthly location of the Son of Man's authority, possibly recalling the authority originally invested to Adam," Crowe, *The Last Adam*, 43.
10. Crowe, *The Last Adam*, 43, fn. 93.

第 31 章

1. 另外，哥林多後書四章 7 節至五章 21 節也可能有此關係；見 C. Marvin Pate, *Adam Christology as the Exegetical and Theological Substructure of 2 Corinthians 4:7～5:21* (New York: University Press of America, 1991), 22。
2. 見 R. P. Martin, *Carmen Christi: Philippians ii. 5 ～ 11 in Recent Interpretation and in the Setting of Early Christian Worship* (Grand Rapids: Eerdmans, 1983)。
3. 詳見 Yongbom Lee, *The Son of Man as the Last Adam: The Early Church Tradition as a Source of Paul's Adam Christology* (Eugene: Pickwick, 2012), 25～33 的討論。
4. "... however, the fact that *eikon* and *morphe* are not synonyms does not necessarily prove that there is no Adam-Jesus typology ..." Lee, *The Son of man as the Last Adam*,

45；詳參 Gerald F. Hawthorne, *Philippians* (Texas: Waco, 1983), 82～84 的討論。

5. "... essential nature and character of God," Hawthorne, *Philippians*, 84.
6. 留意耶穌本有神的形像，對比亞當的神的形像，後者是被賦予的，即當他被造時才有。
7. "The twin issues of obedience and life give the relationship between the Father and Christ Jesus distinct covenantal character," Brian Vickers, *Justification by Grace through Faith: Finding Freedom from Legalism, Lawlessness, Pride, and Despair* (Phillipsburg: P & R, 2013), 46.
8. "The Son of God is the just man who is fully and representatively obedient to God's will," Ulrich Luz, *The Theology of the Gospel of Matthew*, trans. J. Bradford Robinson (Cambridge: CUP, 1995), 36.
9. "... and the victory of Jesus as the last Adam over the diabolic temptation," Crowe, *The Last Adam*, 72.
10. 耶穌沒有犯過任何的罪，可從後來審訊祂的巡撫彼拉多的判辭中得著證實（見路二十三 14～15、22）。

末了的話　效法末後的亞當

1. Irenaeus, *Haer.* 3.18.1; 3.18.7; 3.21.10 etc.
2. "... as the last Adam, whose obedience is necessary for God's people to experience blessings of salvation," Crowe, *The Last Adam*, 2.
3. "... the reversal of the effects of the fall ..." Colin G. Kruse, *Paul's Letter to the Romans* (Grand Rapids: Eerdmans, 2012), 465.
4. 而不是自視過高，正如羅馬書十二章 3 節所提醒的：不要看自己過於所當看的；要照著神⋯⋯看得合乎中道。

第 32 章

1. Sigmund Mowinckel, *He That Cometh: The Messiah Concept in the Old Testament and Later Judaism* (Grand Rapids: Eerdmans, 2005), 3；又參下文有關的討論。

2. *EDNT*, 3: 479～487; *NIDNTT*, 1:119～121.
3. “*chriō*,” *TDNT*, IX: 581～593.
4. 關於此辭在舊約的出現及用法見 Mark J. Boda, “Figuring the Future: The Prophets and Messiah,” in *The Messiah in the Old and New Testament*, ed. Stanley E. Porter (Grand Rapids: Eerdmans, 2007), 37～38。
5. 用此油不單因其普遍，並因其散發著清香之氣，Mowinckel, *He That Cometh*, 4。
6. “... with special focus on the high priest as the one anointed and called the anointed one,” Boda, “Figuring the Future: The Prophets and Messiah,” 39.
7. Mowinckel, *He That Cometh*, 5.
8. “... the one who is anointed is set apart for special service to God,” Tremper Longman III, “The Messiah: Explorations in the Law and Writings,” in *The Messiah in the Old and New Testament*, ed. Stanley E. Porter (Grand Rapids: Eerdmans, 2007), 15.
9. “... was the form of expression of approval of the anointed by representatives ...” S. Talmon, “The Concept of *Masiah* and Messianism in Early Judaism,” in *The Messiah: Development in Earliest Judaism and Christianity*, ed. James H. Charlesworth (Philadelphia: Fortress, 2010), 89.
10. 參 von Rad, *Old Testament Theology*, 1:323。
11. “The very title *Masiah* and the custom of anointing originated in the world of the Israelite monarchy,” S. Talmon, “The Concept of *Masiah* and Messianism in Early Judaism,” 85.
12. “... the king would be regarded as God's representative on earth, whom God Himself anointed,” *ISBE*, III: 331.
13. 如詩篇二篇 2 節，十八篇 50 節，二十篇 6 節，二十八篇 8 節，八十四篇 9 節，一三二篇 10、17 節。
14. 見 Gerald H. Wilson, *Psalms Volume 1* (Grand Rapids: Zondervan, 2002), 107～108；Longman III, “The Messiah: Explorations in the Law and Writings,” 17。
15. 箇中的原因是：大衛及其他國家都不符合詩篇第二篇中所描劃的，普世所敬畏之君王的強勢形像；Longman III, “The Messiah: Explorations in the Law and

Writings," 20。

16. Mowinckel, *He That Cometh*, 98.
17. Longman III, "The Messiah: Explorations in the Law and Writings," 18.
18. 關於基督之概念，其於舊約先知書和兩約中間的發展，見本部附錄一。

第 33 章

1. 學者們在研究這課題時，可說是對歷史中的耶穌作出「第三波探索」（The Third Quest），見 Michael F. Bird, "Is There Really a 'Third Quest' for the Historical Jesus?" *SBET* 4 (2006), 195～219。
2. 大致可分四種說法；見 Michael F. Bird, *Are You the One Who Is to Come?* (Grand Rapids: Baker, 2009), 27～28。
3. 詳參張永信：《馬可福音（卷上）》，頁 31～37。
4. Josephus, *Ant.* 18.23; *Jewish War* 2.433～434.
5. Josephus, *Ant.* 17.272.
6. Josephus, *Ant.* 17.273; *Jewish War* 2.60.
7. Josephus, *Jewish War* 4.577, 7.154～155；留意公元一三五年一位自命星之子的人物，也被看為彌賽亞；"The failed Messiah of the second century, Bar Kohba ..." Jacob Neusner and Bruce Chilton, *Jewish Christian Debates: God, Kingdom, Messiah* (Minneapolis: Fortress, 1998), 160。
8. 史特勞斯：《福音書與耶穌生平》，蔡蓓、蔣虹嘉譯（South Pasadena：麥種，2013），頁 550。
9. N. T. Wright, *The New Testament and the People of God* (London: SPCK, 1996), I:320.
10. "When the Spirit is transferred to the king, this means that the king is ... endowed by the spirit of Yahweh with supernatural powers," Mowinckel, *He That Cometh*, 79.
11. "The story of Peter's confession of Jesus is a classic of primitive Christology," Neusner and Chilton, *Jewish Christian Debates*, 196.
12. 詳見 Bird, *Are You the One Who Is to Come?*, 136～140。
13. 約翰福音中的神的兒子，與彌賽亞之間的關係極其密切；*EDNT*, 3: 484。

14. 見張永信：《末世神學初探》（香港：天道，2007），頁 203。

第 34 章

1. "... functions merely as a preparatory figure who recapitulates the OT prophetic tradition before the manifestation of the Messiah," Sungho Choi, *The Messianic Kingship of Jesus* (Eugene: Wipf & Stock, 2011), 146.
2. 詳參 Adela Yarbro Collins and John J. Collins, *King and Messiah as Son of God: Divine, Human, and Angelic Messianic Figures in Biblical and Related Literature* (Grand Rapids: Eerdmans, 2008), 140～141。
3. 留意猶太人亦以大衛的兒子所羅門王為醫病趕鬼的高手，其討論見 Lidija Novakovic, *Messiah, the Healer of the Sick: A Study of Jesus as the Son of David in the Gospel of Matthew* (Tübingen: Mohr Siebeck, 2003), 96～109。
4. 關於約翰福音如何強調耶穌乃彌賽亞的研究，見 Benjamin E. Reynolds and Gabriele Boccaccini, eds., *Reading the Gospel of John's Christology as Jewish Messianism: Royal, Prophetic, and Divine Messiahs* (Leiden: Brill, 2018)。
5. 換言之，彌賽亞成就了有如摩西，即集先知、祭司和君王於一身的歷史人物；詳見 H. L. Ellison, *The Centrality of the Messianic Idea for the Old Testament* (London: Tyndale, 1953), 16。
6. 或是藉著祂敬拜祈求父神，見哥林多後書一章 3 節；以弗所書一章 3 節。
7. J. Priest, "A Note on the Messianic Banquet," in *The Messiah: Development in Earliest Judaism and Christianity*, ed. James H. Charlesworth (Philadelphia: Fortress, 2010), 229～230.
8. 一如另一卷約翰的著作，約翰福音一章 29 節施洗約翰指著耶穌所力證的：看哪，神的羔羊，除去世人罪孽的！

第 35 章

1. "... Jesus was as much shaping the messianic ideas of the time as being shaped by them," James D. G. Dunn, "Messianic Ideas and their Influence of the Jesus of

History," in *The Messiah: Development in Earliest Judaism and Christianity,* ed. James H. Charlesworth (Philadelphia: Fortress, 2010), 381.

2. "... Jesus transforms these expectations by what he says and does," I. Howard Marshall, "Jesus as Messiah in Mark and Matthew," in *The Messiah in the Old and New Testament,* ed. Stanley E. Porter (Grand Rapids: Eerdmans, 2007), 117.
3. "... Jesus has a very clear and close affinity with a messianic profile ..." Andrew Chester, *Messiah and Exaltation: Jewish Messianic and Visionary Traditions and New Testament Christology* (Tübingen: Mohr Siebeck, 2007), 315.
4. 又啟示錄二章 7、11、17、28 節，三章 6、13、22 節。
5. "Only with the coming of the kingdom in power will he be revealed to all as God's anointed one," Hengel and Schwemer, *Jesus and Judaism*, 577.
6. 「耶穌基督」及「基督耶穌」二者的用意並沒有分別；"... that Christ Jesus and Jesus Christ indistinguishably refer to the church's Lord," Neusner and Chilton, *Jewish Christian Debates: God, Kingdom, Messiah,* 194。
7. 或稱主耶穌（見西三 17；帖前二 19；多二 13；來十三 20；彼後一 2、11；啟二十二 20～21）。
8. "... holds a superior status and a certain power or authority is there in all uses of the term," Hurtado, *Lord Jesus Christ*, 108.
9. 例如 Lord Serapis；*ISBE*, 2: 157。
10. 引自 *ISBE*, 2: 157～158；又 "*kurios,*" *TDNT*, III: 1039～1098。
11. 譯者因為敬畏神，不敢直接稱呼祂為耶和華，故以「主」一字替代之。
12. Joseph A. Fitzmyer, "The Semitic Background of the New Testament *Kyrios* Title," in *A Wandering Aramean: Collected Aramaic Essays,* ed. Joseph A. Fitzmyer (Missoula: Scholars, 1979), 115～143.
13. 因《七十士譯本》的主要讀者是操希臘語的猶太人及外邦人。
14. 詳見 Hurtado, *Lord Jesus Christ*, 110。
15. 同時也以「基督」一辭，等同於「耶穌」此名字，故在基督裏，便是在耶穌裏，Hurtado, *Lord Jesus Christ*, 99～101。

16. 有時，在保羅的用法中，單單基督一辭，已用作為主名字；Michael F. Bird, *Jesus Is the Christ: The Messianic Testimony of the Gospels* (Downers Grove: IVP, 2012), 16。

第 36 章

1. " Jesus acted as a teacher, prophet, exorcist, and healer, but the role of king and prophet might overlap. He acted as an agent of God ... both followers and opponents may have thought of him as a potential messiah, " N. A. Dahl, " Messianic Ideas and the Crucifixion of Jesus, " in *The Messiah: Development in Earliest Judaism and Christianity,* ed. James H. Charlesworth (Philadelphia: Fortress, 2010), 402.
2. " The term Christ has retained the meaning of the future deliverer and ruler of the people of God when he sets up his kingdom, " Marshall, " Jesus as Messiah in Mark and Matthew, " 143.

靈思小品　耶穌基督，宇宙的總歸，我們的所有

1. " Christ has designed that he himself be the goal of his own creation, " Murray J. Harris, *Preposition and Theology in the Greek New Testament* (Grand Rapids: Zondervan, 2012), 88; " ... the goal of the entire creation's existence, " G. K. Beale, *Colossians and Philemon* (Grand Rapids: Baker, 2019), 95.
2. 穆爾：《歌羅西書與腓利門書》，林秀娟譯（South Pasadena：麥種，2008），頁 208。
3. 彼得前書一章 12 節更表明：天使也願意詳細察看這些事（即救恩的達成）。
4. 用詩體表達其作用有二：（1）易於記存；（2）所表達的，是過於文字所能形容的。
5. " ... the mission of redemption agreed upon in eternity between the Father and the Son was revealed progressively in the prophetic writings ... " Barrett, *Canon, Covenant and Christology*, 144～145.

第八部　附錄一

1. 所羅門王的成與敗，見張永信：《新約深度行》，頁 30～34。

2. 詳參 R. E. Clements, " The Messianic Hope in the Old Testament, " *JSOT* 43 (1989), 3～19。
3. " ... the collapse of any hope for political independence ... Israel's dreams of a restored and independent kingdom ... increasingly to the eschatological realm, " Carol L. Meyers and Eric M. Meyers, *Haggai, Zechariah 1 ～ 8: A New Translation with Introduction and Commentary* (Garden City: Doubleday, 1987), 210.
4. " ... with the failure of the monarchy and in the light of the promise to David of an eternal dynasty, the thoughts of some would have turned to the possibility of a future anointed king, " Longman III, " The Messiah: Explorations in the Law and Writings, " 24.
5. 這裏所強調的，不是其受膏立，而是得著神的靈為恩賜；*ABD*, IV: 778。
6. Longman III, " The Messiah: Explorations in the Law and Writings, " 27.
7. 詳見 F. M. Cross, " A Reconstruction of the Judean Restoration, " *JBL* 94 (1975), 4～18。
8. Paul D. Hanson, " Messiahs and Messianic Figures in Proto-apocalypticism, " in *The Messiah: Development in Earliest Judaism and Christianity*, ed. James H. Charlesworth (Philadelphia: Fortress, 2010), 69～70.
9. Talmon, " The Concept of *Masiah* and Messianism in Early Judaism, " 104.
10. " ... one group of Jewish thinkers believed there would be two messiahs, one priestly and one royal, " Longman III, " The Messiah: Explorations in the Law and Writings, " 29.
11. *ISBE*, III: 332～333.
12. 對兩約中間猶太文獻的分析見 Loren T. Stuckenbruck, " Messianic Ideas in the Apocalyptic and Related Literature of Early Judaism, " in *The Messiah in the Old and New Testament*, ed. Stanley E. Porter (Grand Rapids: Eerdmans, 2007), 90～133。
13. Jacob Neusner, *Messiah in Context: Israel's History and Destiny in Formative Judaism* (Philadelphia: Fortress, 1984), 1～16.
14. " ... the Old Testament did not provide the first century CE with a clear blueprint for the Messiah, " Longman III, " Messiah: Explorations in the Law and Writings, " 30.
15. " Not all Jews in the first century were anxiously waiting for a Messiah, " Bird, *Jesus Is*

the *Christ*, 5.

16. " ... Judaism had never reached agreement on what to expect of the future ... thus divergent views could easily coexist, " *ISBE*, III: 333.
17. " ... a future royal figure sent by God who will bring salvation to God's people ... " Wolter H. Rose, *Zemah and Zerubbabel: Messianic Expectations in the Early Postexilic Period* (Sheffield: SCP, 2000), 23；有另一看法，即猶太人的眾賢哲表明，彌賽亞應以一聖賢（sage）的態勢出現，見 Neusner and Chilton, *Jewish Christian Debates: God, Kingdom, Messiah*, 163～164。
18. " ... 2 Sam 7:12 ～ 16 undoubtedly represents the primary biblical text for the early Jewish tradition of the Davidic ancestry of the Messiah, " Novakovic, *Messiah, the Healer of the Sick*, 12.
19. 「對彌賽亞的期望最普遍的是大衛家的彌賽亞，即出自大衛家的理想君王」；史特勞斯：《福音書與耶穌生平》，頁 548。
20. " In later Judaism, the term Messiah denotes an eschatological figures, " Mowinckel, *He That Cometh*, 3.
21. 「彌賽亞的出現，肯定是末世時分始端的徵兆，受苦待的屬神子民，亦因而得著平反和救拔。」張永信：《末世神學初探》，頁 200。
22. S. A. Cummins, " Divine Life and Corporate Christology: God, Messiah Jesus, and the Covenant Community in Paul, " in *The Messiah in the Old and New Testament*, ed. Stanley E. Porter (Grand Rapids: Eerdmans, 2007), 209.
23. " ... the idea of the Messiah as rebel and political deliverer appeared in the Maccabean age, " *ISBE*, III: 333.
24. 詳見 R. A. Horsley, " ' Messianic ' Figures and Movements in First-century Palestine, " in *The Messiah: Development in Earliest Judaism and Christianity*, ed. James H. Charlesworth (Philadelphia: Fortress, 2010), 281～293。